Meine .75

Erinnerungen eines Schützen einer .75m/m Batterie im Jahr 1914

Paul Lintier

Writat

Diese Ausgabe erschien im Jahr 2024

ISBN: 9789359945705

Herausgegeben von
Writat
E-Mail: info@writat.com

Inhalt

VORWORT

VON FRANCES WILSON HUARD

Autor von „Mein Zuhause auf dem Feld der Ehre"

Während der drei anstrengenden Jahre dieses großen Krieges gab es für diejenigen unter uns, die das Schicksal dazu bestimmt hatte, mehr oder weniger eng mit dem täglichen Lauf der Ereignisse verbunden zu sein, nur wenige *wahre Freuden.*

Wenn ich heute zurückblicke, war es für mich eine meiner ersten Freuden, als ich auf Paul Lintiers neu erschienenen Band „Ma Piece" stieß. Ich las ihn, las ihn wieder und empfahl ihn meinen amerikanischen Freunden, die Französisch lesen konnten und sich nach einem echten menschlichen Dokument sehnten: dem Krieg aus der Sicht eines tatsächlichen Teilnehmers.

Neben dem klaren, prägnanten Stil ohne literarische Übertreibungen waren es die Ereignisse, die mich packten. Sie waren die direkte Antwort auf die tausend und eine Frage, die wir, die in der Militärzone eingeschlossenen Zivilisten, von Angst und Qual gequält, uns selbst und einander täglich hundertmal stellten.

Soldaten und Diplomaten, Kritiker und Literaten, Ehefrauen und Geliebte im ganzen schönen Frankreich haben das Buch verschlungen und diskutiert. Und ich hätte mir nicht träumen lassen, dass ich eines Tages das Vorwort schreiben würde, um meinen Landsleuten dieses *Meisterwerk vorzustellen* , das bereits von der französischen Akademie anerkannt und mit dem Prix Montyon ausgezeichnet wurde. Ich kann mit Fug und Recht behaupten, dass dies die größte Freude ist, die mir je zuteil geworden ist. Eine Freude, leider, die nicht ohne Schmerz verbunden ist, denn wäre es nicht eine edlere Aufgabe, die Tugenden der Lebenden zu preisen, als das Lob derer zu singen, die vor uns gestorben sind?

Ich hatte nicht das Glück, Paul Lintier gekannt zu haben. Er starb in der Blüte seiner Männlichkeit, ohne Rücksicht auf das Opfer für das Land und ohne seinen glorreichen Beitrag für die Sicherheit zukünftiger Generationen. Aber mit seinem Tod auf dem Feld der Ehre ging Frankreich – uns allen – mehr als nur ein Sohn, ein Soldat und ein Dichter verloren. Es sind solche Geister wie er, die ein Land groß und die Welt lebenswert machen. Aus diesen Gründen sollten wir seine einzigen Beiträge für die Nachwelt umso sorgfältiger schätzen.

Sein Name, gestern noch unbekannt, ist heute zu Recht in die Aufzeichnungen aller Zeiten eingraviert. Dieser bescheidene Artillerist, der in der Masse der Kämpfer unterging, schrieb auf seinen Knien ein Werk, das als eines der unveränderlichsten Zeugnisse des Konflikts gelten wird; ein Buch, das noch lange nach unserem Tod bestehen wird; ein unvergleichliches Dokument, ein großartiges Geschenk für diejenigen, die später die Seelen und Gesten einer Generation von Helden studieren werden, die Frankreich gerettet haben.

Jemand hat einmal weise gesagt, dass es uns beim Lesen eines Buches am meisten Freude bereitet, wenn der Autor unsere eigenen Gedanken bestätigt, unseren ungeborenen Gefühlen Ausdruck verleiht und uns Material zum Vergleich liefert. Wenn das stimmt, dann gibt es keinen Grund, warum „My ·75" nicht für immer weiterleben sollte.

Über ein wirklich großes literarisches Talent hinaus offenbart dieses Buch die tiefe und großzügige Seele der gesamten „Jeunesse Française", die bereit ist, sich bedingungslos für das höchste Ideal zu opfern, das je ein Volk begeistert hat.

Die bewundernswerte Geduld, der großartige Humor, die intelligente Klugheit und heldenhafte Hingabe zusammen mit dem schlichten, einfachen Mut – alle tief verwurzelten, ungeahnten Eigenschaften der französischen Rasse – sind zwischen seinen Einbänden zu finden und machen es zu einem Denkmal stoischer Tugend.

Wie sehr wir sie lieben, alle „Camarades" – Hutin, Deprès, Bréjard, Leutnant Hély d'Oissel – und die anderen – die vier Millionen anderen, die am 2. August 1914 bereit waren, für ihr Ideal zu sterben und froh und mit einem Lächeln ihr Leben anzubieten.

Die Widmung an „Hauptmann Bernard de Brissoult, dessen ruhmreicher Tod im Angesicht des Feindes den vom Pulverdampf und langen Nachtwachen verbrannten Augen die schrecklichen Tränen der Soldaten entlockte" ist eines der ergreifendsten Dinge, die ich kenne, und ich möchte das Gefühl haben, dass alle meine Landsleute, die das Buch zuklappen, eine Träne der Bewunderung und des Bedauerns für Paul Lintier vergießen, der am 16. März 1916 im Alter von 23 Jahren für Frankreich starb.

New York,

Juli Neunzehnhundertsiebzehn.

I.
MOBILISIERUNG

KRIEG ! Jeder weiß es, jeder sagt es. Es wäre Wahnsinn, es nicht zu glauben. Und trotzdem sind wir kaum aufgeregt, wir glauben es nicht! Krieg, der Große Europäische Krieg – nein, das kann nicht wahr sein!

Aber warum sollte es nicht wahr sein?

Blut, Geld und noch mehr Blut! Und dann haben wir so oft gehört: "Jetzt gibt es Krieg", und trotzdem haben wir Frieden gehalten. Und so wird es auch diesmal sein. Europa wird nicht in Trümmern liegen, nur weil ein österreichischer Erzherzog ermordet wurde.

Und doch, was erwarten wir stündlich, während wir hier in nervöser Untätigkeit in der Kaserne sitzen, wenn nicht den Befehl zur allgemeinen Mobilmachung? Sergeanten jeden Alters sind gestern in Le Mans angekommen, und jeder Zug hat heute weitere gebracht. Seit der Weckrufung steht ein Mann in grobem Cord am Fenster und beobachtet die Artilleristen und Pferde, die auf dem Platz kommen und gehen. Ab und zu nimmt er eine Brandyflasche aus der Tasche und trinkt einen Schluck daraus.

Ich lag auf meinem Bett. Hutin, der Oberoffizier der ersten Kanone, lag mit ausgestreckten Armen und Beinen auf seinem Bett, rauchte, die Knie in die Luft gestreckt und die Fersen unter sich angezogen. Als ich bemerkte, dass mein Rucksack schief lag, stand ich mechanisch auf und rückte ihn zurecht.

„Hutin!"

"Ja?"

"Komm und trink was!"

"In Ordnung!"

Auf dem Kasernenhof war es ruhiger als sonst. Es waren keine Kutscher, die gerade vom Polygon zurückgekehrt waren und vor den Ställen ihre Gespanne ausspannten. Von den Offizieren, die unter den Platanen Schießübungen leiteten, war kein Befehlswort zu hören. In einer Ecke ölte einer der Wachposten des Artillerieparks seine Gewehre. Ein Kavallerist, beide Hände in den Taschen und die Zügel über den Arm geworfen, führte sein Pferd zur Tränke oder zur Schmiede. Drüben an der Mauer der Remontenställe, im grellen Sonnenlicht, striegelten ein paar Ordonnanzen lustlos ihre Pferde. Ein ununterbrochener Strom von Männern auf dem Weg zur und von der Kantine – wie eine schwarze Linie von Insekten, die einen weißen Kiesweg kreuzt – markierte eine der Diagonalen des Platzes. Vor der Kantine herrschte ein Gerangel um Getränke. Es war heiß.

Mittag, und wir warten immer noch auf Neuigkeiten. Vielleicht stellt sich das Ganze nur als weiterer Fehlalarm heraus!

Weiß gekleidete Kanonenschützen, die nichts zu tun haben, da keine Schießübungen stattfinden, schlendern auf der Suche nach Neuigkeiten durch den Hof. Auf dem Place de la Mission drängen sich neugierige Zuschauer dicht an das Geländer; es ist schwer zu sagen, warum. Die Mehrheit von ihnen sind Frauen. Vor ihnen gehen ein paar Kanonenschützen mit einem Lächeln und stolzem Auftreten vorbei und nehmen bereits das Aussehen tapferer Verteidiger an.

In der Nähe des Wachhauses, das als Besucherzimmer dient, in das aber wegen der Flöhe, die es zu dieser Jahreszeit befallen, keine Besucher hineingelassen werden, sind Frauen, Mütter, Schwestern und Freunde gekommen, um ihre Soldaten zu besuchen. Alle versuchen tapfer, ihre Gefühle zu verbergen. Aber ihr Ausdruck verrät ihre Angst, die ihre Stirnen gefurcht und ihre Gesichtszüge geschärft hat. Sie haben dunkle Ringe um die Augen, und die Augen selbst sind unruhig und eingesunken. Sie wenden ständig den Blick ab, damit die Ängste und Vorahnungen, die niemand vertreiben kann, nicht in ihren Gesichtern gelesen werden. Als sie, nachdem sie den Soldaten beim Verschwinden durch den Gang am Ende der Kaserne zugesehen haben, durch die kleine Tür unter den Kastanien weggehen, finden ihre Gefühle plötzlich in einem Schluchzen Ausdruck, über das sie selbst überrascht sind. Rasch und fast beschämt, ein zusammengerolltes Taschentuch an die Lippen drückend, biegen sie in die Rue Chanzy ein, als ob nicht alle Männer dort ihre Not verstünden...

Um vier Uhr verließ ich mit Sergeant Le Mée das Haus, mit Sondergenehmigung des Hauptmanns. Wir gingen in mein Zimmer in der Rue Mangeard, um Le Mées Freizeituniform zusammen mit einer Tasche und einigen Papieren dort zurückzulassen.

Wir wollten gerade zu Abend essen. Ich hatte gerade eine Flasche alten Bordeaux entkorkt, als Le Mée mich am Arm packte.

"Was ist das?"

Von der Straße herauf drang ein lautes Gemurmel durch das offene Fenster. Im selben Augenblick durchfuhr uns beide etwas Magnetisches, Undefinierbares und doch Bestimmtes. Wir sahen uns an, ich mit der Flasche an den Rand des Glases gehalten.

"Zu guter Letzt!"

Le Mée nickte zustimmend, und wir eilten zum Fenster. Unten auf der Straße, in der Nähe der Artilleriekaserne, drängte sich eine dichte Menschenmenge. Auf allen Gesichtern spiegelte sich der gleiche Ausdruck von Benommenheit, Angst und Fassungslosigkeit. In den Augen aller leuchtete der gleiche seltsame Glanz. Man hörte Frauenstimmen – Stimmen, die zitterten und brachen …

„Also, Le Mée, auf Deine Gesundheit und lass uns hoffen, dass wir in ein paar Monaten wieder zusammen trinken gehen können!"

„Auf dass uns beiden Glück schenke!"

Wir griffen nach unseren Schwertern und rannten zurück zur Kaserne. In dieser Nacht schliefen wir wieder in unseren Betten.

Sonntag, 2. August

Meine Ausrüstung war fertig. Ich hatte einige Taschentücher in meinen Umhang gerollt.

Ein Sergeant kam herein:

„Und nun geht alle ins Büro!"

Der Sergeant begann mit der Verteilung der Dienstbücher und Erkennungsmarken.

Auf der einen Seite meines Briefes stand: „Paul Lintier" und darunter „EV (engagé volontaire) Cl. 1913", auf der anderen: „Mayenne 1179".

Im Büro schwirrte eine Fliege umher. Einen Augenblick lang tauchte vor meinen Augen die Vision eines Schlachtfeldes auf – mit Toten, die ausgestreckt am Rand einer Grube lagen, und einem Unteroffizier, der sie vor der Beerdigung hastig identifizierte.

Das „Große Ereignis" war endlich da und durchbrach die Monotonie unseres Kasernenlebens, und niemand dachte an etwas anderes. Es war fast so, als ob eine Art Blindheit uns daran hinderte, nach vorn zu schauen, und die Aufmerksamkeit eines jeden auf die Vorbereitungen für die Abreise beschränkte. Diese Gleichgültigkeit überraschte mich, und doch teilte ich sie selbst.

War es Entschlossenheit oder Mut? Bis zu einem gewissen Grad vielleicht … Glaubten wir wirklich, dass es Krieg geben würde? Ich bin mir da nicht so sicher. Es war unmöglich, zu erkennen, was Krieg bedeuten würde – das ganze Grauen zu ermessen. Und deshalb hatten wir keine Angst.

Aus einem der Barackenfenster sah ich folgende Szene:

Ein junger Mann, der sofort von der allgemeinen Mobilmachung einberufen worden war, war gerade aus einem gegenüberliegenden Haus gekommen. Er ging rückwärts und beschattete seine Augen vor der Sonne, um das Gesicht einer ihm nahestehenden Person zu sehen, die an einem der Fenster im zweiten Stock stand. Eine blonde Frau, sehr jung und sehr bleich, beobachtete ihn mit sehnsüchtigen Augen hinter den Musselinvorhängen, zweifellos aus Angst, ihn ihr verstörtes Gesicht und ihre tränenüberströmten Wangen sehen zu lassen. Sie stand dicht hinter den Vorhängen, die Hand auf der Brust, die Finger krampfhaft ausgestreckt in einer Haltung, die von Trauer zeugte. Als er in einer Straßenbiegung aus dem Blickfeld verschwinden wollte, öffnete sie plötzlich das Fenster weit und zeigte sich für einen Augenblick. Der Mann konnte sie nicht sehen. Sie machte zwei unsichere Schritte rückwärts und sank in einen Sessel , wo sie zusammengekauert dasaß, das Gesicht in den Händen und ihre Schultern von Schluchzen bebend. Dann erblickte ich im Halbdunkel des Zimmers eine Dienerin mit einer bretonischen Mütze, die ihr ein Baby brachte …

Gegen Mittag verließen wir die Kaserne, um das uns zugewiesene Quartier etwas weiter unten in der Avenue de Pontlieue zu beziehen.

Die 10. und 12. Batterie des 44. Feldartillerie-Regiments sollten sich in der Apfelweinbrauerei Toublanc kriegsbereit machen.

Wir hatten nichts zu tun, außer Strohbetten auszuschütteln. Ein Gasmotor hämmerte mit einem unaufhörlichen Doppelschlag, der einem nach einer Weile auf die Nerven ging. An den Türen der verfügbaren Gebäude waren mit grober Kreide die Nummern der Regimenter geschrieben, denen sie zugeteilt waren.

Die Ställe waren in einem an einer Seite offenen Schuppen untergebracht, an dessen einem Ende Fässer mit Geschirren aufgestapelt waren. Diese Ställe wären ganz gemütlich gewesen, wenn sie wegen der angrenzenden schmutzigen Toiletten nicht so schrecklich gestunken hätten.

Die Männerquartiere waren in einem Gemüsegarten voller Johannisbeersträucher und Pfirsichbäume angelegt worden und bestanden aus einem alten, baufälligen Nebengebäude, das anscheinend nur deshalb der völligen Zerstörung entgangen war, weil Weinreben und wilder Wein darüber wuchsen und die bröckelnden Mauern in einer Umarmung aus dicht verwobenen Zweigen und Ranken zusammenhielten. Die Trauben waren bereits groß und dick und versprachen eine gute Ernte. Ich fragte mich, wo wir sein würden, wenn die Zeit für die Ernte gekommen war.

Niemand machte sich die Mühe, festzustellen, ob der Krieg erklärt worden war. Schließlich bedeutete die Erklärung nur ein paar Worte, die Diplomaten bereits gesprochen hatten oder noch sprechen wollten. Der Krieg war bereits Realität. Wir spürten es. Die einzige Frage, die uns beschäftigte, war, wann wir beginnen würden, und diese Frage konnte uns niemand beantworten.

Die Männer waren fröhlich, unbekümmert und viel weniger nervös als gestern. Ich persönlich fühlte mich nicht von der unerträglichen Last der Angst erdrückt, die ich in einem solchen Moment erwartet hatte. Ich wollte alle meine Kameraden fragen, ob sie wirklich glaubten, dass wir in ein paar Tagen unter Beschuss geraten würden. Und wenn sie mit „Ja" geantwortet hätten, hätte ich sie bewundern sollen, denn wenn ich angesichts des gähnenden Abgrunds, der sich vor uns auftat, ruhig und gelassen blieb, dann nur, weil ich seine Tiefe noch nicht erkannt hatte.

Ich sagte mir immer wieder: „Es ist Krieg – grauenhafter, blutiger Krieg … und vielleicht wirst du bald tot sein." Aber trotzdem hatte ich nicht die geringste Angst; ich glaubte nicht, dass ich getötet werden würde. Ich erkenne jetzt, dass es wahr ist, dass man in Gegenwart eines Toten, den man geliebt hat, zunächst nicht glaubt, dass er (oder sie) tot ist.

Ich habe diese Notizen auf einer Transportkiste sitzend geschrieben und dabei den Boden eines umgedrehten Fasses als Tisch verwendet. Ein Stallwärter musterte mich einen Moment lang, kam dann und schaute mir über die Schulter.

„Herr!", sagte er, „Sie sind übel erwischt worden!"

Montag, 3. August

Wir wissen noch nicht, ob der Krieg erklärt wurde, aber Metz soll in Flammen stehen und einige sagen sogar, es sei eingenommen worden. Einige französische Flugzeuge und Luftschiffe sollen die Pulvermagazine dort in die Luft gesprengt haben. Es gibt auch ein Gerücht, Garros habe einen mit zwanzig Offizieren besetzten Zeppelin zerstört, und an der Grenze hätten sich unsere Flieger darüber gestritten, wer zuerst versuchen solle, ein feindliches Luftschiff zu rammen. Die Deutschen sollen gestern an drei Stellen unsere Grenze überschritten haben. Aber gestern hörten wir, dass unsere Soldaten trotz ihrer Offiziere auf deutschen Boden durchgebrochen seien. Die Gerüchte, die im Umlauf sind, sind zahllos, und die wahrscheinlichsten und unwahrscheinlichsten Dinge werden in einem Atemzug gesagt.

Was sollen wir glauben? Natürlich nichts. Das ist am besten.

Aber wir lechzen nach Neuigkeiten, und dennoch zucken wir ungläubig mit den Schultern, wenn uns welche zu Ohren kommen. Wenn jedoch von einem Erfolg berichtet wird, sind wir so begierig, ihn zu glauben, dass die Mehrheit der Skeptiker nur eine ausreichend energische Bestätigung braucht, um ihn als wahr zu akzeptieren.

Ich habe vor, jeden Tag sowohl Fabeln als auch Fakten aufzuschreiben. Aber im Moment bin ich nicht in der Lage, zwischen Wahrheit und Lüge zu unterscheiden.

Ich versuche nur, auf diesen hastig hingekritzelten Seiten eine Vorstellung von den verschiedenen Elementen zu vermitteln, die den Gemütszustand eines einzelnen Soldaten prägen, der in einer Menge anderer verloren ist. In diesem Sinne sind Tatsache und Fabel dasselbe; aber später, wenn dieses Notizbuch nicht mit mir in irgendeinem namenlosen Grab da draußen begraben wird, können diese Notizen vielleicht dazu dienen, eine Geschichte der Legende zu bilden. Eine Geschichte der Legende – mehr wage ich nicht zu hoffen!

Ich habe ein oder zwei Stunden Zeit zum Schreiben und benutze eine Bank als Schreibtisch. Hinter mir stampfen die Pferde immer wieder auf den Zementboden des Schuppens. Es wäre nicht so schlimm, wenn diese Toiletten nicht so furchtbar stinken würden.

Wir haben die Information, dass wir am Freitag starten. Nach Berlin! Nach Berlin!

Berlin! Das ist das Ziel. Es war in aller Munde! Aber haben wir nicht 1870, fast zu dieser Jahreszeit, den Takt zu diesem Refrain geschlagen? Und was geschah danach? Die Erinnerung daran ließ mich erschauern. Aberglaube!

Wird England mit uns gegen Deutschland antreten? England ist im Moment die große Unbekannte. Trotzdem wird es hier kaum erwähnt.

Nach Berlin! Nach Berlin!

Der Schrei hallt von allen Seiten.

Ich hatte zwar begonnen, mich von der Realität der Ereignisse zu überzeugen, doch die Aufregung der Abreise und die Verärgerung darüber, nichts Genaues zu wissen, hatten meine Nerven blank gelegt und mich daran gehindert, den bevorstehenden Schrecken in vollem Umfang zu begreifen.

Wir hatten unsere Pferde angeschirrt und Geschützteams gebildet.

Ein Geschütz in einer 75-mm-Batterie besteht aus dem Geschütz selbst und einem Munitionswagen, beide mit Protze, und beide werden von sechs paarweise angespannten Pferden gezogen. Das Detachement besteht aus sechs Fahrern, sechs Kanonenschützen, einem Korporal und einem Sergeant, der der Geschützkommandant ist. Aber mein Geschütz, das erste der 2. Batterie, wird auch vom Abschnittskommandeur, dem Batterieführer, einem Trompeter und dem Ordonnanzoffizier des Kapitäns mit seinen zwei Pferden begleitet. Insgesamt 18 Mann und 19 Pferde. Von den 18 Männern leisten 17 ihren Dienst ab. Seit fast einem Jahr führen sie nun dasselbe Leben; jeden Tag haben sie gemeinsam dieselben Manöver ausgeführt. Ein Detachement ist daher eine echte Einheit und bildet eine kleine Gesellschaft für sich, mit ihren Gewohnheiten, Vorlieben und Abneigungen.

Bréjard, der Abschnittskommandeur, hat das Kommando tatsächlich selbst inne, wie er es vor der allgemeinen Mobilmachung getan hat. Es scheint sich also nichts geändert zu haben. Hubert, der neue Geschützkommandeur, ein Reservist, ist in Gedanken bei seiner jungen Frau, die er nach nur wenigen Monaten Ehe auf seiner Farm zurücklassen musste, wo das Korn noch steht.

Bréjard, der etwa 24 Jahre alt sein muss, ist groß und schlank, hat undurchschaubare graue Augen, ein eigensinniges Kinn und ziemlich markante Gesichtszüge. Er meldete sich schon sehr jung bei der Armee und gelangte dank harter und methodischer Arbeit in Fontainebleau ganz oben auf die Liste.

Corporal Jean Déprez stellt einen Kontrast zu Bréjard dar. Déprez ist verträumt und phantasievoll, vom Regimentsleben gelangweilt und kann sich mit der Aussicht auf viele Monate Krieg überhaupt nicht abfinden. Soweit es den Dienst betrifft, ist Déprez ein Schwächling, dem jede Ausübung seiner Autorität, so gering sie auch sein mag, gegen den Strich geht. Er hat kurze Geistesblitze, und obwohl er in der Regel sehr lustlos und eher launisch ist, ist er dennoch manchmal ein unterhaltsamer Gesprächspartner und ein treuer Freund. Der Mangel an Arbeit in der Kaserne hat uns teilweise zusammengeführt, und wir waren beide froh, Seite an Seite zu sein, als der Moment kam, ins Feld zu ziehen.

Mit Corporal Déprez auf der einen und Richtschütze Hutin auf der anderen Seite überkam mich in der gewaltigen Aufregung der Mobilisierung und der stündlichen Erwartung des Ausbruchs des Sturms nicht das geringste Gefühl der Einsamkeit.

Hutin ist ein kleiner Kerl mit dichtem schwarzem Haar und Schnurrbart. Seine regelmäßigen Gesichtszüge werden von einem Paar attraktiver dunkelbrauner Augen mit einem etwas schelmischen Ausdruck erhellt. Er ist energisch, aufbrausend, ziemlich ehrgeizig, intolerant, entscheidungsfreudig und äußerst intelligent, zu echter Freundschaft und sogar Hingabe fähig. Sein spontaner und vielseitiger Charakter ist mir ans Herz gewachsen.

In der Avenue de Pontlieue standen die requirierten Pferde in einer Reihe. Es waren Hunderte von ihnen, schwere, dickbäuchige, gelehrige Tiere mit prächtigen Mähnen und struppigen Fesseln. Sie wurden von Männern in Kitteln gehalten, die regungslos am Bordstein standen, sich über die Verzögerung ärgerten und ihr Abendessen kaum erwarten konnten. In der Nähe, entlang der Mauer der Artilleriekaserne, war ein bunt gemischtes Durcheinander von Karren und Lastwagen versammelt, die ebenfalls requiriert worden waren.

Eine bunt gemischte Menschenmenge drängte sich auf der Allee – Frauen in hellen Sommerkleidern und Soldaten in Uniform und Segeltuchkleidung, die einen unpassenden Eindruck machten. Reservisten kamen in Gruppen. Fast alle wirkten ruhig und ungestört, und einige machten sogar eine heitere Miene. Ein oder zwei waren offensichtlich betrunken, und andere sahen so aus. Ich sah nur einen, der weinte. Er saß auf einem Strohhaufen und war damit beschäftigt, einen nagelneuen gelben Riemen an seinem Revolverholster zu befestigen, und Tränen liefen über seine ungeschickten Finger, während er mit dem steifen Leder herumfummelte. Ich legte ihm eine Hand auf die Schulter, woraufhin er sich halb umdrehte und mit einem Ruck seines Kopfes sagte:

„Oh, mein Gott! Meine Frau ist letzte Woche im Kindbett gestorben... Da ist das kleine Mädchen – erst acht Tage alt – ganz allein, und niemand kümmert sich um sie!"

"Was hast du mit ihr gemacht?"

„Nun, das Einzige, was ich tun konnte, war, sie ins Kinderheim zu bringen."

Wenn die Post kommt, sehen die Männer am traurigsten aus.

Wir sind in unseren Quartieren eingesperrt, aber die Unteroffiziere dürfen die Männer, jeweils zwei oder drei auf einmal, zum *Abreuvoir bringen* , wie das Café gegenüber heißt.

Dienstag, 4. August

Gestern Abend um neun Uhr öffnete der Leutnant im Rahmen eines rein theoretischen Appells die Tür zu unserem Arbeitszimmer.

„Alles in Ordnung da drin?“

„Ja, Sir, danke! Warm wie Kuchen!“

„Nichts, was du willst?“

„Ja, Sir, wir möchten beginnen!“

„Oh! Wollen Sie anfangen?“

Heute Morgen begann Pelletier, der Trompeter, ein Pariser, der mit seinen Händen fast alles zu tun scheint, unsere Schwerter zu schärfen. In Hemdsärmeln vor einer Werkbank stehend, bearbeitete er eine riesige Feile mit einem schrecklichen kreischenden Geräusch, das einem kalte Schauer über den Rücken jagte und einem die Zähne stumpf werden ließ. Von Zeit zu Zeit hielt er bei seiner Arbeit inne und prüfte mit wütenden Stichen und Hieben die Spitzen und Schneiden, indem er einige alte, in einer Ecke liegende Schachteln aus Kiefernholz zerschnitt.

Tief in unseren Vierteln, wo wir in einer Atmosphäre voller absurder Gerüchte auf den Befehl zur Einfahrt in den Zug warten, klingt der Tumult der allgemeinen Mobilmachung auf den Straßen und auf der benachbarten Bahnstrecke Paris-Brest wie ein unaufhörlich widerhallender Donner in einer elektrisierten Atmosphäre.

Einer meiner Landsleute, Gaget, der Schreiber beim Artilleriestab ist, sagte mir, der Krieg sei noch nicht erklärt worden. Er ist in der Lage, das zu wissen. Seine Mutter hat ihm aus Mayenne geschrieben, dass meine Familie davon ausgehe, dass ich bereits in Verdun sei. Ich frage mich, ob meine Briefe nicht zugestellt werden …

Heute Nachmittag ging Déprez in die Wäscherei, um seine Wäsche zu holen. Im Laden fiel ihm eine junge Frau, die Frau eines Artilleriekorporals, der sich heute Morgen der Fahne angeschlossen hatte, um den Hals und begann zu weinen.

Er kam sehr verärgert zurück.

Einige der Männer sind mit ihren Pferden losgezogen, um unser Kriegsmaterial vom Bahnhof abzuholen. Der Park liegt am breiten Fußweg der Avenue de Pontlieue, wo die Platanen unsere 75-mm-Geschütze und Munitionswagen beherbergen. Frauen bleiben stehen, um sie anzusehen, und einige schütteln mutlos den Kopf.

Es sieht so aus, als würden wir morgen Abend mit dem Zug fahren. Wir fangen an, uns hier gründlich zu langweilen, und wissen nicht, wie wir unsere

Zeit verbringen sollen. Ich werde in unserer Höhle am anderen Ende des Gemüsegartens, wo es kühl und schattig ist, ein wenig schlafen. Die Sonne beleuchtet durch die offene Tür nur ein großes Rechteck aus Stroh, das mit Brotbeuteln und glänzenden Waffen bedeckt ist. Das Wetter war heute herrlich, schön und klar, und jetzt, wo die Dämmerung naht, beginnt die Luft von den Mücken zu summen, die im Kreis herumfliegen und schönes Wetter ankündigen sollen.

Ich konnte für einen Moment herauskommen. Einige Frauen, deren Augen vom Weinen geschwollen waren, sahen uns mitleidig an und sprachen mit uns – den ersten jungen Männern, die gingen – mit Stimmen voller Mitgefühl:

"Wann fängst du an?"

„Morgen – vielleicht übermorgen."

"Wo gehst du hin?"

„Wir sind nicht sicher – entweder Verdun oder Maubeuge."

"Also, viel Glück!"

„Vielen Dank... Auf Wiedersehen!"

Viel Glück! ... Das hoffe ich! ... Es ist eine Art ewiger Abschied, den sie uns aus tiefstem Herzen wünschen, bevor wir ins große Unbekannte aufbrechen.

Mittwoch, 5. August

Seit dem 3. ist der Krieg erklärt und entlang der gesamten Grenze finden Kämpfe statt.

Es wurden bereits schwere Verluste gemeldet. Elftausend Franzosen und achtzehntausend Deutsche sollen in den ersten Gefechten gefallen sein. Ob diese Zahlen Tote oder Verletzte bedeuten, weiß ich nicht.

Diese Nachricht, ob wahr oder falsch, trübte unsere Stimmung für einige Augenblicke. Doch unsere außerordentliche Gleichgültigkeit gewann bald die Oberhand. Außerdem gab es nie eine günstigere Gelegenheit zur Rache – für die *Revanche* – als diese.

Donnerstag, 6. August

Die Deutschen sind trotz der Neutralitätsvereinbarung in Belgien einmarschiert. Ich glaube nicht, dass das irgendjemanden überraschen wird. Was uns aber überrascht und was auch den Feind überraschen muss, ist der erbitterte Widerstand, den die Belgier leisten.

Die Deutschen sind gerade mit einem Massenangriff auf Lüttich gescheitert. Wenn es der belgischen Armee allein gelungen ist, sie zu besiegen, welche Hoffnungen dürfen wir dann nicht hegen?

England schließt sich uns an. Das ist jetzt sicher. Mit den Franzosen, Engländern, Russen, Belgiern und Serben als Verbündete dürften wir bald das Ende dieser angeblich so gewaltigen Militärmacht erleben. Die Nachricht, diesmal offiziell, machte uns noch ungeduldiger, Le Mans und die ermüdenden Viertel, in denen wir leben, zu verlassen.

Auf der Eisenbahnstrecke Paris-Brest fahren unaufhörlich Züge voller Infanterie, Kavallerie und Ausrüstung vorbei. Knirschend und kreischend rollen sie mühsam über die Brücke, die die Avenue de Pontlieue überspannt und die heldenhaft von fetten Territorialsoldaten in schmutzigen Segeltuchanzügen bewacht wird, die mit Grasgewehren mit aufgepflanztem Bajonett bewaffnet sind. Eine Schar von Frauen mit Kindern auf dem Arm oder an ihren Röcken hängend wartet dort unter der Mittagssonne. Sie stehen stundenlang da und beobachten die Prozession der Militärlastwagen, die mit Grünpflanzen geschmückt und mit groben Kreidezeichnungen illustriert sind. Auf den Trittbrettern und in den Brems- und Wachwagen sieht man Gruppen von Soldaten. Auf der Avenue wirbeln Staubwolken von requirierten Pferden auf, die dort, an Ladewagen gespannt, auf die Probe gestellt werden und die unter dem ungewohnten Joch widerspenstig werden, um sich schlagen und sich schließlich in den Strängen verfangen. Die Frauen trennen sich hastig und ziehen ihre Kinder mit sich, um einem tänzelnden Pferd oder einem herankommenden Wagenrad auszuweichen. Aber dennoch bleiben sie trotz aller Unannehmlichkeiten hartnäckig, aufgeregt und wie berauscht von Lärm, Licht und ständiger Bewegung dort. Immer wenn ein Zug vorbeifährt, erhebt sich eine Breitseite schriller Schreie aus ihren Gruppen, die sich sammeln, trennen, zerstreuen und wieder von den Gefahren der Straße umzingelt werden.

Vor der Apfelweinbrauerei Toublanc bedecken Blumen und Bänder in Sträußen, Zweigen und Kaskaden den Bürgersteig und bedecken die Lafetten, Munitionswagen und Protzen. Frauen und Mädchen kommen mit den Armen voll Hortensien, Schwertlilien und Rosen. Ihre Gesichter, erhellt von der Sonne und der Aufregung des Augenblicks, erscheinen und verschwinden zwischen den Blumen. Da die Wachposten niemanden zu nahe heranlassen dürfen, werfen sie ihre Blumensträuße aus der Ferne. Artilleristen, die ihre Lastwagen fast fertig beladen haben, danken ihnen, indem sie ihnen Küsse zuwerfen, die sie in die Flucht schlagen.

Ich sah, wie ein Mädchen einen riesigen dreifarbigen Blumenstrauß am Bajonett eines Wachpostens befestigte – offensichtlich ihres Geliebten. Der Stahl glänzte zwischen den Blüten.

Frauen versperren den Reitern schüchtern den Weg, um ihre Zügel und Satteltaschen mit Girlanden zu schmücken. Und am Himmel brennt die herrliche Augustsonne herab, wirft ein goldenes Licht auf den Staub der Straße und das Grün der Bäume und lässt die Gesichter der Frauen und die Blumen erstrahlen.

Freitag, 7. August

Seit einiger Zeit beobachte ich die erste Geste eines Soldaten, der gerade einen Brief erhalten hat. Er reißt ihn hastig auf, und ohne ihn aus dem Umschlag zu ziehen, befingert er ihn rasch, um zu sehen, ob er eine Postanweisung enthält ...

Ich war heute Abend mit Déprez unterwegs, als uns eine Frau ansprach, gepudert und geschminkt, mit pausbäckigen Wangen und einer Brust und einem Bauch, die eine ungeteilte Masse zitternden Fetts bildeten:

„Vierundvierzigster?"

"Ja."

„Kennen Sie Corporal X? Richten Sie ihm die besten Wünsche von Alice aus. Er wird es wissen... Alice ist mein Name... Sie werden es nicht vergessen?... Armer alter Joe!..."

Dann, als wir uns auf den Weg machten:

„Wollen Sie nicht hereinkommen?", sagte sie mit dem üblichen einladenden Blick.

„Nein danke", antwortete Déprez höflich, „wir haben keine Zeit."

Als wir ein Stück weitergegangen waren, fügte er hinzu:

„Das ist eine Nachricht, die ich nicht überbringen kann, wenn ich sie überbringe!"

Samstag, 8. August

Endlich haben wir den Befehl erhalten, in den Zug einzusteigen. Unsere erste Kostprobe des Krieges war eine Art Blumenschau. Eine Menge Frauen und grauhaariger Männer wartete unter den Bäumen auf der anderen Seite der Allee auf uns. Kinder, die kleinen Arme voller Blumen, liefen auf uns zu; ihre Mütter winkten und lächelten. Aber wie traurig waren die Lächeln dieser Frauen! Ihre geschwollenen Augen erzählten von Tränen, und die Fältchen um ihre Lippen zeigten trotz ihres Lächelns, dass ein weiterer Zusammenbruch nicht weit entfernt war. Die jüngeren Kinder – und ganz kleine kamen über die Straße getapst – fanden den Tag offensichtlich schöner als einen Zirkus. Sie lachten und klatschten vor Vergnügen in die Hände.

Wir verbrachten den letzten Morgen damit, die Protzen und Wagen fertigzumachen und das Geschirr aufzupolieren. Es schlug zwölf Uhr. Als die Stunde der Abfahrt näher rückte, beruhigte sich der Tumult auf der Allee, und die im Schatten wartende Menge wurde allmählich ruhiger.

Es herrschte fast völlige Stille, als der Kapitän mit klarer, hallender Stimme den Befehl gab:

"Nach vorne!"

Wie ein Echo erhob sich aus der Menge ein lautes Hurra, durch das ich jedoch deutlich zwei herzzerreißende Schluchzer hörte.

Niemals gab es einen schöneren Augusttag. Die Protze und Gewehrräder, die Riemen und Haken des Geschirrs – ja sogar die Mündungen der Gewehre selbst – waren mit Blumen und Bändern geschmückt, deren leuchtende Farben sich harmonisch vom eisengrauen Hintergrund der Gewehre abhoben.

Heute Morgen sagte uns der Kapitän, Bernard de Brisoult:

„Nehmen Sie die Blumen, die sie Ihnen anbieten, und schmücken Sie damit Ihre Gewehre. Sie sind der einzige Abschied, den die Frauen Ihnen geben können. Und was auch immer Sie tun, bleiben Sie ruhig! Dann werden sie viel mutiger sein, wenn Sie losgehen.“

Die Straßen, durch die wir im Schritttempo gingen, waren bunt mit Fahnen und Wimpel geschmückt. Der Abschied der Soldaten, von denen viele nie wieder zurückkehren würden, wurde mit einer Gelassenheit und Ordnung begleitet, die wirklich bewundernswert war. Die Kanonenschützen, die reglos auf den Protzen saßen oder neben den Pferden hergingen, lächelten und lachten fröhlich, als die Frauen am Wegesrand ihnen zum Abschied zuwinkten. Wir waren natürlich gerührt, aber es war eher die Erregung der Menschenmenge auf der Straße, die uns berührte, als irgendein Gefühl, das in unserem Inneren geboren wurde.

Das Verladen ging leicht und schnell. Da es sehr heiß war, hatten die Kanoniere, die das Material auf die Waggons hievten, ihre Westen abgelegt und vereinten mit roten Gesichtern und den Schultern an den Geschützrädern ihre Anstrengungen, wenn die Geschützführer das Kommando „Zusammen!“ gaben, das durch den ganzen Zug hallte. Die Fahrer hatten große Schwierigkeiten, ihre Gespanne in die Boxen zu bringen. Die alten Batteriepferde waren an das Manöver gewöhnt, aber die requirierten Tiere leisteten hartnäckigen Widerstand. Je zwei von ihnen wurden Gurte umgeschnallt und mit Gewalt auf die Fußgängerbrücken gezerrt. Sobald sie in den Waggons waren, mussten sie umgedreht und in Position gebracht werden, so dass auf jeder Seite vier stehen konnten. Diese Operation wurde von einem ohrenbetäubenden Lärm eisenbeschlagener Hufe auf den Holzböden und Trennwänden begleitet. Nachdem die Pferde sicher an ihrem Platz aufgestellt und durch Pfostenlinien gegenüber von Angesicht zu Angesicht festgehalten worden waren, begannen die Stallpfosten damit, das Geschirr und das Futter im Raum zwischen den beiden Linien anzuordnen.

Gerade als der Zug losfuhr, wurde mir schwindelig. Irgendetwas in meiner Brust schien zu reißen, und ich fühlte mich fast erstickt von einem plötzlichen Gefühl der Schwäche und Angst. Sollte ich jemals zurückkommen? Ja! Ich war mir dessen sicher! Und doch frage ich mich, warum ich mir so sicher war!

CONNERRÉ-BEILLÉ. Ich sitze auf einem Heubündel zwischen meinen acht Pferden. Trotz meiner Peitsche beißen sie jeden Augenblick in das Futter und ziehen mir fast den Sitz weg. Die Tür des Wagens steht weit offen und gibt den Blick auf die sonnige Landschaft frei.

Sonntag, 9. August

Fünfzehn bis achtzehn Stunden rumpelte der Zug dahin. Eine so lange Reise verbringt man am besten als Stallwärter. Ich machte es mir auf aufgeschütteltem Heu bequem, legte meinen Kopf in einen gut gepolsterten Sattel und schlief schließlich ein.

Die Pferde, die fast alle an Druse litten, sabberten und niesten über mich und weckten mich schließlich auf. Es war bereits Tag. Dichter Sommernebel schwebte in Mannshöhe über den Feldern. Die Sonne brach stellenweise hindurch und beleuchtete Myriaden schimmernder, tautriefender Grashalme.

Die Kanonenschützen saßen an den offenen Türen der Wagen und ließen ihre Beine über die Seitenwände baumeln. Sie sahen zu, wie die Landschaft an ihnen vorbeizog. Die leeren Züge, die in der Gegenrichtung an uns vorbeifuhren, erschreckten die Pferde, die wieherten und wieherten. Niemand – nicht einmal unsere Offiziere – wusste, wohin wir wollten, und der Lokführer selbst sagte, er wisse es nicht, aber er würde unterwegs Anweisungen erhalten.

Die Territorialsoldaten, die die Linie bewachten, grüßten uns, als wir vorbeikamen, indem sie ihre Gewehre auf Armeslänge von sich hielten. Wir schwenkten als Antwort unsere Peitschen.

„Morgen, alter Junge!“

„Viel Glück, Jungs!“

REIMS. Zuerst der Kanal, dann ein Blick auf die Stadt und dann wieder offenes Land mit Feldern voll reifen Korns, das in der Morgensonne gelb leuchtete. Nur ein paar Garben waren zu sehen. Die Feldfrüchte standen fast überall, reglos in der Hitze, und warfen goldenes Licht auf die sanften Hügel und die stille Schönheit der Landschaft. Ich hatte das Gefühl, ich könnte mich nicht sattsehen. In ein paar Tagen würde ich vielleicht nicht mehr in der Lage sein, die Pracht des sonnengebräunten Korns und den herrlichen Mantel zu sehen, den es über die symmetrischen Hänge des Erntelandes wirft wie ein Vorhang aus alter Spitze, der eine anmutige griechische Gestalt leicht umhüllt.

Der Zug rollte langsam weiter Richtung Verdun. In jedem Dorf warfen uns Mädchen und Kinder aus den Gärten am Gleis Küsse zu. Sie warfen uns auch Blumen zu und brachten uns, wann immer der Zug anhielt, Getränke.

Es war bereits dunkel, als der Zug, nachdem er die endlosen Abstellgleise und Bahnsteige von Verdun mit seinen riesigen Bäckereien unter grünen Planen passiert hatte, schließlich in Charny zum Stehen kam. Wir waren mehr als dreißig Stunden unterwegs. Bevor wir mit dem Aussteigen fertig waren, war es völlig dunkel.

II.
Annäherungsmärsche

WIR überquerten die Maas. Die Sonne war untergegangen, und der Fluss, der sich im Abendrot des purpurnen westlichen Himmels zwischen seinen schilfbewachsenen Ufern und sumpfigen Inseln seinen Weg bahnte, sah aus, als ob Blut durch ihn floss. Morgen oder vielleicht übermorgen wäre dieser Anschein vielleicht Wirklichkeit geworden. Ich weiß nicht, warum mich diese blutroten Spiegelungen im Wasser in diesem letzten Moment des Abends so sehr berührten, aber so war es.

Die Nacht brach herein – eine klare Nacht, in der ich unruhig nach Scheinwerfern zwischen den Sternen suchte. Am Wegesrand, in einem der Viehparks der Armee, lagen zahllose Herden und schliefen. Die Gegend wäre absolut still und ruhig gewesen, wenn nicht das gedämpfte Grollen unserer Kolonne beim Marschieren zu hören gewesen wäre. Die letzten Reflexe des Tageslichts und die ersten Strahlen des Mondes, der gerade im Osten aufging, verschmolzen zu einem unheimlichen, diffusen Licht.

Wir marschierten nach Osten, und als die Straße an der dunklen Masse eines steilen Hügels entlangführte, ging der Mond klar über den düsteren Kiefern auf, die sich wie Silhouetten am Horizont abzeichneten. Bald betrat die Batterie einen dunklen Wald, wo die Fahrer Schwierigkeiten hatten, den Weg zu finden. Niemand sprach. Gelegentlich lugte der Mond durch die Bäume und ließ einen Reiter erkennen. Es schien fast, als würde das gelbe Licht einen fühlbaren goldenen Staub absondern; die Messingteile der Ausrüstung und die Blechkrüge der Männer glänzten, als wären sie vergoldet. Ein Mann ging vorbei, dann noch einer, und die Schatten, die sich klar auf der Straße abzeichneten, schienen Teil der Silhouetten der Reiter zu sein und diese zu vergrößern. Vom Rest der Kolonne, der sich in der Nacht des Waldes verlor, war nichts zu sehen.

Man hatte uns gesagt, der Feind sei nicht weit entfernt, irgendwo in der Ebene, die sich hinter den Hügeln erstreckte. An jeder Kreuzung hatten wir Angst, dass wir die falsche Abzweigung nehmen und uns in den deutschen Stellungen wiederfinden könnten. Außerdem hatte dieser erste Marsch des Feldzugs bei Nacht etwas Unheimliches an sich, das uns trotz allem ein wenig Angst machte.

Die Kolonne kam kurz vor einem Dorf zum Stehen. Auf beiden Seiten der Straße hatten Truppen ihr Lager aufgeschlagen, und weiter unten, auf einem der Felder, war ein düsterer Artilleriepark angelegt worden. Trotz der späten Stunde – es war schon fast Mitternacht – war die Hitze drückend, und die Sterne waren von einem leichten Nebel verhüllt. Die Biwakfeuer warfen flackernde Schatten von Soldaten in unterschiedlichen Stadien der Entkleidung, einige von ihnen bis zur Hüfte nackt.

Etwas weiter, auf einer Wiese, wo die 10. Batterie bereits ihr Nachtlager aufgeschlagen hatte – Männer und Pferde lagen im feuchten Gras –, stellten wir unsere Gewehre ab.

Wir mussten auf dem nackten Boden liegen, und sofort entbrannte zwischen Fahrern und Kanonenschützen ein Wettstreit in Sachen List, wer die Pferdedecken bekommen sollte. Die meisten Männer streckten sich unter den Munitionswagen und Kanonen aus, wo die Feuchtigkeit der Nacht weniger durchdringend war. Aber ich hatte immer noch Stalldienst und musste auf die Pferde aufpassen, die nebeneinander an einem zwischen zwei Pfählen gespannten Pflock festgebunden waren. Die Tiere traten und bissen sich nicht nur gegenseitig, sondern ihre Halsbänder lösten sich ständig, und ein oder zwei schafften es, sie abzuschütteln, und trotteten in die Felder davon. Ich verbrachte die Nacht mit wilden Verfolgungsjagden. Eine kleine schwarze Stute insbesondere führte mich mehrere Stunden lang zum Tanzen, und ich konnte sie erst schließlich einfangen, indem ich etwas Hafer auf dem Boden eines Futterbeutels rascheln ließ.

Mit der Peitsche in der Hand und bis zu den Knien vom Tau nass, hatte ich meine Aufgabe als Stallwächter sicherlich gewissenhaft erfüllt.

Montag, 10. August

Um 3 Uhr morgens zog der graue Schatten eines Luftschiffs unter den Sternen vorbei. Freund oder Feind?

Bei Tagesanbruch begann sich im Park etwas zu bewegen. In ihre Decken gehüllte Männer kamen zwischen den Geschützrädern und unter den Protzen hervor und streckten sich gähnend aus. Wir begannen, Feuerstellen zu graben und Holz und Wasser zu holen, und bald dampfte der Kaffee in den Kesseln des Lagers.

Auf der Straße nach Verdun waren bereits Infanterieregimenter – zweifellos auf dem Weg zur Schusslinie – im Einsatz, die lange rot-blaue Kolonne wand sich wie der Rücken einer riesigen Raupe. Die Bataillone waren für einen Moment von den Hütten und Bäumen des Dorfes verdeckt. Doch weiter vorne, auf den kornbewachsenen Hängen der Hügel, konnte man trotz der Entfernung gerade noch die Bewegungen der Truppen erkennen, die auf dem schmalen weißen Band einer Straße marschierten.

Wir warteten auf den Befehl zum Anspannen.

Die Wiese, auf der wir über Nacht lagerten, fiel auf der einen Seite in sumpfiges Gelände ab, das von einem Bach bewässert wurde, der aus einer Mühle kam und durch das üppige Gras floss, und wurde auf der anderen

Seite von einem Wall aus Weizengarben begrenzt. Im Osten erweckte ein hoher Hügel mit symmetrischem Umriss, bedeckt mit gelber Gerste und gelbbraunem Weizen, den Eindruck eines goldenen Berges, der in der Sonne glänzte.

Hinter den in parallelen Reihen angebundenen Pferden hinterließ das Geschirr schwarze Flecken im Gras. Einige von uns hatten dort unter ihren Decken geschlafen. Die auf ihren Sattelknäufen aufgelegten Sättel dienten den Männern als Kissen, die halb entkleidet und mit nacktem Oberkörper tief und fest schliefen. Ich hätte auch gern geschlafen, denn ich war vom Herumlaufen die ganze Nacht über müde, aber ich musste unweigerlich an meine Mutter denken und an die Angst, die die Nachrichten über die Hekatomben im Elsass bei ihr ausgelöst haben mussten. Sie hatte keine Ahnung, wo ich war, und würde mit Sicherheit denken, dass ich mich mitten in einem laufenden Kampf befände.

Auf der Straße folgten Artilleriekolonnen den Linienregimentern. Es war neun Uhr, aber bis jetzt war noch kein Kampfgeräusch zu uns gedrungen. Ein Fahrer weckte mich, indem er seine Decke ausschüttelte, und ich sprang auf. Ich wiederum weckte Déprez, der neben mir schlief. Waren es die Kanonen? Nein, noch nicht.

Amtliche Nachrichten kamen, dass die elsässische Armee, deren Hauptquartier in Mülhausen war, in einer großen Schlacht bei Altkirch von den Franzosen besiegt worden war. Der Beginn der Rache!... Aber es war von fünfzigtausend Toten die Rede...

Von einer Art magnetischer Faszination gefangen, richteten Déprez und ich unseren Blick auf die hohe Hügelkette im Osten, die zwischen uns und dem Schicksal lag. Dort waren andere wie wir, Massen von Männern in den Ebenen und in den Wäldern, Männer, die uns töten würden, wenn wir sie nicht töteten.

Von der Hitze überwältigt, ließ ich meine Gedanken bei diesen und ähnlichen Überlegungen verweilen und versuchte vergeblich, das schreckliche Bild der fünfzigtausend toten Männer, die auf den Feldern des Elsass lagen, aus meinem Kopf zu verbannen. Schließlich schlief ich ein.

Sie haben gerade ein Pferd mit gebrochenem Bein durch einen Revolverschuss hinter dem Ohr getötet. Der Kadaver wird zerlegt und die besten Stücke unter den Batterieabteilungen verteilt. Es ist nicht wahrscheinlich, dass heute ein Einsatz erfolgen wird.

Die Suppenkessel standen auf dem Feuer. Am Hang des Hügels, wo das Korn in Garben stand, bauten die Männer Strohhütten, in denen sie die Nacht verbringen konnten.

Als die Sonne unterging, stiegen feuchte Dämpfe aus dem Bach und dem angrenzenden Sumpfgebiet auf. Seite an Seite auf unserem Strohbett schliefen Déprez und ich, in Stiefeln und Sporen, mit den Revolverhalftern an den Hüften, ein, mit dem Gesicht zu den Sternen gewandt, die am östlichen Himmel heller zu leuchten schienen als sonst.

Dienstag, 11. August

Kurz nach Tagesanbruch waren wir bereit zum Aufbruch. Einige Soldaten des 130. Infanterieregiments waren im nächsten Dorf, Ville-devant-Chaumont, eingetroffen, um dort Quartier zu beziehen. Während ich auf den Befehl zum Vorrücken wartete, unterhielt ich mich mit einem kleinen rothaarigen Sergeanten mit fuchsartigem Gesicht:

„Ah", sagte er, „Sie kommen also aus Mayenne … Nun, ich weiß nicht, ob viele vom 130. jemals dorthin zurückkehren werden … Gestern gab es eine Schlägerei … Ein einfach schreckliches Gemetzel! … Mein Bataillon wurde nicht getroffen, aber die beiden anderen! … Es gibt einige Kompanien, die nicht mehr als zehn Mann zählen und keinen einzigen Offizier mehr haben … Es sind ihre Maschinengewehre, die so furchtbar sind … Aber was zum Teufel kann man erwarten? Zwei Bataillone gegen eine ganze Division!"

„Aber warum hat das dritte Bataillon nicht mitgemacht?"

„Ich wäre gesegnet, wenn ich wüsste … Man weiß nie, warum das so ist."

Und er fügte hinzu:

"Einige unserer Jungs waren großartig... Leutnant X zum Beispiel... Er sprang auf, zog sein Schwert, öffnete seine Uniformjacke und rief seinen Männern zu: "Kommt, Jungs!..." Und er wurde auf der Stelle getötet... Die Flagge?... Sie wurde vom Feind genommen, von einem unserer Hauptleute zurückerobert und dann erneut erobert. Schließlich bekam sie ein Kerl mit einem Ehrenabzeichen in die Hände und konnte sie unter einer Brücke verstecken, bevor er starb. Einer der Abschnitte des 115. fand sie dort... Und dann kam endlich die Artillerie... Drei Batterien des 31. Sie vertrieben die Kerle schnell... Und außerdem ließen sie zwei Batterien zurück!"

Es kam der Befehl, die Waffen auszuspannen. Was für eine Hitze! Durchsichtige Dämpfe stiegen vom Boden auf und ließen den Horizont erzittern. Von Zeit zu Zeit hörten wir das gedämpfte Geräusch der Kanonen, aber häufiger hielten wir das Geräusch der Karren auf der Straße für Schüsse. Über den Bergkämmen bildeten sich flauschige weiße Wolken, die den Eindruck explodierender Granaten erweckten. Für einen Moment war ihr Anschein höchst trügerisch.

Ich sah einen der Männer des 130. Regiments in erbärmlichem Zustand von der Feuerlinie zurückkommen, ohne Mütze, Rucksack oder Waffen. Es schien mir ein Wunder, dass er es geschafft hatte, sich so weit zu schleppen. Mit starren, verängstigten Augen blickte er nervös von einer Seite zur anderen. Die Kanonenschützen umringten ihn, als er mit gebeugten Schultern und hängendem Kopf da stand, aber er beantwortete ihre Fragen nur mit ausdrucksstarken Gesten.

„Erledigt!", murmelte er. „Erledigt!"

Wir konnten nichts anderes hören. Seine Lippen bewegten sich unentwegt:

„Erledigt! ... Erledigt!"

Er ließ sich mitten unter uns fallen und schlief sofort ein. Sein Mund war weit geöffnet und seine Gesichtszüge waren wie vor Schmerz verzerrt. Zwei Kanonenschützen trugen ihn in eine benachbarte Scheune.

Ich habe heute gehört, dass ein Priester aus Ville-devant-Chaumont wegen Spionage verhaftet und nach Verdun deportiert wurde.

Wir nutzten unsere freie Zeit, um unsere Wäsche zu waschen und im Fluss zu baden. Dann lagen wir nackt im Gras und warteten, bis die Sonne unsere Hemden, Socken und Unterwäsche getrocknet hatte, die um uns herum ausgebreitet lagen.

Mittwoch, 12. August

Die Franzosen lieben Heldenlegenden. Ich habe nun die Wahrheit über die Affäre herausgefunden, bei der angeblich zwei Bataillone auseinandergerissen wurden, und es besteht nicht die geringste Ähnlichkeit mit der bunten Geschichte des kleinen Sergeanten mit dem Fuchsgesicht.

Am 10. August hatten die Offiziere des 130. Regiments nicht die geringste Ahnung, dass der Feind so nahe war. Einige Männer wurden überrascht, als sie unbewaffnet und halbnackt zum Fluss hinuntergingen. Unmittelbar danach begann der Kampf, und das 130. Regiment verteidigte sich tapfer gegen eine zahlenmäßige Übermacht, zunächst ohne Unterstützung der Artillerie, die, da sie keine Befehle erhalten hatte, in ihren Quartieren blieb. Schließlich trafen drei Batterien des 31. Regiments ein und konnten den deutschen Angriff abwehren. Wir waren die Sieger.

Was Leutnant X betrifft, der laut Aussage des Sergeanten getötet wurde, als er mit nacktem Oberkörper dastand und seine Männer zum Angriff aufforderte, so scheint es, dass er in Wirklichkeit in den Fluss namens Loison fiel. Die Kälte des Wassers und die Aufregung der ersten Begegnung mit dem Feind führten zu einem Gedränge, aber inzwischen soll er wieder vollkommen gesund sein. Das ist ein Glück, denn er ist ein wertvoller Offizier.

Mehrere seiner Männer griffen zu früh an und fielen in den Fluss, der zwischen sehr niedrigen Ufern quer durch die Felder fließt. Dort blieben sie wie verschanzt, bis zur Hüfte im Wasser, und kämpften, so gut sie konnten. Die Flagge des 130. Regiments wurde nicht einmal aus ihrer Ölhülle genommen.

Den ganzen Tag verbrachten sie mit Schlafen, Kochen und Baden im Fluss. Einige Fahrer wurden mit ihren Teams abkommandiert, um die Verwundeten des 130. nach Verdun zu transportieren.

Als es dunkel wurde, streckten wir uns unter dem klaren Himmel im Gras aus und sangen im Chor, bis wir allmählich einschliefen.

Wenn diejenigen, die wir zurückgelassen haben und die ungeduldig auf Neuigkeiten warten, uns nur hätten hören können!

Donnerstag, 13. August

Heute brachten einige vom 130. einen grauen deutschen Militärmantel, ein Paar Stiefel, einen Ulanenhelm und eine Art runde Infanteriemütze mit, die wie ein kleiner Käse aussah. Diese Beutestücke wurden in einer Scheune aufgehängt und zogen eine Menge Kanonenschützen an. Sie gehören einem Sergeant Major, der sie den Zuschauern stolz präsentierte und dabei besonders auf einen kleinen Riss auf der Rückseite des Mantels aufmerksam machte.

„Da ist die Kugel reingegangen, die den alten Steinberg umgebracht hat", sagte er. „Sein Name ist drinnen eingraviert … Sehen Sie?"

Und er richtete sich strahlend auf.

Freitag, 14. August

Wir waren im Morgengrauen wieder aufgebrochen und warteten nun auf Befehle. Der Hauptmann hatte die Batterie den Weg entlang geschickt, der zur Hauptstraße nach Verdun führte. Die Pferde planschten im Wasser, das aus einer nahegelegenen Tränke floss, und bespritzten uns reichlich mit Schlamm. Nachdem wir gewartet hatten, bis die Sonne hoch aufgegangen war, zügelten wir die Pferde und gaben den Gespannen etwas Hafer.

Die Reserveregimenter des Armeekorps marschierten vorüber – das 301., 303. und 330. Die Männer waren bis zu den Knien weiß vom Staub. Stoppelbärte von acht Tagen verdunkelten ihre Gesichter und verliehen ihnen ein hageres Aussehen. Ihre Mäntel, vorne geöffnet und unter den Schulterklappen nach hinten gefaltet, ließen ihre behaarte Brust durchscheinen, und die Adern in ihren Hälsen traten unter dem Gewicht ihrer Rucksäcke wie Peitschenschnüre hervor. Diese Reservisten wirkten ernst, entschlossen und eher schweigsam.

Sie rasten mit einem Geräusch wie ein Sturzbach über Kieselsteine vorbei, und der Anblick unserer Gewehre zauberte ihnen ein vergnügtes Lächeln ins Gesicht. Die vordersten Bataillone kletterten den Hügel hinauf. Es waren so viele Männer, dass man von der Straße nichts mehr sehen konnte, nicht einmal von den roten Hosen. Das sich bewegende Menschenband schimmerte im Licht der Kessel, Schaufeln und Spitzhacken.

Wir hatten unsere Wasserbeutel gefüllt, und einige Soldaten füllten im Vorbeiströmen ihre Trinkgefäße daraus. Dann schritten sie weiter, die Lippen am Rand festgeklebt, und bremsten ihre Schritte, um keinen Tropfen der kostbaren Flüssigkeit zu verlieren.

Schließlich rückte die Batterie weiter. Aber nur um in Azannes zu lagern, etwa eine Meile südöstlich von Ville-devant-Chaumont, wo wir dem Feind kaum näher waren. Auf der Straße wirbelte eine ständige Staubwolke auf von Geschützen und Wagen, von Autos voller Vorgesetzter und von Kavallerieschwadronen, die rot bestickte Stäbe eskortierten. Die Pferde waren darin erstickt, und unsere dunklen Uniformen wurden bald grau, während unsere Augenbrauen und ungeschorenen Kinns aussahen, als wären sie gepudert worden. Pariser Omnibusse, die zu Versorgungswagen umgebaut wurden, gaben dem Ganzen den letzten Schliff, als sie vorbeirumpelten, und machten uns so weiß wie die Straße selbst.

"Auflockern!"

"Was?"

„Mach dich locker, schnell, komm mit!“

Der Befehl wurde von den Unteroffizieren wiederholt, und der Hauptmann, der sein Pferd anspornend an uns vorbeikam, sagte einfach:

„Wir werden aktiv."

Dann galoppierte er los, gefolgt von den Geschützkommandanten, Trompetern und Batterieführern.

Wir kamen durch Azannes, wo wir hätten lagern sollen. Es ist ein elend aussehendes Dorf voller Misthaufen und mit niedrigen Hütten, die deutlich zeigen, dass hier niemand es für lohnend hielt, Bau- oder Reparaturarbeiten jeglicher Art durchzuführen. Es ist nicht so, dass das umliegende Land unfruchtbar wäre, aber die ständige Bedrohung durch Krieg und Invasion hat jede Initiative im Keim erstickt. Je ärmer man ist, desto weniger hat man zu verlieren.

Nachdem die Kolonne Azannes passiert hatte, verstummte sie. Die Straße führte am Friedhof entlang, in dessen Mauern die Infanterie alle paar Meter Schießscharten geschlagen hatte, durch die wir Gräber, Kapellen und Kreuze erblickten. Am Fuße der Mauern lagen Schutt- und Mörtelhaufen. Weiter hinten, am Rande eines Waldes, war das Feld von einem schmalen Graben durchzogen, der mit abgeschlagenen Zweigen mit verdorrten Blättern bedeckt war und sich wie ein gelber Schnitt gegen das frische grüne Gras abhob.

Vor dem Graben war Stacheldraht gespannt. Der Feind war also vermutlich nicht weit entfernt.

Inmitten des monotonen Rumpelns der Kutschen versuchten wir, unsere Gedanken zu sammeln. Die Aussicht auf die erste Verlobung brachte eine Besorgnis und Furcht mit sich, die in jedem von uns nach Anerkennung verlangte. Das lässt sich nicht leugnen.

Die Batterie rollte durch ein großes Gehölz. Die in der Mittagssonne fast blendend weiße Straße bildete einen auffallenden Kontrast zu den bogenförmigen Alleen düsterer Bäume, deren grüne Federbüsche in schwindelerregender Höhe über uns aufragten.

Am Straßenrand stand ein Pferd mit hängendem Kopf und aus dessen Nüstern der zähe Ausfluss von Würgegriffen lief; es rührte sich nicht einmal, als die Gewehre und Wagen donnerten. Es schien fast ein Wunder, dass die Knochen der Keulen des armen Tieres nicht durch seine Haut gebrochen waren. Seine Flanken, die sich krampfhaft hoben, schienen sich hinter seinen Rippen zu treffen, als wären sie von Fleisch und Eingeweiden befreit worden. Es war ein erbärmlicher Anblick. Im Schatten eines Reitwegs graste noch ein weiteres verlassenes Pferd.

Zwischen zwei Baumgruppen lag ein von Schilf und Binsen gesäumter Teich, dessen Oberfläche wie ein silberner Spiegel schimmerte – ein Effekt, der durch die dunklen Wälder im Hintergrund noch verstärkt wurde. In der Ferne bildete die prächtige Reihe hoher Hügel, die uns in Ville-devant-Chaumont den Horizont verborgen hatten und die wir nun umrundeten, eine azurblaue Kulisse für das Bild. Auf einer Seite der Straße stand ein Bauernhaus. Auf einer kleinen Koppel in der Nähe der Schleusen des Teichs sahen wir im Schatten eines Holunderbusches ein frisch ausgehobenes Grab. Ein Kreuz, grob aus ein paar zusammengebundenen Zweigen geformt, war in die frisch umgegrabene Erde gepflanzt, und ein aus einem Notizbuch gerissenes, liniertes Blatt, das auf einen Holzsplitter geklebt war, trug einen grob mit Bleistift geschriebenen Namen.

Als wir aus dem Wald kamen, verteilten sich unsere Batterien, die bis dahin in Kolonne unterwegs waren, rasch an der Seite eines langen Tals, das halb von Haferfeldern verdeckt war und in dem Infanterie, deren Anwesenheit man nur erahnen konnte, Wellen verursachte, wie sie ein Windstoß auf stillem Wasser verursacht.

Wo war der Feind? Was waren diese Stellungen wert und von wo aus konnten sie beobachtet werden? Beschützte uns die Infanterie vor uns? In fieberhafter Aufregung formierten wir uns auf einer benachbarten Wiese in einer Batterie. Die Protzen zogen sich nach hinten zurück und suchten im Wald Deckung. Bréjard befahl uns sofort, den üblichen Schutz durch Geschützschilde und Munitionswagen zu ergänzen, indem wir große Torfstücke aufhäuften, die wir mit unseren Spitzhacken zerhackten. So weit das Auge reichte, erstreckte sich der reglose Hafer wie Massen geschmolzenen Metalls unter einem Himmel von ununterbrochenem Blau. Da die Richtschützen nicht einmal einen Baum oder eine Garbe als Zielpunkt finden konnten, mussten wir vor der Batterie einen Spaten aufstellen. Ich hätte die Stärke der Artillerie – mehr als sechzig Geschütze –, die in diesem Feld auf den Feind wartete, nicht geahnt, wenn ich nicht gesehen hätte, wie die Batterien ihre Stellungen einnahmen, und wenn da nicht die Beobachtungsleitern gewesen wären, auf denen man wie große schwarze Insekten auf den Spitzen so vieler Grashalme die Geschützkommandeure sitzen sah, die das Land im Nordosten überblickten.

Wir waren bereit zum Gefecht und warteten hinter unseren Geschützen auf das Kommando „Feuer!" Kein Kampfgeräusch war zu hören.

Ein Artillerieoffizier ordnete die Geschütze des Kapitäns an, und dieser gab mit einer wedelnden Bewegung seines Käppi das Zeichen, die Protzen herbeizuschaffen.

"Hallo! Was geht jetzt?"

„Wir gehen los", antwortete Bréjard, der die Befehle mitgehört hatte.

„Kommen dann nicht die Deutschen?"

„Ich weiß es nicht. Dieser Offizier sagte dem Captain, dass die vierte Gruppe danach der siebten Division zugeteilt würde."

„Und was dann?"

"Also, die vierte Gruppe muss gehen."

"Wo?"

„Wahrscheinlich um in Azannes zu zelten."

Ziemlich enttäuscht, nichts getan zu haben, kehrten wir auf derselben Straße, die in eine Aureole aus purpurnem Licht der untergehenden Sonne getaucht war, nach Westen zurück.

Das Pferd mit der Druse lag nun im Graben. Es atmete noch und schüttelte von Zeit zu Zeit den Kopf, um die Wespen abzuschütteln, die sich in gelben Büscheln um seine Augen und Nüstern sammelten.

Wir schlugen unser Lager in Azannes auf, und die Pferde, die unter den zu Fünferpaaren gepflanzten Pflaumenbäumen angebunden waren, ließen mich, ermüdet vom Marsch, dem Staub und der Hitze, ausruhen und meine vierstündige Pflicht verträumen.

Die Nacht war klar, erhellt von den Scheinwerfern von Verdun, die ihre goldenen Finger in den Himmel streckten. Eine herrliche Nacht Mitte August, voller funkelnder Sternbilder und voller Sternschnuppen, die lange phosphoreszierende Schweife hinter sich ließen.

Der Mond ging auf und brach mit Mühe durch das dichte Laub der Pflaumenbäume. Das Lager blieb dunkel, bis auf gelegentliche Lichtflecken auf dem Gras und auf den Rücken der schlafenden Pferde. Mein Wachkamerad lag in seinen Mantel gehüllt am Fuße eines Birnbaums. Vor mir erhellte der Mond die Ebene, und die Wiesen waren in einen weißen Nebel gehüllt. Beide Armeen schliefen oder beobachteten einander, obwohl ihre Feuer erloschen waren.

Samstag, 15. August

Ich half Hutin, die Waffe zu reinigen.

„Nun, Hutin, Krieg ist eine nette Show, nicht wahr?"

„Nun, wenn es nur darum geht, so herumzualbern, bis meine Klasse am 22. September entlassen wird, dann bin ich lieber im Feld als in der Kaserne. Wir haben in unserem Leben noch nie so gut ernährt worden! Wenn das nur so weitergeht!..."

„Ja, vorausgesetzt, es hält an! Nur gibt es hier Boches."

"Wen interessiert das?"

„Und dann bekommen wir nicht viele Briefe."

„Nein, das stimmt, wir kriegen nicht genug", sagte Hutin etwas verbittert und schob seinen Schwamm brutal durch das Bohrloch.

Und er fügte hinzu:

„Und was die Briefe betrifft, die wir selbst schreiben, können wir weder sagen, wo wir sind, noch was wir tun, ja nicht einmal ein Datum angeben. Was soll man da schreiben?"

„Also, ich sage einfach, dass es in Ordnung ist und dass ich noch am Leben bin."

Immer dieselbe Stille entlang der Linien. Das dauert nun schon seit Tagen. Was kann das bedeuten? Für uns, die wir Bauern auf dem großen Schachbrett sind, ist dieses Warten qualvoll und strapaziert unsere Nerven bis zu jener schmerzhaften Spannung, die man manchmal verspürt, wenn man in einen bleiernen Himmel blickt und darauf wartet, dass der Sturm losbricht.

Heute habe ich General Boëlle gesehen, dessen Auto auf der Straße ganz in der Nähe unseres Lagers anhielt.

Er ist ein Mann mit feinen Gesichtszügen und heiterem Ausdruck, der trotz seines weißen Haares und seines ergrauten Schnurrbarts noch immer jugendlich aussieht.

Die klassische Popularität von Kriegstrophäen hat nicht nachgelassen. Eine ziemliche Menschenmenge versammelte sich um einen Radfahrer, der aus Mangiennes zwei deutsche Kuhfelltaschen und ein Mausergewehr mitgebracht hatte.

Es ist erstaunlich, wie schnell sich im Krieg der Instinkt entwickelt. Die gesamte Zivilisation verschwindet fast auf einmal, und die Beziehungen zwischen den Menschen werden auf ursprünglich direkte Weise. Die erste Sorge eines jeden besteht darin, sich Respekt zu verschaffen. Diese Notwendigkeit wird nicht von allen unbedingt anerkannt, aber jeder verhält sich so, als ob er sie anerkenne. Dann wiederum verändert sich das Gefühl der Autorität. Die Autorität, die dem Kapitän durch seinen Rang verliehen wird, nimmt ab, während die Autorität, die er seinem Charakter verdankt, im gleichen Maße zunimmt. Autorität hat in der Tat nur ein Maß: das Vertrauen der Männer in die Fähigkeiten ihres Offiziers. Aus diesem Grund übt unser Kapitän Bernard de Brisoult, in dem selbst die Dümmsten unter uns außergewöhnliche Intelligenz und Entschlossenheit unter einem großen Charme der Manieren und der unveränderlichen Höflichkeit erkannt haben, dank dieses Vertrauens einen wohltuenden Einfluss auf alle aus. Und doch macht seine tatsächliche Persönlichkeit als unser Chef zunächst wenig Eindruck auf einen. Kapitän de Brisoult befiehlt nie. Er gibt seine Befehle in einem gewöhnlichen Gesprächston; Aber als Mann mit angeborenem Taktgefühl und Feingefühl bleibt er immer der Hauptmann, selbst wenn er mit seinen Männern auf vertrautem Fuß lebt. Es ist schwer zu sagen, ob er mehr geliebt als respektiert wird oder mehr respektiert als geliebt. Und Soldaten wissen etwas über Männer.

In den rauen, männlichen Beziehungen zwischen den Artilleristen untereinander bleibt zwar Platz für große Freundschaften, aber sie werden seltener. Die Bande einfacher Kameradschaft in der Kaserne verschwinden entweder oder verhärten sich zu stillschweigenden Verträgen echter Freundschaft. Die Triebfeder dafür ist eher Egoismus als ein Bedürfnis nach Zuneigung. Man ist sich der Notwendigkeit, einen Mann in der Nähe zu haben, auf dessen Hilfe man sich immer verlassen kann und an den man sich in jeder Situation wenden kann, lebhaft bewusst. In den so fest etablierten Beziehungen ohne Worte ist eine Wahl impliziert; sie werden nicht nur durch Charakterverwandtschaft hervorgerufen. Man lernt, in seinem Freund seinen Wert als Hilfe sowie seine Stärke und seinen Mut zu schätzen.

Sonntag, 16. August

Ich habe gerade erst von einer heroischen Episode gehört, die sich während unserer Expedition am Freitag zugetragen hat. Man könnte sie „Der Angriff des Gepäckzuges" nennen.

Während unseres Marsches durch die Wälder auf den Feind zu wurden wir in einiger Entfernung von unseren Versorgungswagen verfolgt. Als wir umkehrten, kamen wir an ihnen vorbei und sie nahmen ihre Position hinter den Batterien wieder ein. Die Spitze der Kolonne hatte Azannes fast erreicht, als die Nachhut noch im dichten Wald war. Plötzlich wurde aus den Tiefen der Bäume rechts und links des Zuges ein lebhaftes Feuer eröffnet, und gleichzeitig war von hinten das Geräusch galoppierender Pferde zu hören. Der Unteroffizier, der die Nachhut hinter dem Versorgungswagen bildete und neben der Kuh der Gruppe ritt, die von einer der Geschütznummern geführt wurde, war überzeugt, dass die feindliche Infanterie die Kolonne von der Seite angriff, während eine Kavalleriebrigade von hinten heranrückte, und schrie: „Lauft um euer Leben! Die Ulanen kommen!" Die Kanonenschützen sprangen auf die Fahrzeuge, wo immer sie konnten, und plötzlich, ohne Befehl, begann die Kolonne zu galoppieren. Die Männer folgten, so gut sie konnten. Doch die Pferde des Ladewagens, die unter der Peitsche unruhig wurden, bäumten sich auf, wichen zurück und tanzten aus, wobei sie die Kuh traten, die nun ihrerseits von dem Mann, der sie führte, zuerst nach rechts und dann nach links davonlief, bis sie sich schließlich losriss und in einer dichten Staubwolke im Galopp hinter den Wagen davonrannte.

Wenige Sekunden später näherte sich die Kavallerie, die man schon hatte kommen hören. Es war der General der Artillerie, der mit seinem Stab und der Eskorte von Jägern unseren Tross in die Flucht geschlagen hatte. Das Feuer kam von zwei Kompanien des 102. Linienregiments, die aus dem Wald heraus das Feuer auf ein deutsches Flugzeug eröffnet hatten.

Das Wetter wird immer schlechter. Schon gestern Abend hatte uns der Sturm, der sich links von uns zusammenbraute, die Ohren gespitzt, als hätten wir Schüsse gehört. Zur Frühstückszeit wurden wir von einem heftigen Regenguss überrascht und mussten die Kessel auf dem Feuer zurücklassen und Schutz unter den Wagen und Bäumen suchen. Heute regnet es langsam, aber stetig. Wenn dieses Wetter anhält, müssen wir uns vor Ruhr in Acht nehmen!

Wir saßen auf Decken im Kreis um das Feuer, das der Koch geduldig schürte, und tranken unseren Kaffee. Meine Kameraden baten mich, ihnen ein paar Seiten aus meinem Notizbuch vorzulesen, und wünschten mir eine sichere Rückkehr, damit diese Erinnerungen, die größtenteils auch ihre eigenen sind, veröffentlicht werden könnten.

„Werden Sie die Namen drin lassen?"

„Ja, es sei denn, du möchtest das nicht."

„Nein, natürlich nicht. Wir werden sie den Alten und Kindern später zeigen, wenn wir zurückkommen."

„Wenn ich getötet werde, wird einer von euch auf mein Notizbuch aufpassen. Ich bewahre es hier auf – sehen Sie? – in der Innentasche meines Hemdes."

Hutin dachte kurz nach.

„Ja, nur du weißt, dass es verboten ist, tote Menschen zu durchsuchen. Du solltest am besten eine Notiz in deinem Buch machen, dass du uns befohlen hast, es mitzunehmen."

Er hatte völlig recht, und so schrieb ich auf die erste Seite: „Für den Fall, dass ich getötet werde, bitte ich meine Kameraden, diese Seiten aufzubewahren, bis sie sie meiner Familie geben können."

„Jetzt haben Sie Ihre Vorkehrungen *für den Todesfall getroffen* ", sagte Le Bidois, der mir über die Schulter las. Und er fügte hinzu:

„Das erhöht das Risiko auch nicht."

Le Bidois ist ein dünner, schlaksiger Kerl, der dem König von Spanien ähnelt. Aus diesem Grund haben Déprez und ich ihn Alfonso genannt. Jeden Tag schießen wir ihm den alten Montmartre-Spruch entgegen:

Alfonso, Alfonso,
versuch es doch nicht wie früher!

Wir nennen ihn auch „den spanischen Granden". Er lässt sich nie aus der Ruhe bringen.

„Ein Juwel von einem Korporal!", sagt sein Schichtmeister Moratin stets.

Ein Teil der Artillerie des 26. Regiments hat zwei Munitionswagen zurückgebracht, die der Feind in Mangiennes zurückgelassen hatte. Sie waren dunkel gestrichen und ähnelten dem alten 90-mm-Material, mit dem wir beim Training in Le Mans geübt haben. Ihnen folgten zwei große Karren, wie sie die Bauern der Maas normalerweise verwenden, lang und schmal, voller Rucksäcke, Dosen, Käppis mit der Aufschrift 130, schon vom Biwakfeuer geschwärzte Feldkessel, Gürtel mit Messingschnallen und dunkel verfärbte Mützen. Oben türmte sich ein Haufen Bajonette und Gewehre auf, rot von Rost und Blut. Eine große, klatschnasse blaue Flanellschärpe hing hinter einem der Karren und schleifte auf der schlammigen Straße. Dies waren die Überreste der unglücklichen Infanterie, die in Mangiennes getötet wurde.

Dieses Schauspiel, das durch den Regen noch erschütternder wirkte, bewegte uns mehr als alle Geschichten, die wir über den Kampf vom vergangenen Montag gehört hatten.

Als ich ein paar Pferde zum Trinken hinunterführte, sah ich in der Nähe des Tores des mit Schießscharten versehenen Friedhofs in Azannes einige eingeschlafene Soldaten, die erschöpft und halb entkleidet irgendwo ausgestreckt lagen. Man hätte sie für tot halten können. So müssen die Leute von Mangiennes wohl ausgesehen haben. Und diese Überreste riefen auch eine Vision der Schützengräben hervor, in denen sie aufgereiht waren.

In der absoluten Stille, die seit acht Tagen entlang der gesamten Linie herrscht, haben wir die Todesarbeit, für die wir hierhergekommen sind, fast vergessen.

***

Bei Einbruch der Dunkelheit kehrten wir nach dem Verzehr einer heißen Suppe in unsere Unterkünfte zurück, die sich in einer großen Scheune befinden, wo man im Stroh gut schlafen kann. Im Dorf wimmelte es von Soldaten jeden Rangs und Regiments. Die blauen Dolmans der Jäger und die roten Kniehosen der Infanterie verliehen den düsteren Uniformen der Artillerie und Pioniere einen willkommenen Farbtupfer, während sie sich alle auf der Straße drängten. Einige von ihnen, die in jeder Hand einen Eimer Wasser trugen, schrien und beschimpften die anderen, sie durchzulassen.

Es regnete immer noch, und aus den Misthaufen am Straßenrand stiegen dicke Dampfwolken auf. Die Kavalleristen hatten aus ihren Pferdedecken Kapuzen gemacht, und viele der Fußsoldaten schützten Kopf und Schultern unter Säcken aus grobem braunem Segeltuch, die sie in den Scheunen oder Wagen gefunden hatten. Die ganze schlammverkrustete Menge war fast still und nur darauf bedacht, zu ihren Unterkünften zurückzukehren. Das einzige Geräusch war das Schmatzen vieler Füße im Schlamm. Vier Pioniere, die eine Leiter zu einem Dachboden hinaufkletterten, aus dem Heu durch ein dunkles, weit geöffnetes Fenster quoll, sahen aus wie eine in der Luft hängende Traube schwarzer Weintrauben.

Montag, 17. August

Als wir losfuhren, regnete es immer noch. Immer wieder fuhren Karren voller Schutt an uns vorbei, einer schwerer beladen und einer schrecklicher anzusehen als der andere.

Ich hörte, dass ein Jäger, den ich gestern Morgen auf einem kleinen braunen Pferd sitzen sah, von einer Gruppe Ulanen überrascht worden war. Sie fesselten ihn an Händen und Füßen und ließen ihn dann mit einem Lanzenstich in den Hals bluten, wie man ein Schwein bluten lässt. Ein Bauer, der die Szene hinter einer Hecke beobachtet hatte, erzählte mir von diesem teuflischen Verbrechen. Er war immer noch weiß vor Entsetzen.

***

Letzte Nacht lagen die Pferde in Schlamm und Mist. Heute Morgen waren ihre Mähnen und Schweife steif vom Schlamm, und große Mistschichten bedeckten ihre Hüften und Flanken, was ihnen das Aussehen schlecht gehaltener Kühe verlieh. Wir selbst waren bis zu den Knien mit Dreck beschmiert und unsere Stiefel waren eine Schlammmasse. Wir sahen in unseren dunklen, durchnässten Mänteln, die in geraden Falten von unseren Schultern hingen, schwerer aus als je zuvor.

Wir machten uns wieder auf den Weg, diesmal um in Moirey ein neues Quartier zu beziehen. Von Azannes nach Moirey ist es kaum mehr als eine Meile, aber die Straße war mit Wagen blockiert, und wir mussten ständig anhalten und an eine Seite fahren.

Der Kapitän gab das Wort:

"Abgang!"

Die von Durchfall gequälten Männer nutzten die Gelegenheit und zerstreuten sich auf den Feldern.

In Moirey schlugen wir unser Lager unter zu fünft gepflanzten Pflaumenbäumen auf, und es ging uns ebenso schlecht wie in Azannes. Unter den Hufen der Pferde verwandelte sich das Gras sofort in Schlamm.

Als erstes musste der Schmutz, den die vor uns marschierenden Truppen dort hinterlassen hatten, mit Erde bedeckt werden. Die Frage der sanitären Einrichtungen ist eine ernste. Es stimmt, dass auf einer Seite des Lagers eine Art kleiner Gräben, sogenannte *Feuillées,* ausgehoben sind, aber viele Männer weigern sich hartnäckig, sie zu benutzen, und ziehen es vor, irgendeine beliebige Stelle zu nutzen, auch auf die Gefahr hin, von anderen, die sauberer gesinnt sind, mit Peitschenhieben davongejagt zu werden. Die Gewehre und Pferde müssen regelmäßig bewacht werden. Es ist sinnlos, wenn die Offiziere jedem Mann, der außerhalb der *Feuillées auf frischer Tat ertappt wird, mit strenger Bestrafung drohen* . Nichts hält sie auf. Der Hauptmann wiederholt ständig:

"Was für ein Haufen Schweine!"

Heute Nacht ist der Lärm der Kanonen ganz nah. Vielleicht greifen wir endlich ein.

Es war schwierig, brennbares Holz zu finden. Das Holz, das wir hatten, war feucht und gab beim Brennen einen dicken, beißenden Rauch ab, den der Wind auf uns herabwehte. Wir mussten das Wasser für die Suppe aus mehr als 300 Metern Entfernung holen und dann ständig Ausschau halten, damit die Pferde nicht daran kamen. Das gerade ausgegebene Brot war schimmelig und wir mussten es toasten, um den modrigen Geschmack zu beseitigen.

Wenn es Zeit ist, die Gespanne zu tränken, wimmelt es in der einzigen Straße des Dorfes von Pferden, die entweder geführt oder ohne Sattel geritten werden. Sechs Batterien haben um Moirey ihr Lager aufgeschlagen, und es gibt nur einen Teich, in den ein dünner Strahl klaren Wassers, nicht dicker als zwei Finger, aus einem Brunnen plätschert. Alle zwanzig Schritte muss man anhalten und manövrieren, um Tritten auszuweichen, und die Männer, verärgert über die Verzögerung, beschimpfen sich gegenseitig grundlos. Nach vier oder fünf Minuten geht man weitere zwanzig Schritte vor, und als man schließlich den Teich erreicht und Männer und Tiere knöcheltief im Schlamm versinken, stellt man fest, dass Hunderte von Pferden so viel Geschwafel und Schleim im Wasser hinterlassen haben, dass unsere Tiere nicht mehr trinken wollen.

Es heißt, dass es in der Nähe von Nancy eine große Schlacht gegeben hat und dass wir siegreich waren. Warum rücken wir nicht auch vor?

Dienstag, 18. August

Lucas, dem Radfahrer der Batterie, gelang es, zwei Flaschen Champagner zu finden, die er in einer Ecke des Wachhauses versteckte, wo Le Bidois, der Wache hielt, ein Auge auf sie hatte.

Lucas ist ein junger, talentierter Zeichner. Sein Charakter spiegelt sich getreu in seinem Gesicht wider – frisch, beweglich, vielleicht ein wenig weiblich. Wenn man ihn morgens trifft, nimmt er einen am Arm:

„Oh, mein lieber Junge … so eine hübsche kleine Frau … ein wahrer Traum! …"

Und am selben Abend wird er sagen:

„Oh, mein lieber Junge … so ein Betrüger … Nein, kein Wort! … Was für ein Betrüger!"

Wie es scheint, hat er in Damvillers, einem Nachbardorf, eine kleine Frau erobert, die Tabak verkauft. Und er schafft es immer noch, Zigaretten, Briefpapier, Liköre und sogar Champagner zu ergattern, während sonst seit einiger Zeit niemand mehr an diese Luxusgüter herankommt.

Als es dunkel wurde, gab er uns ein Zeichen, und Déprez und ich folgten ihm zur Tür des Wachhauses, in der die schlaksige Gestalt von Le Bidois aufragte, der auf sein Schwert lehnte. Das Wachhaus ist eine alte, verfallene Hütte, die nur durch das Efeu, das um sie herum wächst, aufrecht gehalten wird. Die Tür hat nur ein Scharnier, und die wurmstichigen Stufen, die auf den Dachboden führen, zerfallen zu Staub. Aber wir fanden es trotzdem ein gemütlicher Ort, um unseren Champagner zu trinken.

Mittwoch, 19. August

Die erste Kanone hat ein Gespann, das der ganzen Batterie Freude bereitet. Das ist Astruc und seinem Gespann Jericho zu verdanken. Astruc, mit hellen braunen Augen und einem Gesicht wie eine Aaskrähe, ist nicht viel größer als ein Spazierstock und hat kaum Beine. Jericho ist ein bösartiges Tier, das tritt, beißt und sich weigert, gepflegt zu werden. Astruc führt lange Gespräche mit ihm und begrüßt ihn jeden Morgen wie einen alten Freund, der ein wenig mürrisch ist, den man aber wirklich gern hat:

„Na, Jericho, alter Junge, was hast du zu sagen? Hast du von deutschen Stuten geträumt?"

Bréjard machte Astruc darauf aufmerksam, dass Jericho ein Wallach ist.

„Oh!", erwiderte Astruc, „ich nehme an, ihm kommen trotzdem Ideen in den Kopf."

Aber heute war Jericho besonders schlecht gelaunt und ließ sich nicht zügeln, um ihn zur Wasserstelle hinunterzuführen.

„Was ist los, alter Junge?", fragte Astruc. „Oh, ich verstehe, was du willst! Du hast heute Morgen noch nicht dein Pfund bekommen, oder? … Du willst dein Pfund."

Und er hielt in seiner hohlen Hand eine Prise Tabak, die das Pferd gierig verschlang. Als Astruc auf seinem Beipferd Hermine sitzt, beißt Jericho in seinen Stiefel, und je mehr Astruc ihn peitscht, desto fester beißt er die Zähne zusammen.

„Also", sagt Astruc, „ich wette, wenn ich Jericho in einem Handgemenge verlasse, wird er so viele Boches fressen, wie er zwischen die Zähne bekommt. Wenn wir doch nur noch hundert mehr wie ihn hätten!"

Und als er dem Pferd direkt ins Gesicht sah, fügte er hinzu:

„Es ist seltsam, wissen Sie! Der Rohling hat ein schelmisches Funkeln in den Augen … genau wie eines dieser Mädchen …"

Eine Gruppe von Pontoningenieuren kam an unserem Lager vorbei. Ihre langen, stahlbeschlagenen Boote waren mit dem Kiel nach oben auf Karren geladen. Einige strauchelnde Pferde, die hinter den Fahrzeugen festgebunden waren, folgten mit hängenden Köpfen und hinkendem Schritt, mit einem Ausdruck des Leidens in ihren trüben Augen – ein erbärmlicher Anblick. Weit unten auf der Straße, die sich durch das lange Tal schlängelte und in der Morgensonne weiß war, konnte man die Kolonne einen Hügel hinaufarbeiten sehen, als ob sie in den blauen Himmel aufsteigen wollte. Aus dieser Entfernung schienen Männer und Pferde nicht mehr als ein Schwarm schwarzer Ameisen zu sein, aber die Stahlböden der Boote glitzerten noch immer im Sonnenschein. Vor uns zog die lange Reihe noch immer langsam vorbei.

Die Gesundheit der Männer ist ausgezeichnet, aber die Pferde überstehen dieses neue Leben weniger gut. Letzten Freitag mussten wir eines auf der Straße zurücklassen, und gestern starb ein altes Batteriepferd namens Défricheur. Wir mussten ein Grab für ihn vorbereiten, und vier Männer hatten mehr als eine Stunde lang in dem harten und steinigen Boden gegraben, als der Bürgermeister von Moirey an der Stelle eintraf. Das Grab war zu nahe an den Häusern gegraben worden, also mussten sie den schweren Kadaver weiter ziehen und erneut mit dem Graben beginnen. Leider waren die Maße des neuen Grabes falsch berechnet worden, und Défricheur, ein richtiges Gendarmenpferd, konnte nicht hineingezwängt werden. Die Männer waren des Grabens herzlich müde, und so brachen sie ihm mit ein paar Schlägen ihrer Spaten und Spitzhacken die Beine und falteten sie unter seinen Bauch, so dass er endlich in die Grube gequetscht werden konnte.

Der Hügel, der unseren Horizont bei Ville-devant-Chaumont begrenzt hatte, ... ragte noch immer in einsamer Pracht im Osten auf, seine Umrisse wie mit einem Zirkel nachgezeichnet. Unter dem azurblauen Himmel glänzte er wie eine Masse aus polierter Bronze.

Moirey liegt im Schoß eines Tals und besteht aus ein paar verfallenen Häuschen mit Dachziegeln. Egal von welcher Seite man sich vom Dorf entfernt, es ist sofort von einem dazwischenliegenden Hügelvorsprung verdeckt, so dass man nur die Dachspitzen und den kurzen, rechteckigen Kirchturm sehen kann, der mit Schiefer gedeckt ist.

Während wir auf einer Wiese, durch die ein Bach inmitten von Schwertlilien plätscherte, unsere Pferde striegelten, kam eine Schar Mädchen mit weißen Kappen aus dem Dorf herunter.

Die einzige Möglichkeit, den Fluss zu überqueren, war eine schmale Brücke. Diese versperrten wir, indem wir ein paar Pferde quer darüber stellten und als Maut Küsse verlangten. Die Mädchen, deren rosige Gesichter unter den ausgebreiteten Schmetterlingsflügeln ihrer Mützen lächelten, zögerten zunächst. Dann nahm eine von ihnen Anlauf, sprang und platschte ins Wasser. Die anderen lernten aus ihrem Beispiel und beschlossen, die Maut zu bezahlen.

„Komm schon! Nur ein Kuss, weißt du!", sagte Déprez. „Das ist in Kriegszeiten nicht so teuer!"

Sie haben gewissenhaft bezahlt.

Freitag, 21. August

Heute war es neblig, als wir aufwachten. Fast sofort gab der Kapitän das Kommando zum Anspannen, und als wir losfuhren, hatte es noch nicht einmal fünf Uhr geschlagen. Die Straße war von der Artillerie, die seit drei Tagen darüber hinwegfegte, in Furchen gerissen, und wir wurden auf den Protzen so durchgeschüttelt, dass wir kaum atmen konnten.

Glücklicherweise bewegte sich die Kolonne im Schritttempo vorwärts.

Der Nebel hatte sich am Ende des Tals gesammelt. Auf der rechten Seite erhoben sich riesige, regelmäßig geformte Hügel wie Inseln aus dem Nebelmeer. Ich konnte meinen Blick nicht von ihren symmetrischen Kurven abwenden, die so perfekt waren wie die von Kybeles Brüsten.

Weiter führte die Straße über eine Ebene, deren weite Wellen an das Steigen und Fallen des Meeres an Tagen mit Wellengang erinnerten. Überall war sie mit Weizengarben übersät, aber es gab nur wenige Bäume, abgesehen von einer Gruppe oder Reihe Pappeln, die der Nebel zu einer undeutlichen Masse dunkelgrüner Blätter zusammenschweißte.

Kein Kampfgeräusch war zu hören.

Unterwegs trafen wir auf einige Trosszüge und Ambulanzwagen und erfuhren von deren Fahrern, dass der Feind noch weit entfernt sei.

Dennoch war das Land bereits für den Kampf vorbereitet. Ein Bauernhaus am Straßenrand war befestigt, die Fenster mit Matratzen und kleinen Strohbündeln verbarrikadiert und in die Gartenmauer einige Schießscharten geschlagen worden. Die Felder waren bis zum Waldrand mit Gräben durchfurcht, wo einige Abatis aufgestellt worden waren. An den Seiten der Straße waren Erdwälle aufgeworfen worden, und vor ihnen lagen aufgehäufte Leitern, ein paar Eggen, ein Pflug, eine Walze und mehrere Bündel Stroh. Zwei Karren waren quer zur Straße aufgestellt worden, aber einer auf jede Seite geschoben und lagen mit den langen Deichseln nach oben nach hinten geworfen da.

Wir rollten weiter durch dieses trostlose Land. Die Landschaft war so ähnlich, dass es fast schien, als kämen wir überhaupt nicht voran.

Endlich lichtete sich der Nebel, und plötzlich, bevor wir ahnen konnten, dass das Ende der trostlosen Landschaft nahe war, eröffnete sich wie durch Zauberhand eine herrliche Aussicht vor uns. Wir befanden uns auf dem Gipfel eines Hügels zwischen zwei Tälern, auf deren einer Seite dichte Wälder in belaubten Terrassen zu einer schmalen Schlucht hinabführten, in der ein kleiner schwarzer Fluss durch eine Wiese von leuchtendem Smaragdgrün plätscherte. Die Wälder, die diese Wiese umgaben, als wären sie dort platziert worden, um ihre Schönheit zu verschönern und zu verstärken, sahen aus wie ein prächtiger Kragen in dunklen Olivtönen. Vor uns, genau dort, wo die Straße schräg abbog, erhob sich ein Waldvorsprung mit dem abweisenden Aussehen einer Festung. Rechts, im Kontrast zu dem ruhigen und friedlichen kleinen Fluss, öffnete sich weit und einladend ein breites Tal mit symmetrischen Hängen, die hier und da durch in der Sonne stehendes Korn aufgehellt wurden. Der Fluss, der durch das Tal floss, war kaum zu sehen, aber die Straßen, Dörfer und die Eisenbahnlinie waren deutlich zu erkennen. Auf der einen Seite lagen Vélosnes und auf der anderen Torgny, deren weiße Mauern und rote Dächer sich vor dem grünen Hintergrund der Felder abzeichneten.

Nichts in der Szene deutete darauf hin, dass Krieg im Gange war, und die aus der Ferne zu hörenden Schüsse waren ebenso wenig erschreckend wie das Geräusch von Kutschenrädern.

Es war ein schöner Morgen, dem der Nebel, der die Umrisse der Landschaft milderte, zusätzlichen Charme verlieh. Die schmale S-förmige Straße, der wir folgten, führte ins Tal. Die Pferde bemühten sich, die Kanonen und vor allem die Munitionswagen zurückzuhalten, die sie den Abhang hinunterstießen. Ihre Hufeisen rutschten auf den losgelösten Steinen aus, sie stemmten ihre Rücken und tasteten sich vorsichtig vor.

Der Fluss stellte an dieser Stelle die Grenze zwischen Frankreich und Belgien dar. Ein Zollbeamter lehnte an der Brüstung der Brücke.

Einer der Männer rief ihm zu:

„Heute kein feines Leinen oder Spitze, alter Mann!"

Und ein anderer:

„Nehmen wir an, es wird kein Zoll auf Melinit erhoben, oder?"

Der Beamte grinste.

Das erste belgische Dorf, Torgny, bildete einen Kontrast zu den französischen Dörfern, durch die wir seit dem Morgengrauen gefahren waren. Unsere Dörfer sind heruntergekommen, schmutzig und riechen nach Mist und Elend. Torgny dagegen war sauber und hell. Die Fenster der Häuser hatten nicht nur Vorhänge, sondern manchmal sogar bestickte Jalousien, während die Fensterläden, Türen und Fensterbalken hellgrün gestrichen waren.

Von allen Seiten wurden wir von den friedlichen und offenherzigen Dorfbewohnern lächelnd begrüßt. Durch die Fenster der Hütten konnten wir die rot gefliesten Böden sehen und im Halbdunkel der Innenräume das Leuchten der Messingarbeiten an Öfen und Lampen, das sich in sorgfältig polierten Möbeln widerspiegelte.

Unsere Kolonne hielt im Dorf an, die Männer keilten die Räder der Fahrzeuge vorsichtig fest, damit sie nicht den Abhang hinunterfuhren. Eine Frau und ein blondes, schmächtiges Mädchen saßen vor ihrem Haus, dessen untere Hälfte mit Glyzinen überwuchert war. Wir fragten sie, wohin die Straße führe, und es begann ein Gespräch, an dem sich nicht nur Mutter und Tochter beteiligten, sondern auch die Großmutter, eine verhutzelte kleine Frau mit einem faltigen Gesicht, aus dem ein Paar hellbraune Augen blickte; sie war herausgekommen, um zu sehen, was los war. Sie sprachen mit einem schleppenden, singenden Akzent, der unseren Ohren jedoch keineswegs unangenehm war.

"Sind die Deutschen schon so weit gekommen?"

„Ja, sie sind gekommen, aber sie haben keinen Schaden angerichtet... Sie hatten keine Zeit. Fünf oder sechs von ihnen kamen aus dem Wald dort oben herunter – Kavalleristen. Aber sie gingen fast sofort wieder zurück. Einige der Dorfbewohner haben sie gesehen. Es waren auch einige französische Kavalleristen hier, in blauen und roten Uniformen.“

„Jäger?“

„Das glaube ich. Sie sind so nett und höflich … Zuerst, als es nicht viele von ihnen gab, haben wir uns fast gestritten, wer sie haben sollte. Als die Ulanen aus dem Wald kamen, sahen sie die Franzosen und gingen wieder hinein.“

„Und die belgischen Soldaten?“

„Ich habe keine gesehen“, sagte die alte Dame. „Aber meine Enkelin hat letztes Jahr welche in Arlon gesehen.“

„Ja“, stimmte das Mädchen ein, „und sie sind besser gekleidet als du.“

Wir machten es uns auf den Stühlen bequem, die für uns herausgebracht worden waren, und plauderten, während wir auf den Befehl zum Weitergeben warteten.

„Du solltest uns sehr dankbar sein“, sagte die Großmutter. „Wir haben sie aufgehalten, und damit hatten sie nicht gerechnet! Sie dachten, wir wären Schafe, aber es waren Löwen – ja, Löwen! Das sagen sie sogar selbst!“

Wir haben bereitwillig nachgegeben.

In Zukunft werden wir immer auf das Wohlwollen der Belgier zählen können, denn wir sind ihnen zu Dank verpflichtet. Es gibt keine solidere Grundlage für Zuneigung als die, die den Gefühlen eines Wohltäters gegenüber seinem Schützling zugrunde liegt. Nichts ist beruhigender für den Geist als ein Gefühl der Überlegenheit und des berechtigten Stolzes.

Es besteht kein Zweifel, dass das für uns in Belgien so tapfer vergossene Blut mehr Freundschaft hervorbringen wird als zwanzig Jahre anhaltender Bemühungen, die französische Sprache und Kultur gegen die zunehmende Germanisierungswelle zu bewahren. Und wenn wir vierzig Jahre später einen Belgier treffen, können wir sicher sein, dass er uns in seinem angenehmen Akzent daran erinnern wird:

„Ja, aber wissen Sie ... ohne uns im Jahr 1914 ...“

Es wird ihm eine Freude sein, sich daran zu erinnern, was Frankreich seinem glorreichen kleinen Land alles zu verdanken hat. Mehr noch, er wird uns dankbar sein für das, was wir ihm schulden.

„Oh, natürlich hat es uns viel gekostet, unsere Neutralität zu verteidigen“, sagte die alte Frau. „Es ist schrecklich, was die Deutschen in unserem Land getan haben. Sie scheinen einen besonderen Hass auf die Frauen zu haben. Da unten war eine ... Wir kannten sie ganz gut ... Und sie schnitten ihr zuerst die Brüste ab ... und dann rissen sie ihr den Bauch aus ... Und das haben sie unzähligen anderen angetan! Oh! Es ist zu schrecklich! Sie müssen schlimmer sein als Wilde. Du musst deinen Leuten davon erzählen, wenn du zurückkommst – davon und von allem anderen, was wir erleiden mussten. Aber du wirst doch nicht dasselbe tun, wenn du in Deutschland bist, oder?“

Sie hat hinzugefügt:

„Ich bin sehr alt – über siebzig – und ich habe in Belgien noch nie Krieg erlebt.“

Die arme alte Frau sprach fast ohne Zorn, aber mit zitternder Stimme und unendlicher Traurigkeit.

Wir schlugen unser Lager in Torgny auf. Sobald die Pferde angebunden und der Hafer verteilt waren, eilten Déprez und ich zu den Glyzinenfenstern, um zu fragen, ob wir etwas Milch und Eier kaufen könnten. Die alte Frau war höchst bestürzt; es schien, als hätte sie bereits alles den Jägern gegeben. Aber sie schickte uns ein Stück weiter zum Haus einer ihrer Töchter, die, wie sie sagte, die Kuh für uns melken würde. Sie fügte hinzu:

„Wir haben hier einen guten Dachboden, da hast Du es im Stroh ganz gemütlich und warm. Also komm auf jeden Fall wieder zum Schlafen.“

Wir klopften an die Tür, die sie uns ein paar Häuser weiter gezeigt hatte, und wurden empfangen, als ob wir erwartet worden wären.

„Das sind Artilleristen, Mutter", sagte eine junge Frau, die ein Kind im Arm hielt. „Sie wollen Milch."

Ihre Mutter kam aus dem Nebenzimmer.

„Ich gehe die Kuh melken", sagte sie. „Guten Abend, meine Herren. Setzen Sie sich, Sie sind bestimmt müde."

Lucas hatte es irgendwie geschafft, ein paar Eier zu finden.

"Sollen wir dir ein Omelett mit Speck machen?", fragte die Tochter. "Das dauert nicht lange. Aber setz dich doch. Du hast heute sicher schon genug rumgestanden!"

Fast augenblicklich begann das Fett in der Pfanne zu brutzeln.

In jedem Augenblick klopften Infanteristen und Jäger an die Tür, und die beiden Frauen verteilten die Milch ihrer Kuh und lehnten jede Bezahlung ab. Als keine mehr übrig war, waren sie ganz traurig, die Männer enttäuschen zu müssen, die immer wieder mit verschiedenen Aufträgen ankamen.

„Wir haben alles gegeben, was wir hatten. Das tut mir so leid!", sagten sie. „Wir haben nur noch eine kleine Schüssel für das Baby. Wir haben nämlich nur noch eine Kuh!"

Ein Jäger brachte einen Kessel zurück, den er geliehen hatte; ein anderer bat um einen Bratrost. Noch nie wurde ein Franzose in Frankreich herzlicher empfangen.

Das blonde Mädchen, mit dem wir kurz zuvor gesprochen hatten, kam mit einer irdenen Milchkanne in der Hand zurück.

„Hast du Milch, Tante? Es gibt einige Soldaten, die ein bisschen brauchen. Einige von ihnen sind krank."

„Oh, Liebling, das tut mir so leid! Es sind nur noch ein paar Tropfen für das Baby übrig!"

"Oh je!..."

Das Mädchen sah uns am Tisch um das rauchende Omelett sitzen und lächelte uns an, als wären wir alte Bekannte. Ich sagte ihr, wenn ich jemals nach Hause käme, würde ich vielleicht ein Buch über das schreiben, was ich im Krieg erlebt hatte.

„Und sagen Sie mir bitte Ihren Namen, damit ich Ihnen und Ihrer Familie das Buch als Andenken schicken kann. Sie waren alle so gut zu uns Franzosen."

„Mein Name ist Aline – Aline Badureau.“

„Was für ein hübscher Name – Aline!“

Sie bereitete sich zum Gehen vor.

„Ich hoffe, dass Sie nach Hause zurückkehren“, sagte sie zu mir, „damit Sie uns Ihr Buch schicken können. Aber ich bin sicher, Sie werden es vergessen. Man sagt, dass Franzosen sehr schnell vergessen.“

Ich habe vehement protestiert.

III.
DER ANGRIFF. DER RÜCKZUG

Samstag, 22. August

WIR schliefen in der Scheune, die uns die freundliche alte Frau zur Verfügung gestellt hatte und in der das Heu tief und warm war. Um drei Uhr morgens rief uns einer der Stallwächter durch das Fenster. Wir spannten unsere Pferde so gut es ging in der Dunkelheit an.

Ein extrem diffuses Licht begann sich über die Landschaft auszubreiten, und der Nebel, der von den Wiesen aufstieg, trübte die Klarheit der Morgendämmerung. Wir marschierten weiter durch die pudrige Atmosphäre. Der Nebel war so dicht, dass es unmöglich war, die Kutsche direkt vor uns zu sehen, und von unseren Plätzen auf den Protzenböcken sahen der Vorderfahrer und seine Pferde wie eine Art sich bewegender Schatten aus.

Schließlich erreichten wir das Städtchen Virton. Alle Einwohner standen vor ihren Türen und boten uns Kaffee, Milch, Tabak und Zigarren an. Die Männer sprangen von den Protzen und tranken hastig die dampfenden Getränke, die ihnen die Frauen einschenkten, während die Kutscher, von ihren Pferden herabgebeugt, ihre Trinkgefäße hinhielten.

„Haben Sie die Deutschen gesehen?", fragten wir.

„Nur ein oder zwei sind gekommen, um ein paar Socken und Zucker zu kaufen. Ich hoffe, sie kommen nicht alle hierher. Oder doch?"

„Sind wir nicht hier, um sie daran zu hindern?"

Die offenen Gesichter der Frauen, eingerahmt von dunkelbraunem Haar, waren vollkommen ruhig. Dicke kleine Kinder, wie lebendig gewordene Engelchen aus einem Gemälde von Rubens, liefen neben der Kolonne her, als wir weitergingen, und andere, etwas größere, riefen unentwegt: „Hoch die Franzosen!"

Unsere Batterien schlossen sich hinter einer Gruppe der 26. Artillerie auf der Ethe-Straße zusammen – einer schönen geraden Straße, gesäumt von hohen Bäumen. Im Nebel sahen die Garben auf den Feldern so sehr wie Infanterie aus, dass man sich einen Moment lang täuschte. In einem der Dörfer waren einige Krankenwagen aufgestellt. Etwas weiter warteten am Ende einer Hohlstraße einige Maultiere, gesattelt mit ihren Cacolets.

Wir hatten kaum die letzten Häuser passiert, als plötzlich Gewehrfeuer losging, das klang wie brennendes trockenes Holz. Auch ein Maschinengewehr begann zu knistern, stakkatoartig wie ein Kinoapparat.

Ganz in der Nähe wurde gekämpft, sowohl vor uns als auch rechts von uns, irgendwo im Nebel. Ich lauschte und erwartete jeden Moment das Summen einer Kugel.

"Kehrtwende!"

"Trab!"

Was war geschehen? Wo waren die Batterien, die vor uns hergekommen waren? Wir bogen nach rechts ab. Das Feuer hörte auf. Der Marsch im immer dichter werdenden Nebel wurde nach einer Weile beschwerlich. Jedenfalls waren wir jetzt sicher, dass der Feind nicht weit entfernt war.

Endlich, gegen sieben Uhr, machten wir Halt. Kein Kampfgeräusch war zu hören. Wir zügelten unsere Pferde und gaben ihnen Hafer. Die Männer legten sich am Straßenrand hin und dösten.

Plötzlich brach erneut das Gewehrfeuer los, diesmal jedoch von links. Ich fragte mich, wie sich unsere Position im Verhältnis zu der des Feindes so verändert haben konnte. Vor wenigen Minuten war noch rechts von uns gekämpft worden. Vielleicht war nur eine Patrouille vom Weg abgekommen. Ich gab es auf, darüber nachzudenken. Zweifellos hatte der Nebel meinen Orientierungssinn verwirrt.

Diesmal klangen die Schüsse weiter entfernt. Eine einzelne Detonation wie ein Signal war zu hören. Zuerst dachte ich, es sei einer der Fahrer, der sein Gespann anfeuerte, aber eine Minute später drang das Knattern der Gewehre in Böen an unsere Ohren, als ob es von einem starken Wind getragen würde. Und doch war die Luft ganz still, und der Nebel schwebte regungslos von allen Seiten.

Plötzlich brach die Sonne durch und der Nebel verschwand wie durch Zauberhand, als ob sich große Gazevorhänge schnell hoben. In wenigen Augenblicken war die ganze Landschaft sichtbar. Sofort begann das Kanonenfeuer.

Auf der rechten Seite waren einige Wiesen, auf denen Herden grasten und weiter hinten eine Reihe bewaldeter Hügel, in deren Schoß ein kleines Dorf lag.

Links und im Norden war der Horizont durch einen Halbkreis von Hügeln verdeckt, durch die ein Fluss seinen gewundenen Lauf wand und die Stoppelfelder auf beiden Seiten entwässerte. Eine große, schalenförmige Weide bildete einen einsamen grünen Fleck im Hintergrund.

Dort war offensichtlich bereits eine Batterie installiert. Vier dunkle Punkte zeigten die Position der vier Kanonen an. Während wir auf der geraden Straße warteten, deren Perspektive durch die Bäume, die sie auf beiden Seiten flankierten, noch verstärkt wurde, bildeten die zwölf Batterien unseres Regiments, gefolgt von ihren ersten Wagenreihen, eine endlose und bewegungslose schwarze Linie.

Der Kapitän gab den Befehl:

„Macht euch bereit zum Einsatz!"

Die Geschützführer, die unter den Bäumen gelegen hatten, sprangen auf und nahmen die Verschluss- und Mündungsabdeckungen ab, die die Geschütze unterwegs vor Staub schützen. Danach machten sie die Zielvorrichtung bereit und stellten sicher, dass die Richt- und Höhenverstellhebel einwandfrei funktionierten.

Wir wurden bei unserer Arbeit von einer Explosion ganz in der Nähe überrascht. Über den Stoppelfeldern schwebte eine kleine weiße Wolke empor. Sie dehnte sich aus und verschwand dann. Und plötzlich explodierten neben der schalenförmigen Weide sechs Granatsplitter nacheinander.

Ich hatte ein seltsames Gefühl, als würde mein Kreislauf langsamer. Aber ich hatte keine Angst. Es drohte uns keine unmittelbare Gefahr. Ich ahnte nur, dass eine große Schlacht bevorstand und ich große Anstrengungen unternehmen musste.

Die Kanonenschützen richteten ihre Augen besorgt auf einen Punkt am Horizont, wo nun fast unaufhörlich Granaten einschlugen. Natürlich hätte keiner von ihnen seine Besorgnis gestanden, aber es herrschte eine bedeutsame Gesprächspause. Ich weiß nicht, worauf wir warteten – ob auf den Einschlag einer Granate oder auf das Eintreffen von Befehlen.

Ich für meinen Teil entschuldigte mich für meine Besorgnis. Die Feuertaufe ist immer eine Tortur, und das reglose Warten auf der Straße hatte mir auf die Nerven gewirkt. Der Feind hätte nur sein Feuer erhöhen müssen, um uns zu treffen, als wir wehrlos in Kolonne standen.

Außerdem sind solche Gefühle nur oberflächlich. Auch wenn man jedem Mann die Angst deutlich im Gesicht ablesen konnte, lächelten wir dennoch und waren innerlich entschlossen, alles Notwendige zu tun, um die bevorstehende Schlacht zu einem französischen Sieg zu machen.

Der Oberst kam in Begleitung von Captain Manoury und einem Stab von Leutnants vorbei. Er warf uns einen ruhigen, aber prüfenden Blick zu, der unseren Mut zu messen und uns gleichzeitig zu ermutigen schien. Die kleine Gruppe Reiter machte sich rasch davon und kletterte die Hänge hinauf, die vom Feind bombardiert wurden.

"Aufmerksamkeit!"

Wir gingen in Aktion.

An der Seite des hufeisenförmigen Hügelrings wurden Infanterieeinheiten aufgestellt und in aufeinander folgenden Angriffen vorgerückt. Plötzlich erhoben sich Männer und rannten über die Felder, und ebenso plötzlich warfen sie sich auf ein unhörbares Kommando hin wieder zu Boden und verschwanden wie Kaninchen aus dem Blickfeld . Sie marschierten immer weiter, und schließlich sahen wir ihre Umrisse als Silhouetten vor dem Horizont, als sie den Hügelkamm überquerten.

Es war etwa zehn Uhr und sehr heiß. Aus dem unbekannten Land jenseits der Berge drang das furchteinflößende Gebrüll der Schlacht herüber. Das Gewehrfeuer knisterte ununterbrochen und der Lärm der Maschinengewehre klang wie Wellen, die gegen die Felsen schlugen. Der Donner der schweren Geschütze übertönte sozusagen den allgemeinen Lärm und vermischte ihn zu einem einzigen Brüllen, ähnlich dem des Ozeans bei Sturm, wenn die Wellen sich sammeln und mit dumpfen Schlägen brechen, während der Wind heult, während er die Wasser peitscht.

Die Kampflinie schien von Ost nach West zu verlaufen, wobei die Deutschen den Norden und die Franzosen den Süden hielten.

"Nach vorne!"

Zuerst mussten wir eine Wiese überqueren, durch die ein Bach floss, der fast im hohen Gras verborgen war. Die Kanonenschützen nahmen die Pferde am Zügel und trieben sie vorwärts, während die Kutscher ihre Gespanne zum Traben anspornten. Die Sonne schien unter die Räder des Munitionswagens, der den Pferden plötzlich zu viel wurde und bis zur Achse schwer im Schlamm versank. Er wurde schließlich durch ein starkes Kummet gelöst.

Wohin in aller Welt sollten wir gehen? Wir schienen auf die schalenförmige Weide zuzusteuern, in der Nähe der Höhen, von denen aus die deutschen Maschinengewehre seit mehr als zwei Stunden jeden Quadratzentimeter Boden durchlöchert hatten. Warum wurden wir dorthin geschickt? Gab es auf den Hügeln nicht genügend hervorragende Stellungen? Wir wären unweigerlich massakriert worden! Aber die Kolonne rückte immer noch im Schritttempo auf das abschüssige Feld zu, auf das ständig Granaten fielen.

Warum? Warum? Seit sich der Nebel lichtete, herrschte dort der Tod. Wir ritten ins Tal …

Ich spürte, wie mir die Kehle zuschnürte. Und doch war ich noch fähig, vernünftig zu denken. Mir war völlig klar, dass die Stunde gekommen war, in der ich mein Leben opfern musste. Wir würden alle hinaufgehen, ja! – aber nur wenige würden wieder den Berg hinunterkommen!

Diese Kombination aus Animalität und Denken, die mein Leben ausmacht, würde bald aufhören zu existieren. Mein blutender Körper würde ausgestreckt auf dem Feld liegen; ich glaubte ihn zu sehen. Ein Vorhang schien sich über die Zukunftsperspektiven zu senken, die eben noch voller Sonnenschein schienen. Es war das Ende. Es hatte nicht lange auf sich warten lassen, denn ich bin erst einundzwanzig.

Ich habe keinen Augenblick mit mir gestritten oder gezögert. Mein Schicksal musste für die Erfüllung höherer Schicksale geopfert werden – für das Leben meines Landes, für alles, was ich liebe, für alles, was ich in diesem Moment bereute. Wenn ich sterben sollte, gut und schön! Ich war dazu bereit. Ich hätte fast gedacht, dass es schwerer wäre!...

Wir marschierten im Schritttempo weiter, die Kutscher zu Fuß hinter den Pferden. Bald erreichten wir die Weide. Eine Salve... Von weitem ertönte ein Geräusch, das zunächst an das Surren von Flügeln oder das Rascheln eines seidenen Rocks erinnerte, sich aber rasch zu einem dröhnenden Summen entwickelte, das dem von Hunderten von Hornissen im Flug ähnelte. Die Granate kam direkt auf uns zu, und das Gefühl, das man dabei verspürt, ist unbeschreiblich. Die Luft saust und vibriert, und die Vibrationen scheinen sich auf Fleisch und Nerven zu übertragen – fast bis ins Mark der Knochen. Die Abteilung duckte sich neben die Räder des Munitionswagens, und die Kutscher hielten sich hinter ihren Pferden versteckt. In jedem Augenblick erwarteten wir eine Explosion. Eine, zwei, drei Sekunden vergingen – eine Stunde. Der Selbsterhaltungstrieb war stark in mir, ich beugte die Schultern und wartete, zitternd wie ein Tier, das vor dem Tod zurückschreckt. Ein Blitz! Er schien mir vor die Füße zu fallen. Granatsplitter pfiffen vorbei wie ein wütender Wind.

Doch die Kolonne blieb noch immer regungslos auf dem Kartoffelfeld stehen, das von Artilleriefeuer so durchsiebt war, dass es schwierig war, die Fahrzeuge zwischen den Granattrichtern hindurch zu lenken.

Warum warteten wir? Wie sehr wünschten wir uns, wenigstens eine Stellung einnehmen und das feindliche Feuer erwidern zu können! Mir schien, wenn wir nur das Dröhnen unserer 75er hören könnten, würde die Angst vor diesen tödlichen Augenblicken weniger groß sein. Aber es schien, als warteten wir bloß auf das Gemetzel; die Minuten zogen sich dahin und wir blieben immer noch regungslos.

Einige Granaten, von denen ich einen Moment lang dachte, sie hätten die Protze gestreift, sausten an mir vorbei und schüttelten mich von Kopf bis Fuß, so dass die Rüstung, hinter der ich mich versteckte, vibrierte. Glücklicherweise war der Boden stark geneigt, und die Geschosse explodierten weiter hinten. Ich schwitzte vor Angst ... Ja, ich hatte schreckliche Angst. Trotzdem wusste ich, dass ich nicht weglaufen durfte und mich, wenn nötig, auf meinem Posten töten lassen würde. Aber der Drang nach Aktion wurde immer stärker.

Endlich ging es wieder los. Mühsam kamen wir über das zerfurchte Feld voran. Die Kutscher konnten ihre Pferde kaum bändigen, sie waren in Panik geraten und wurden in alle Richtungen gezerrt.

Hutin nickte mir zu:

„Sie sind ganz grün hinter den Ohren, alter Junge!", sagte er.

„Na, wenn Sie Ihr eigenes Gesicht sehen könnten …", antwortete ich.

Eine Granate schlug ein, wirbelte viel Erde vor den Pferden auf und verletzte den Fahrer des Munitionswagens in der Mitte am Kopf, was ihn auf der Stelle tötete.

"Nach vorne!"

In der Nähe der Hügelkuppe bezogen wir am Rande eines Haferfeldes Stellung. Die Protzen gingen nach hinten, um irgendwo in Richtung Latour Schutz zu suchen, dessen Turm über den Bäumen im Tal zu unserer Linken zu sehen war. Wir kauernd hinter den Panzertüren der Munitionswagen und hinter den Geschützschilden und warteten auf den Befehl, das Feuer zu eröffnen. Aber der Hauptmann, der vor der Batterie im Hafer kniete und sein Fernglas vor die Augen hielt, konnte kein Ziel entdecken, denn dort drüben, über den sich ausbreitenden Wäldern von Ethe und Etalle, die jetzt vom Feind besetzt waren, schwebte noch immer dichter Nebel. Überall um uns herum, hinter unseren Geschützen, über unseren Köpfen und ohne Unterlass explodierten Spreng- und Schrapnellgranaten jeden Kalibers und übersäten die Stellung mit Kugeln und Splittern. Der Tod schien unvermeidlich. Hinter dem Geschütz befand sich eine kleine Grube, in der ich Zuflucht suchte, während wir auf Befehle warteten. Ein großes braunes Reitpferd mit einer klaffenden Wunde in der Brust, aus der ein roter Strahl floss, stand reglos mitten auf dem Feld.

Das Zischen und Pfeifen der Granaten, das Donnern der feindlichen Kanonen und das Brüllen einer benachbarten 75er-Batterie machten es unmöglich, die verschiedenen Geräusche in diesem kreischenden Inferno aus Feuer, Rauch und Flammen zu unterscheiden. Ich schwitzte stark, mein Körper vibrierte eher als dass er zitterte. Das Blut brodelte in meinem Kopf und pochte in meinen Schläfen, während es mir vorkam, als ob ein eiserner Gürtel meine Brust umschloss. Unbewusst, wie ein Wahnsinniger, summte ich eine Melodie, die wir vor kurzem im Lager gesungen hatten und die mich verfolgte.

Etwas streifte meinen Rücken. Ich dachte zuerst, ich wäre getroffen worden, aber der Granatsplitter hatte nur meine Hose zerrissen.

Die Batterie war von schwarzem, übelkeiterregendem Rauch umhüllt. Jemand stöhnte, und ich stand auf, um zu sehen, was geschehen war. Durch den gelben Nebel sah ich Sergeant Thierry ausgestreckt auf dem Boden liegen und die sechs Mann der Abteilung, die sich um ihn drängten. Die Granate war unter dem Lauf seines Geschützes explodiert, hatte den Rückstoßdämpfer zertrümmert und das Geschütz damit unbrauchbar gemacht.

Nebeneinander kniend, suchten Hauptmann Bernard de Brisoult und Leutnant Hély d'Oissel den Horizont durch ihre Ferngläser ab. Ich bewunderte sie. Der Anblick dieser beiden Offiziere und des Majors, der ruhig hinter der Batterie auf und ab ging, ließ mich schämen zu zittern. Ich durchlebte einige Sekunden verwirrten, aber intensiven seelischen Leidens. Dann war es, als ob ich aus einer Art fiebrigem Delirium voller schrecklicher Albträume erwachte. Ich hatte keine Angst mehr. Und als ich wieder Schutz suchte, da ich nichts anderes zu tun hatte, da wir nicht schossen, stellte ich fest, dass ich meine Instinkte überwunden hatte und nicht mehr vor Angst zitterte.

Ein schrecklicher Geruch erfüllte die Grube.

„Puh!", stieß ich heiser hervor, „was für ein Gestank!"

Als ich nach unten spähte, bemerkte ich Astruc auf dem Boden der Senke. Mit einer Stimme, die aus dem Innersten der Erde zu kommen schien, antwortete er:

"Schon gut, mein Junge! Mach dir keine Sorgen ... ich bin's nur. Ich sitze hier in einer Drecksauerei, aber trotzdem würde ich diesen Platz nicht für zwanzig Francs aufgeben!"

Über den Hügelkamm kamen Infanterietruppen auf dem Rückzug. Das Geräusch der Maschinengewehre kam näher und war schließlich vom Dröhnen der Artillerie zu unterscheiden.

Der Feind rückte vor und wir wichen ihm aus. Immer wieder flogen Granaten über uns hinweg und ganze Infanteriekompanien zogen sich zurück.

Die Beamten berieten sich.

„Aber was sollen wir tun? ... Es gibt keine Befehle ... keine Befehle", wiederholte der Major immer wieder.

Und wir warteten noch immer. Der Leutnant hatte seinen Revolver gezogen und die Kanonenschützen hatten ihre Gewehre abgenommen. Die deutschen Batterien, wahrscheinlich aus Angst, ihre eigenen Truppen zu treffen, stellten das Feuer ein. Der Feind konnte jetzt jeden Moment den Bergrücken betreten.

"Auflockern!"

Der Auftrag wurde zügig ausgeführt.

Wir mussten Thierry mit uns tragen, dessen Knie gebrochen war. Er litt schrecklich und flehte uns an, ihn nicht anzufassen. Trotz seines Protests hoben ihn drei Männer auf die Aussichtsleiter. Er war sehr blass und sah aus, als würde er gleich ohnmächtig werden.

„Oh!", murmelte er. „Du tust mir weh! Kannst du mich nicht fertigmachen?"

Die übrigen Verwundeten, fünf oder sechs an der Zahl, hievten sich ohne Hilfe auf die Protzen, und die Batterie marschierte in schnellem Trab die Straße nach Latour hinunter.

Wir hatten die Schlacht verloren. Ich wusste nicht, warum oder wie. Ich hatte nichts gesehen. Die französische rechte Seite musste sich ein ganzes Stück zurückziehen, denn weiter vorn im Südosten sah ich Granaten über den Wäldern explodieren, die an diesem Morgen ein Stück hinter unseren Linien gelegen hatten. Wir waren völlig umzingelt, und ich hatte Bedenken, ob uns noch ein Rückzug offen stand. Wir überquerten nacheinander die Eisenbahn, einige Felder und einen Fluss und näherten uns der Hügelkette, die bis zur Hälfte ihrer Hänge bewaldet war und sich parallel zu den Höhen erstreckte, die die Armee am Morgen eingenommen hatte. Dies waren zweifellos unsere Sammelpositionen. Die Kutscher trieben ihre Pferde an, während die Kanonenschützen, die von den Protzen abgestiegen waren, um die Last zu erleichtern, in verstreuter Formation neben der Kolonne herliefen. Die schmale Straße, der wir folgten, war stark zerfurcht, die Steine rollten bei jedem Schritt unter den Hufen der Pferde weg. Auf halber Höhe des steilen Abhangs fanden wir den Weg durch einen Infanteriewagen versperrt, der zum Stehen gekommen war. Ein altersschwaches weißes Pferd zappelte in den Deichseln. Der Kutscher fluchte und zerrte an den Rädern, doch das Tier ließ sich nicht antreiben.

Einer der Korporale rief:

„Also, mach weiter, ja?"

Steigen Sie ein! ... Als ob er das könnte! Der Fahrer ließ das Lenkrad, das er am Rückwärtsfahren hinderte, nicht los und drehte uns mit verwirrtem Gesicht zu. Er weinte beinahe vor verblüffter Wut.

„Weiterkommen? Wie soll ich weiterkommen?"

Wir halfen ihm und schafften es, seinen Wagen auf das Feld zu schieben, sodass wir passieren konnten.

Es war etwa zwei Uhr nachmittags, und die Hitze war drückend. Die Schlacht schien zu Ende zu sein, und die einzigen Schüsse, die man hörte, kamen von weit weg links, in der Nähe von Virton und St. Mard.

Die Kolonne erstreckte sich in einer langen schwarzen Linie am Berghang, während wir durch die Wälder, die den Gipfel krönten, nach oben krochen, um eine Straße zu finden, auf der wir das Plateau erreichen konnten. Der Horizont weitete sich allmählich vor uns. Plötzlich begann aus der Richtung von Latour ein Maschinengewehr zu knattern; ich hob hastig meine Hand an mein Ohr, wie jemand, der eine summende Wespe verjagt.

„Sie schießen auf uns!", rief Hutin.

Kugeln begannen vorbeizusausen. Maschinengewehre hatten von den Stellungen, die wir gerade verlassen hatten, das Feuer auf uns eröffnet. Eines der Pferde fiel verwundet auf die Knie und wurde sofort losgeschirrt. Ein Schütze, der durch den Oberschenkel geschossen worden war, marschierte dennoch weiter.

Ganz in der Nähe, in einem Tal, wo wir vor dem Feuer geschützt waren, fanden wir eine Stelle, wo eine Ecke des Feldes einen Keil in den Wald schnitt. Hier stellten wir unsere drei Batterien auf und warteten auf Befehle. Ich sah sofort, wie kritisch unsere Lage war. Es gab keine Straße, die durch den Wald auf das Plateau führte, und mehrere Fahrzeuge der 10. Batterie, die es auf einem Reitweg versucht hatten, konnten bald weder vorrücken noch zurück. Eines der Geschütze war bis zur Achse im schlammigen Boden versunken.

Der einzige Rückzugsweg war daher, die kahlen Felder rechts oder links zu überqueren und erneut Spießruten zu laufen, nicht nur durch die Maschinengewehre, sondern vielleicht auch durch die feindliche Feldartillerie, die inzwischen Zeit gehabt hatte, heranzukommen. Je länger wir warteten, desto problematischer wurden unsere Chancen, unversehrt zu entkommen.

Außerdem fragte ich mich unwillkürlich, wie lange die Route über das Plateau noch frei bleiben würde. Wir waren bereits umzingelt, und vor uns rückten die Deutschen noch immer die halbmondförmigen Hügel hinab. Latour hatten sie zweifellos bereits besetzt.

Der Major wartete noch immer auf Befehle. Er sprach kaum ein Wort, aber hin und wieder spannte er krampfhaft die Kiefer an – ein Zeichen von Nervosität, das wir Soldaten gut kannten. Er „knackte Nüsse", wie die Männer sagen. Er hatte einen Korporal losgeschickt, um Anweisungen einzuholen, aber niemand wusste, wo sich der Stab zu dieser Stunde aufhalten würde. Die Armee befand sich auf dem Rückzug.

Schließlich kam ein Dragoner herangaloppiert und ritt vor unseren Offizieren. Wir drängten uns aufgeregt um ihn. Er brachte die Nachricht, dass der Rückzug der Armee rechts über die Ruettes-Straße erfolgte. Der Feind, sagte er, habe Latour bereits eingenommen und rücke in Richtung Ville-Houdlémont vor.

Die Kolonne erwachte sofort zum Leben. Leutnant Hély d'Oissel, der allein vorn ritt, zeigte uns den Weg. Wieder brachen in der Ferne die Maschinengewehre los, aber diesmal pfiffen keine Kugeln an uns vorbei. Für einige Augenblicke wurden wir von einem Zaun aufgehalten, den wir mit unseren Äxten niederrissen. Der offene Raum, den wir überqueren mussten, war kurz – eine Wiese bedeckte den ansteigenden Boden zwischen den Bäumen. Schließlich erreichten wir Ruettes über eine schmale Gasse, auf deren beiden Seiten steile Böschungen aufstiegen.

In der Nähe der Kirche stand ein General ohne Stab und nur von drei Jägern begleitet.

Die Straße nach Tellancourt war ein wahrer Fluss.

In der atemlosen Hast und Hektik des Rückzugs mussten wir uns mit Gewalt einen Weg durch die Menge bahnen. Die Bataillone, die noch ihre Majore hatten, marschierten mit der Artilleriekolonne an der Spitze. Und wie Korkstücke in der Strömung von rechts nach links hin und her geworfen, in den Wirbeln hin und her gezogen, manchmal in den Graben gestoßen und manchmal von der Strömung mitgerissen, strömten die zerfetzten Überreste der Truppen die Straße hinunter. Verwundet, hinkend, viele ohne Gewehr oder Rucksack, kamen sie nur langsam voran. Einige versuchten, auf unsere Wagen zu klettern, hievten sich entweder auf die Munitionswagen oder ließen sich wie Automaten mitschleifen.

Während der Rückzug der Infanteriedivisionen entlang der Landstraße weiterging, bogen wir rechts auf eine steile Straße ab und erreichten das Plateau. Der Tag neigte sich dem Ende zu, und der Schatten der dichten Wälder von Guéville, die zwischen uns und der Sonne lagen, war auf die Seite des nächsten Hügels projiziert. Hier gab es keine Nachzügler, aber die Gräben waren voller Verwundeter, die sich einen Moment ausruhten, bevor sie den schmerzhaften Aufstieg fortsetzten. Viele von ihnen sahen aus, als würden sie nie wieder aufstehen. Einige lagen halb verborgen im Gras.

Ihre Gesichter hatten schon etwas Totenkopfhaftes an sich; die Augen, weit geöffnet und hell vom Fieber, starrten starr aus ihren eingesunkenen Höhlen, als ob sie auf etwas blickten, das wir nicht sehen konnten. Ihr verfilztes Haar klebte ihnen an der Stirn vom Schweiß, der langsam über die ausgezehrten, abgemagerten Gesichter rann und weiße Zickzack-Furchen im Schmutz aus Staub und Rauch hinterließ. Kaum einer der Verwundeten war verbunden, und das Blut hatte dunkle Flecken auf ihren Mänteln hinterlassen und ihre zerlumpten Uniformen bespritzt. Keine Klage war zu hören. Zwei Soldaten, ohne Rucksäcke oder Gewehre, versuchten einem kleinen Infanteristen zu helfen, dessen Schulter von einer Granate zerschmettert worden war und der, leichenblass und mit geschlossenen Augen, müde, aber hartnäckig den Kopf schüttelte und sich weigerte, bewegt zu werden. Andere, am Bein verletzt, schafften es noch, mit Hilfe ihrer Gewehre, die sie als Krücken benutzten, weiterzuhumpeln. Sie flehten uns an, Platz für sie auf den Kutschen zu finden.

Wir schafften es, ihnen auf den Protzen Platz zu machen. Bei jedem Stoß und jeder Erschütterung stieß ein großer Hornist, dessen Brust von einer Kugel durchbohrt war, einen Schmerzensschrei aus.

Auf den Feldern am Straßenrand lagen zerrissene und klaffende Rucksäcke, aus denen Westen, Hosen, Mützen, Bürsten und andere Ausrüstungsgegenstände hervorragten. Die Straße selbst war übersät mit Stiefeln, Essgeschirren und Feldkesseln, die von Rädern und Pferdehufen zerquetscht worden waren, Hemden, Bajonetten, Patronengurten, deren Messinghülsen im Staub glänzten, Käppis und zerbrochenen Lebel-Gewehren. Es war ein Anblick, der einem die Tränen in die Augen trieb, und unwillkürlich wanderten meine Gedanken zurück zum Rückzug im August 1870 nach Wissembourg und Forbach ... Und doch hatten wir seit einem Monat ununterbrochen von französischen Siegen gehört und hatten uns fast vorgestellt, wie das Elsass zurückerobert und der Weg nach Deutschland frei gemacht wurde. Trotzdem wurde unsere Armee beim ersten Angriff in die Flucht geschlagen! Mit einigem Erstaunen wurde mir klar, dass ich an einer Niederlage beteiligt gewesen war.

Wir erreichten den Rand des Guéville-Waldes, der vom 102. Infanterieregiment verteidigt wurde. Waffen und Ausrüstung lagen noch immer auf der Straße, die von Artillerie und Konvois ebenfalls in Furchen zerschnitten worden war. Die Verwundeten auf unseren schwankenden und ruckelnden Wagen sahen aus wie gekreuzigte Männer.

Ich fragte den großen Hornisten:

„Sollen wir aufhören? Vielleicht erschüttert dich das zu sehr?"

„Nein! Alles, nur nicht in ihre Hände fallen."

„Ja, aber trotzdem…"

„Nein, nein, das ist schon in Ordnung."

Und er biss sich auf die Lippen, um nicht zu schreien. Ich war sehr müde und mein Kopf fühlte sich gleichzeitig schwer und leicht an. Mein einziger Wunsch war zu schlafen, egal wo.

Kaum waren wir aus dem Wald heraus, als die Batterie auf einem Feld voller Weizengarben in der Nähe eines Dorfes namens La Malmaison anhielt. Ich warf mich auf Stroh. Wenn wir dort blieben, würden wir sicherlich nicht einmal schlafen können; der Feind war zu nahe und wir würden wahrscheinlich nachts angegriffen werden. Und mein einziger Gedanke war zu schlafen, weit genug weg zu kommen, um schlafen zu können. Ich wartete auf den prophetischen Befehl „Ausspannen!", der uns in einer Stunde wieder auf diesem Feld zurücklassen würde, um zu kämpfen – vielleicht sofort. Aber andere Befehle trafen ein, und wir rumpelten wieder los, durch La Malmaison, das wir mit ungeordneten Truppen überfüllt vorfanden. Die Nacht brach herein. Ich war jetzt am äußersten Rand der Erschöpfung angelangt und begann, weniger bewusst zu werden, was um mich herum geschah. Wie in einem Traum sah ich die Männer auf den Protzenkisten zusammengekauert, ihre Köpfe rollten auf ihren Schultern, und die Fahrer taumelten auf ihren Pferden wie betrunkene Männer von einer Seite auf die andere. Ich meine noch immer einen Kanonier der 26. Artillerie zu hören, der auf dem Munitionswagen sitzend erzählte, wie die drei Batterien, die uns heute Morgen auf der Straße nach Ethe vorausgegangen waren, vom deutschen Maschinengewehrfeuer erfasst und in Kolonnenformation eingenommen wurden und wie er selbst dank des Nebels fast alleine entkommen konnte.

Wir fuhren die ganze Nacht weiter, unsere Wagen knarrten und klapperten mit einem Geräusch, das fast wie eine Art Kanonade klang. Eine der Peitschen schleifte … Einen Moment lang glaubte ich, ein Maschinengewehr zu hören … Was für eine Besessenheit! … Die Kolonne rollte durch die Dunkelheit, das monotone Rumpeln der Räder wurde durch keinen Befehl oder kein Wort unterbrochen.

Gegen Mitternacht, nach einem sehr langen Marsch, erreichten wir wieder Torgny und schlugen dort unser Lager auf. Die Anwesenheitskontrolle wurde nicht einmal durchgeführt. Ich warf mich mit dem Gesicht nach unten auf Heu in einer Scheune und als ich einschlief, hatte ich das Gefühl, ich würde sterben.

Sonntag, 23. August

Heute Morgen ließ man uns bis nach acht Uhr schlafen. Nach dem Aufstehen führten wir unsere Pferde sofort hinunter zum großen Steintrog mitten im Dorf. Die Kirchenglocken läuteten. Also gab es noch Sonntage! Irgendwie kam mir das merkwürdig vor! Ich war noch schläfrig und meine tauben Glieder schmerzten entsetzlich, so dass es eine Qual war, in den Sattel zu steigen. Wie sehr sehnte ich mich nach einem Tag Ruhe!

Als ich mit Déprez an meiner Seite zum Lager zurückkehrte, trafen wir Mademoiselle Aline, die ein hellrosa Kleid mit Blumenmuster und sehr zierliche Schuhe trug. Sie war zweifellos auf dem Weg zur Messe. Sie erkannte uns und winkte lächelnd mit der Hand.

Sie warteten im Lager auf uns.

"Beeilen Sie sich jetzt!"

„Zaumzeug! … Anhaken!“

„Was? Gehen wir wieder in Aktion?“

„Sieht so aus... ich weiß nicht“, antwortete Bréjard. „Also gut!“

Die beiden Batterien, die jetzt die Gruppe bildeten, unsere eigene und die 12. (die 10. war vom Feind in den Wäldern von Guéville eingenommen worden), marschierten entlang der Straße nach Virton. Es schien, als ob wir keine einzige Ruhepause bekommen würden.

Doch fast sofort hielten wir in Doppelkolonne auf dem Gras neben der Straße an. Am Hang waren starke französische Artilleriekräfte in Stellung, die bewegungslosen Batterien zeichneten sich wie schwarze Quadrate auf dem grünen Hang ab.

Die Anwesenheitskontrolle wurde durchgeführt. Ein oder zwei fehlten aus meiner Batterie. Bâton, der Fahrer der Geschützgruppe, war am Kopf verwundet worden und im Krankenhaus von Torgny zurückgelassen worden. Hubert, unser Geschützkommandant, war verschwunden, ebenso Homo, ein weiterer Fahrer. Als ich Homo das letzte Mal gesehen hatte, irrte er mit einem wilden Blick in den Augen über ein von deutschen Geschützen überzogenes Feld.

Lucas, der Radfahrer des Kapitäns, fehlte ebenfalls, und das machte mir besonders Sorgen. Er ist immer so fröhlich, offenherzig und lustig und einer meiner besten Freunde.

Von unserer gesamten ersten Linie unter Leutnant Couturier gab es keinerlei Neuigkeiten. Die Abteilungen standen im Kreis um den Hauptmann und wurden neu organisiert. Die Batterie hatte nur noch drei Geschütze, und das Geschütz mit dem kaputten hydraulischen Puffer musste nach hinten geschickt werden.

Wie müde ich war! Sobald ich still lag, begann ich einzuschlafen.

Hutin öffnete für uns beide eine Kiste mit Corned Beef.

„Hungrig, Lintier?"

„Kein bisschen… Und dabei habe ich seit vorgestern nichts gegessen!"

„Mir geht es genauso. Glauben Sie, dass es heute noch zu weiteren Kämpfen kommen wird?"

„Ich denke, das werden wir …"

Hutin dachte kurz nach.

„Es gibt nur eine Sache, die ich liebe", sagte er, „und das ist, dort zu sein."

„Ja, es ist großartig."

„Es ist seltsam, dass wir heute keine Schüsse hören."

„Sie scheinen ihren Sieg von gestern nicht genutzt zu haben, um weiterzukommen."

„Nun", sagte unser Richtschütze, „meiner Meinung nach sind wir in einen Hinterhalt geraten. Sie haben dort auf uns gewartet und alle Höhenzüge genau registriert. So hatten sie uns in der Hand! Aber das wird sich alles ändern!"

„Das hoffe ich! Oh Gott, wie müde ich bin! Und du?"

"Ich auch!"

Wir aßen ohne großen Genuss jeder vier Bissen Corned Beef und klappten die Kiste wieder zu. Außerdem setzte sich die Kolonne bereits in Bewegung.

Wir marschierten querfeldein und erreichten Lamorteau, ein großes Dorf am Ufer des Chiers, wo wir in der Nähe des Flusses unser Lager aufschlugen und auf Befehle warteten.

Bald erhellte sich die Szene durch Rauch, der in der stillen, bereits heißen Morgenluft emporstieg. Die Männer kochten ihre Suppe, und die Kutscher gingen hinaus, um Wasser für die Pferde zu holen, die noch nicht ausgespannt waren.

Plötzlich erschien auf der Brücke über den Chiers Leutnant Couturier an der Spitze seiner Kolonne, begleitet von Lucas. Letzterer lief auf mich zu.

"Da bist du ja!"

"Da bist du ja!"

„Du Teufel! Du hast uns einen Schrecken eingejagt!"

Wir gaben uns die Hände, das war alles. Aber ich fühlte mich ungemein erleichtert.

Auch Hubert war dabei. An den Lagerkesseln, in denen die Suppe bereits dampfte, wurde lebhafte Unterhaltung geführt. Danach kamen keine Befehle, wir schliefen und kehrten bei Einbruch der Nacht nach Torgny zurück, um dort erneut zu lagern.

Der Major befahl, die Pferde auszuspannen, und da ich annahm, dass keine Gefahr drohte, streckte ich mich und gähnte zufrieden. Dann biwakierten wir. Was für eine Arbeit! Die Geschütze sind etwa zwanzig Meter voneinander entfernt aufgestellt. Zwischen den Rädern zweier Geschütze sind die Pfähle gespannt, und wenn die Pferde daran angebunden und das Geschirr an den biegsamen Zugstangen befestigt ist, sollte der Park ein regelmäßiges Quadrat bilden.

Wir zogen unsere Westen aus, es war noch immer heiß. Déprez verteilte Hafer unter den Fahrern, die mit Futtersäcken dastanden. Plötzlich rief jemand:

"Ein Flugzeug!"

„Ein deutsches Flugzeug!"

Direkt über ihnen kreiste ein Flugzeug wie ein großer schwarzer Falke mit gegabeltem Schwanz. Sofort wurde nach Gewehren gerannt. Auf dem Rücken liegend, um ihre Gewehre zu schultern, und halb ausgezogen, ihre offenen Hemden zeigten ihre behaarte Brust, eröffneten die Männer ein heftiges Feuer auf den deutschen Raubvogel, der tief flog. Die aufgeschreckten Pferde wieherten, bäumten sich auf und zogen hin und her, viele rissen sich los und galoppierten über die Felder davon. Das Flugzeug schien in Schwierigkeiten zu sein.

"Sie ist getroffen!"

"Sie kommt runter!"

„Nein! Sie geht einfach los!"

Die Männer feuerten noch immer weiter, obwohl die Maschine bereits seit einigen Minuten außer Reichweite war.

An der Tränke in der einzigen Straße des Dorfes versammelte sich immer dieselbe Menge von Männern, die ihre Pferde zum Tränken brachten, einige saßen ohne Sattel, andere wurden geführt; dasselbe Geschrei und Fluchen, um Platz an der Tränke zu bekommen, Grüße von denen, die sich erkannten, Flüche von anderen, die ihre Tiere führten, die von den Reitern angestoßen wurden – kurz, das ganze Leben und Treiben eines Artillerielagers. Ein Jäger bahnte sich mit gotteslästerlichem Geschrei seinen Weg durch die Menge. Er wurde mit Geschrei bestürmt.

„Hier, du hast es nicht eiliger als alle anderen!“

„Ja, das bin ich! Gehen Sie schnell zurück ins Lager! Ich habe Befehle!“

"Was ist jetzt das Problem?"

„Ihr Jungs müsst alle verschwinden! Ihr wisst, hier ist keine Zeit für Unterhaltung; die Deutschen kommen. Gleich gibt es noch mehr Spaß!“

Er gab den Sporen Nachschub und wir eilten zu unseren Geschützen zurück. War das eine Überraschung? Wir machten uns mit voller Geschwindigkeit bereit, und bevor wir überhaupt Zeit hatten, unsere Hemden zuzuknöpfen, verließ das erste Geschütz den Park.

„Vorwärts! Marsch… Trab!“

Wir hatten die Futtersäcke, die noch halb mit Hafer gefüllt waren, auf die Munitionswagen und Lafetten geworfen und mussten sie unterwegs festbinden, damit sie nicht abgeworfen wurden. Die Männer warfen sich hastig ihre Kleidung über und sprangen, so gut sie konnten, auf die Protzen, während die Batterie in zügigem Tempo auf der unebenen Straße vorrückte.

Wir blickten ständig über unsere Schultern zu den Hügeln im Osten, die von Torgny dominiert wurden, und erwarteten, dass aus dieser Richtung jeden Moment die Spitzen der feindlichen Kolonne auftauchen würden. Ich wartete einen Moment auf das Knistern eines Maschinengewehrs oder das Kreischen einer Granate.

Die Straße in der Ferne, die sich durch das Tal schlängelte, war schwarz von Pferden und Munitionswagen, die im Trab herankamen und dicke Staubwolken aufwirbelten. Man sah auch Batterien über das Land rollen. Was hatte dieser plötzliche Rückzug zu bedeuten? Den ganzen Tag lang hatten wir die Kanonen nur aus weiter Ferne, aus dem Norden, gehört. Jetzt hörten wir sie sogar überhaupt nicht mehr. Waren wir also überrascht oder beinahe überrascht worden? Aber man weiß nie, was bei solchen Gelegenheiten wirklich passiert ist!

Wir bezogen unsere Stellung auf dem Grat zwischen den Chiers und dem Othain, wo uns die ganze Landschaft, deren Konturen und Farben sich im hellen Sonnenschein ständig änderten, bei unserer Ankunft anzulächeln schien. Es schien mir, als seien die Erinnerungen, die die Majestät und Stille der Szenerie in mir wachrief, tief in der Vergangenheit verwurzelt. Ich hatte das Gefühl, als wäre ich an einem Tag um zehn Jahre gealtert – ein seltsamer und schmerzlicher Eindruck.

Unsere Kanonen waren auf Torgny und das Plateau darüber gerichtet. Jeden Moment konnte der Befehl kommen, das unglückliche Dorf zu bombardieren. Vielleicht könnte sogar eine Granate aus meinem Gewehr genau das Haus, das uns Unterschlupf gewährt hatte, in Stücke reißen und die Frau töten, deren Gastfreundschaft uns so viel bedeutet hatte! Das war ein schrecklicher Gedanke! Oh, dieser grauenhafte Krieg!

Doch die Nacht brach herein, und der Kapitän hatte noch keine Anzeichen von Bewegung auf dem Plateau bemerkt. Hinter uns versank das enge Tal des Othain langsam in Schatten. Die Protzen waren 200 Meter von der Batterie entfernt postiert. Feuer war verboten – nicht einmal Laternen durften angezündet werden, da unsere Sicherheit am nächsten Tag davon abhängen konnte, dass wir unentdeckt blieben. Die Nacht war klar, doch ein dünner Nebel verhüllte teilweise das Licht der Sterne, und es gab keinen Mond. Reglos und in dunklen Gruppen zusammengedrängt kauten die Pferde ruhig ihren Hafer. Ein weitreichender rötlicher Schein erhellte den östlichen Horizont – zweifellos La Malmaison in Flammen – und als die Dunkelheit tiefer wurde, erschienen rechts und links des Hauptbrandes weitere Lichter. Auf allen Seiten brannten die Dörfer. Gegen den feurigen Himmel hoben sich die Hinterteile der Pferde, ihre Köpfe und zuckenden Ohren und die schweren Massen der Geschütze und Protzen wie Silhouetten ab.

Seite an Seite standen Hutin und ich mit verschränkten Armen und beobachteten die brennende Landschaft.

„Oh, die Bestien, die Wilden!“

"Das ist also Krieg, oder?"

Und wir verstummten beide, sprachlos vor dem gleichen Gefühl sinnlosen Entsetzens und erfüllt von der gleichen Wut. Ich sah, wie ein gelber Schimmer über die dunklen Augen meines Freundes huschte – ein Spiegelbild des Holocausts.

„Und wir können es nicht verhindern! … Dass wir die Schwächeren sind! O Herr!"

„Das kommt mit der Zeit."

„Ja, das wird kommen... und dann werden sie dafür bezahlen!"

Wir warfen uns auf das Stroh, das hinter den Kanonen aufgehäuft war. Ein Suchscheinwerfer aus Verdun suchte in regelmäßigen Abständen das Land ab, und der tintenschwarze Himmel wurde durch die optischen Signale erhellt. Zusammengekauert schliefen wir allmählich ein, ein einzelner Wachposten, in seinen Mantel gehüllt, stand regungslos auf Wache.

Montag, 24. August

Es war noch Nacht, als ich aufwachte und einen dunklen Schatten über mir stehen sah.

„Steh auf!"

"Wie spät ist es?"

„Weiß nicht", antwortete der Wachposten, der mich geweckt hatte. Die Dörfer brannten noch. Wir tasteten uns vor und spannten fast geräuschlos unsere Gespanne an, und die Protzen kamen heran. Ein steiler Abhang ... die Steine rollten. In der Dunkelheit konnten die Pferde jeden Moment stolpern. Die Bremsen funktionierten schlecht, und wir hielten uns an den Fahrzeugen fest und ließen uns mitschleifen, um die Gespanne abzulösen, die fast von dem schweren Munitionswagen überfahren wurden.

Im Morgengrauen kamen wir durch ein schlummerndes Dorf. Fünf Jäger lagen im Windschatten der hohen Mauer, die die Kirche umgab, auf dem Boden und schliefen. Um einen Arm gewickelt hielten sie die Zügel ihrer Pferde, die reglos neben ihnen standen und ebenfalls schliefen. Ein blasses, kaltes Licht brach durch den Nebel, der sich am Talgrund angesammelt hatte. Es war sehr kalt, als wir schweigend dahinmarschierten, während die Männer auf den Protzenkästen schnarchten. Wir gingen nach Westen – das heißt, wir zogen uns zurück. Warum? Waren wir nicht in einer guten Position, um auf den Feind zu warten? Plötzlich schien eine silberne Sonne durch den Nebel, umgeben von einem Lichtschein.

Nach einem langen Aufenthalt auf einem mit Stallabfällen gedüngten Luzernenfeld, dessen Geruch uns noch in der Nase hing, bezogen wir auf einem Hügel bei Flassigny Stellung. Doch kaum hatten wir dies getan, als neue Befehle eintrafen und wir weiterzogen, immer in Richtung Westen.

Zwischen zwei Hügeln erblickten wir eine entfernte Stadt – zweifellos Montmédy.

Gegen Mittag machten wir in einem Tal in der Nähe des Flusses Halt.

„Absteigen! Die Pferde ausspannen. Ruhig stehen bleiben!"

Die Sonne brannte heiß, und in der schweren Luft regte sich kein Hauch. Unsere Flaschen enthielten nur wenig Othain-Wasser, brackig und lauwarm, aber es reichte immerhin zum Waschen. Die Männer schliefen in den Gräben, die Pferde standen regungslos da, erschöpft von der Hitze.

Es war bereits Abend, als unsere Gruppe die Anweisung erhielt, weiter nach Marville zu marschieren, vermutlich um dort ihr Lager aufzuschlagen.

Ich erkannte den Ort, denn wir waren auf dem Weg nach Torgny durch Marville gefahren. Damals war es eine hübsche kleine Stadt mit blühenden Gärten und Villen am Flussufer, umgeben von Dahlien. Jetzt jedoch war der Ort verlassen. Große Karren der Maasbauern warteten, bereit zur Abfahrt, hoch beladen mit Bettzeug, Kisten und Körben. In einem von ihnen erblickte ich einen Kanarienkäfig neben einem Kinderwagen und einer Wiege. Auf dem bunten Haufen saßen Frauen, umgeben von Kindern, und weinten bitterlich, während die Kleinen ihre Köpfe in ihren Röcken verbargen. Einige Hunde, die es kaum erwarten konnten, loszukommen, schnüffelten unruhig um die Räder der Karren. Wir fragten diese armen Leute, wohin sie wollten.

„Wir wissen es nicht! Sie sagen, wir müssen gehen... Und deshalb gehen wir ... und mit solchen Babys!"

Und sie fragten uns ihrerseits:

„Welchen Weg sollten wir Ihrer Meinung nach besser nehmen? Das wissen wir nicht!"

Wir auch nicht. Trotzdem haben wir eine Richtung aufgezeigt.

„Gehen Sie dort entlang! Dort drüben!"

„Dort drüben" war Richtung Westen.... Oh, welches Elend!...

Wir biwakierten am Rande der Stadt. In der Nähe floss ein Fluss, auf dessen gegenüberliegender Seite zwei tote Pferde auf einem Stoppelfeld lagen.

Der Kapitän der 10. Batterie, die wir für verloren gehalten hatten, kam zu Pferd im Lager an. Er erzählte dem Major, dass er in den Wäldern von Guéville seine vier Kanonen retten konnte, aber die Munitionswagen zurücklassen musste. Seine Batterie hatte irgendwo auf den Hügeln um Marville im Südosten Stellung bezogen und er war gekommen, um Befehle entgegenzunehmen.

Der Riss, den mir zwei Tage zuvor ein Granatsplitter in den Hosenboden gerissen hatte, bereitete mir große Beschwerden. Hin- und hergerissen zwischen dem Wunsch, ihn zu flicken, und der Angst, der Befehl zur Auflösung des Lagers könnte kommen, bevor ich fertig wäre, ließ ich die ruhigen Abendstunden verstreichen, ohne diese sehr notwendige Arbeit zu erledigen.

Dienstag, 25. August

Ich wurde von der Sonne geweckt und streckte mich.

„Endlich eine gute Nacht, was, Hutin?"

Hutin, der immer noch schlief, antwortete nicht. Déprez rief:

„Also, Hafer!"

Niemand hatte es eilig. Zwei Männer, eine wirre Masse aus dunkelblauem Stoff, schnarchten leise weiter im Stroh, das unter dem Gewehrlauf verstreut war. Plötzlich glaubte ich ein vertrautes Geräusch zu hören und drehte mich instinktiv um, um zu sehen, woher es kam.

„Runter!", rief jemand.

Die Männer warfen sich auf den Boden. Mitten in der Luft, über dem Lager, explodierte eine Granate. In der stillen Atmosphäre schwebte die dichte Rauchwolke reglos zwischen den dünnen grauen Nebelschwaden.

„Das haben wir dem Flugzeug zu verdanken, das wir gestern gesehen haben", sagte Hutin, der durch die Explosion völlig aufgewacht war.

„Ja, aber es war zu hoch."

„Das ist nur eine Proberunde, um die Reichweite zu finden. Wir werden es in ein paar Minuten heiß haben, du wirst schon sehen!"

„Und nun, Zügel an! Einhaken! Schnell!"

Im Lager herrschte sofort Bewegung, die Kanonenschützen eilten zu ihren Pferden und Protzen. Im Handumdrehen waren die Schlagbäume um die Haken hinter den Protzen gewickelt, und die Gespanne waren bereit zum Aufbruch. Wieder ertönte das Pfeifen eines sich nähernden Geschosses. Die Männer machten einfach kehrt, ohne ihre Arbeit zu unterbrechen. Jetzt begannen hochexplosive Granaten auf Marville zu fallen, und andere, die über unsere Köpfe hinwegsausten, stürzten sich auf die benachbarten Hügel, die der Feind zweifellos mit französischer Artillerie bewacht glaubte. Die Kutscher beugten sich über die Hälse ihrer Pferde, trieben die Gespanne an, und die Kolonne trabte los, um auf den Hügeln westlich der Stadt Stellung zu beziehen, die das Othain-Tal und die Hochebenen auf der anderen Seite des Flusses beherrschten, von wo aus der Feind sich näherte. Ein wahrer Hagel aus Blei, Stahl und Feuer regnete auf Marville nieder. Eine der ersten Granaten traf den Kirchturm. Von unserer Position aus war die Stadt nicht zu sehen, aber große schwarze Rauchsäulen stiegen senkrecht in den Himmel, und es bestand kein Zweifel, dass der Ort in Flammen stand. Inmitten des Kanonadengebrülls, das sich inzwischen in ein unaufhörliches Donnern verwandelt hatte, das ohne Unterbrechung auf- und abschwoll, widerhallte und rollte, war es schwierig, zwischen den Schüssen aus den feindlichen Kanonen und denen aus unseren zu unterscheiden. Nach einiger Zeit konnten wir jedoch das kurze, scharfe Bellen der 75er im Einsatz erkennen.

„Achtung! Richtschützen, vorwärts!"

Die Männer eilten zum Kapitän.

„Dieser Baum wie ein Pinsel ... vorne ..."

"Wir sehen es, Sir!"

„Das ist Ihr Zielpunkt. Platte 0, Ziffernblatt 150."

Die Männer rannten zu den Geschützen und legten sie ab. Die Gewehrläufe kamen zum Stillstand, als sie sich den Granaten näherten. Die Richtschützen hoben die Hände.

"Bereit!"

„Erste Salve", befahl der Geschützkommandant.

Die Abteilung stand außerhalb des Räderwerks des Geschützes und die Schützen bückten sich, um die Kordel zu ergreifen.

"Feuer!"

Das Gewehr bäumte sich auf wie ein aufgeschrecktes Pferd. Ich war von Kopf bis Fuß geschüttelt, mein Schädel dröhnte und meine Ohren kribbelten, als ob riesige Glocken in meiner Nähe geläutet worden wären. Eine lange Feuerzunge war aus der Mündung geschossen, und der Wind, der durch das Geschoss verursacht wurde, wirbelte eine Staubwolke um uns herum auf. Der Boden bebte. Ich bemerkte einen unangenehmen Geschmack in meinem Mund – zuerst muffig und nach ein paar Sekunden beißend. Das war das Pulver. Ich wusste kaum, ob ich es schmeckte oder roch. Wir schossen weiter, schnell und ohne Unterbrechung, die Bewegungen der Männer waren koordiniert, präzise und schnell. Es wurde nicht gesprochen, Gesten genügten, um das Manöver zu kontrollieren. Die einzigen Worte, die man hörte, waren die Entfernungsbefehle, die der Kapitän gab und die von den Soldaten Nr. 1 wiederholt wurden.

"Zweitausendfünfhundert!"

"Feuer!"

„Zweitausendfünfhundertfünfundzwanzig!"

"Feuer!"

Nach dem ersten Schuss war das Geschütz fest eingestellt, und der Richtschütze und der Feuerschütze setzten sich nun auf ihre Plätze hinter dem Schild. Beim Abfeuern prallte der Stahllauf des 75-mm-Geschützes auf die Führungen des hydraulischen Puffers zurück und kehrte dann ruhig und sanft in die Stellung zurück, bereit für den nächsten Schuss. Hinter dem Geschütz lag bald ein Haufen geschwärzter Patronenhülsen, die noch immer rauchten.

"Feuer einstellen!"

Die Kanonenschützen streckten sich im Gras aus und einige begannen, Zigaretten zu drehen.

Ein anderes Flugzeug; derselbe schwarze Falke, der sich als Silhouette vor dem blassblauen Himmel abzeichnete, der mit jedem Augenblick heller wurde.

Die Männer fluchten und schüttelten ihre Fäuste. Was für eine Tyrannei! Damit wurden wir abgewertet!

Plötzlich eröffnete die schwere Artillerie des Feindes das Feuer auf die Hügel, die wir besetzten, sowie auf einen benachbarten Wald. Es war Zeit, die Position zu wechseln, denn für uns ist der gefährlichste Moment, wenn die Gespanne herankommen und sich den Geschützen anschließen. Eine Batterie ist dann äußerst verwundbar.

Bevor der Feind seine Reichweite korrigieren konnte, gab der Major einen Befehl und wir zogen los, um eine neue Position in einer Senke auf der Ebene einzunehmen. Die weiten Felder um uns herum waren mit Stoppeln übersät, und links zogen ein paar Pappeln, die eine Straße säumten, eine grüne Linie auf die kahle Landschaft. Vor und hinter uns erstreckten sich leere Schützengräben. Marville brannte noch immer, der Rauch verdunkelte den gesamten östlichen Himmel. Die Sonne stand jetzt hoch am Himmel und warf ein blendendes Licht auf die Stoppelfelder. Wir litten schrecklich unter Hunger und Durst. Der Lärm der Schlacht schien immer lauter zu werden.

Am Fuße einiger entfernter Hügel, die am südöstlichen Horizont noch blau im Nebel schimmerten, hatte der Kapitän eine Artilleriekolonne oder einen Konvoi und große Menschenmassen auf dem Marsch bemerkt. Waren es französische Truppen oder war es der Feind? Er war sich nicht sicher. Der Nebel und die Entfernung machten es unmöglich, die Uniformen zu erkennen.

„Wir können nicht schießen, wenn es sich um französische Truppen handelt", sagte er.

Auf einem Munitionswagen stehend suchte er durch sein Fernglas den bedrohlichen Horizont ab.

„Wenn es der Feind ist, dann umzingeln sie uns ... sie umzingeln uns! Sie werden im nächsten Moment im Wald sein ... Wir werden sie nicht sehen können ... Gehen Sie und fragen Sie den Major."

Der Major war nicht besser informiert als der Captain, denn die Befehle, die er erhalten hatte, erwähnten diese Hügel nicht. Auch er benutzte sein Fernglas, konnte aber die Uniformen der sich bewegenden Massen nicht erkennen. Er murmelte:

"Wenn es der Feind ist, umzingelt er uns!"

Eilig wurde ein berittener Späher ausgesandt. Wir blieben in gespannter Spannung und nervöser Erregung.

Ein einzelner Fußsoldat hatte in der Nähe des vierten Geschützes angehalten. Er hatte weder Rucksack noch Gewehr bei sich. Wir fragten ihn:

"Verwundet?"

"NEIN."

"Wo kommst du her?"

Der Hauptmann gab ein Zeichen, den Mann zu ihm zu bringen. Der Soldat, der seine Waffen weggeworfen hatte, gehorchte nicht so schnell.

„Was sind das für Truppen dort unten?", fragte der Kapitän. „Französische?"

"Ich weiß nicht!"

"Na, woher kommst du denn?"

Der Soldat winkte mit dem Arm in einer vagen, umfassenden Geste, die den halben Horizont umfasste.

"Von da drüben!"

Der Kapitän zuckte mit den Schultern.

„Ja, aber wo sind die Deutschen? Wissen Sie, ob sie Marville nach Süden umgeleitet haben?"

„Nein, Sir … Ich war in einem Schützengraben … Und dann kamen die Granaten – riesige, schwarze … Zuerst explodierten sie hinter uns, hundert Meter oder mehr entfernt … Dann kümmerten sie uns natürlich nicht mehr. Aber bald fielen einige davon direkt auf uns … und dann rannten wir!"

„Aber Ihre Offiziere?"

Der Mann tat so, als wüsste er nichts. Mehr war nicht aus ihm herauszubekommen. Genau in diesem Moment zischte eine Granate durch die Luft, und er rannte sofort los, in gebückter Haltung. Über seine Schulter hörte ich ein paar Worte:

" *Ah! Bon Dieu de bon Dieu!* "

Die Granate explodierte auf der anderen Straßenseite, und kurz darauf explodierten drei weitere noch näher. Der Hauptmann hatte nicht aufgehört, durch sein Fernglas die zweifelhaften Truppen zu verfolgen, die inzwischen fast den Wald erreicht hatten. Wir warteten ängstlich und standen im Kreis um ihn herum.

„Ich glaube, es sind Franzosen", sagte er. „Hier, Lintier, schau mal! Du hast gute Augen."

Durch die Brille konnte ich das Rot der Hose erkennen.

„Ja, sie sind Franzosen, Sir. Aber wohin gehen sie?"

Der Kapitän antwortete nicht und ich begriff, dass unsere Armee sich erneut auf dem Rückzug befand.

Ein Granathagel ergoss sich auf das Feld hinter uns.

Das feindliche Feuer, das anfangs zu weit links und zu hoch war, kam immer näher und wurde nun, soweit es die Ausbildung erlaubte, korrigiert. Unser Leben hing von der Laune eines preußischen Hauptmanns und einer leichten Korrektur der Höhenlage ab.

Genau in diesem Moment tauchten plötzlich einige Infanterieeinheiten am Rand des Plateaus auf und zogen sich hastig zurück. Eine Kompanie des 101. Regiments war gekommen, um die Schützengräben hinter unseren Geschützen zu besetzen.

Die Luft begann erneut zu vibrieren, und weitere Granaten fielen, diesmal direkt auf uns. Ein Splitter streifte meinen Kopf und prallte gegen die Panzerung des Munitionswagens. Eine weitere Granate fiel in den

Schützengraben voller Infanterie. Eine, zwei, drei Sekunden vergingen; dann kam ein Stöhnen und ein Schrei. Ein Mann stand auf und floh, dann ein anderer und schließlich die ganze Kompanie. Mit gesenktem Kopf und gebeugten Knien eilten sie davon. Hinter ihnen schnallte ein Verwundeter hastig seinen Rucksack ab, warf ihn und sein Gewehr beiseite und humpelte schnell davon.

Ein Straßenpolizist kam mit einem Umschlag für den Major. Befehl zum Rückzug. Wir machten uns warm und zogen im Schritttempo los. In der hellen Sonne schien das Stoppelfeld mit seinen Eingeweiden aus schwarzer Erde, die durch die von den Sprenggranaten gerissenen Schnitte bloßgelegt waren, etwas von dem Grauen einer Leiche zu besitzen, die von klaffenden Wunden verstümmelt war. In der Nähe der geplatzten Stellen waren Erdklumpen in die Ferne geweht worden, und um den Rand des Lochs herum war die Erde in Form eines kreisförmigen Damms aufgeschüttet. Wir waren immer noch vom plötzlichen Tod bedroht. Jemand fragte:

„Warum machen wir nicht schneller? … Dann sind wir erledigt!"

Aber ich glaube, wir waren uns alle bewusst, dass der Fatalismus – der, wie ich glaube, der Anfang des Mutes ist – uns erfasst hatte. Der Feind feuerte, ohne uns zu sehen, und seine Granaten schienen wie Schicksalsschläge, die vom Himmel herabfielen. Warum hierhin und nicht dorthin? Wir wussten es nicht, und der Feind wusste es ganz sicher auch nicht. Wozu also Eile? Der Tod konnte uns genauso gut ein Stück weiter einholen. Eile war also sinnlos; absolut sinnlos … Vorne ritten unsere Offiziere, Ferse an Ferse, und redeten.

In dem Graben, in dem die Granate gerade explodiert war, blieb ein einzelner Soldat zurück. Er lag mit dem Gesicht nach unten auf einem Strohhaufen, den er sich zur besseren Bequemlichkeit unter den Leib geklemmt hatte. Aus einer Wunde in seinem Rücken sickerte Blut und hinterließ große schwarze Flecken auf dem Tuch, und das Stroh unter ihm war purpurrot gefärbt. Ein weiterer Splitter hatte ihn im Nacken getroffen; sein Käppi war heruntergefallen und sein Gesicht war im Stroh vergraben. Alle Augen waren auf ihn gerichtet, als wir vorbeikamen, aber es wurde kein Wort gesagt. Was kann man über eine explodierende Granate oder einen Toten sagen?

Eine weitere Niederlage! Genau wie 1870! … Genau wie 1870! Wir waren alle von demselben lähmenden Gedanken besessen.

"Sie sind teuflisch stark! Sehen Sie sich das an!", sagte Déprez und deutete auf das Plateau, wo man, so weit das Auge reichte, Schwärme französischer Infanterie auf dem Rückzug sah. Latour, sechs Stunden Kampf; heute kaum mehr. Wieder geschlagen! O Gott!

Wir empfanden eine blinde Wut auf die Zurückgebliebenen. Letzten Samstag, als wir bei der Weide im Einsatz waren, wichen wir nicht zurück.

In der Ferne, in Richtung Marville, zogen Artilleriekolonnen über die kahlen Felder. Eine blau-rote Schwadron wirbelte Staubwolken auf. Bis zum Horizont waren unter der sengenden Sonne Infanteriewellen zu sehen, die immer schwächer wurden, aber noch immer zu erkennen waren, staubbedeckte Kavallerie und schwarze Artillerielinien. Die Kanonen hatten aufgehört zu dröhnen, und es herrschte absolute Stille. Die ausgedörrte und heiße Erde stieß einen Dampf aus, der den Bewegungen der Männer zu folgen schien. Es war fast so, als hätte das gesamte Plateau begonnen zu marschieren.

In Remoiville stießen wir auf ein schönes Schloss aus der Zeit der Frührenaissance mit strengen Reihen langer Terrassen und hohen Türmchen, über denen eine weiße Fahne mit einem roten Kreuz wehte. Im Dorf war keine Menschenseele zu sehen. Türen und Fenster waren alle geschlossen. Ein paar Hühner scharrten auf einem Misthaufen herum, und ein Schwein, das zwei Kanonenschützen in einem kleinen, von Abfällen schwarzen Stall schlachteten, stieß durchdringendes und misstönendes Quieken aus. Und doch standen auf der Schwelle eines der letzten Häuser, einer elenden Ruine, in deren schattigen Inneren wir einen Blick auf einen lackierten Kleiderschrank erhaschen konnten, zwei alte, vom Alter gebeugte Frauen, die uns beim Vorbeigehen mit Augen beobachteten, die unter ihren gefurchten Lidern kaum zu erkennen waren. Nur ihre Finger bewegten sich. Ihr stiller und starrer Blick, scharf wie eine Stahlklinge, verfolgte uns wie ein Vorwurf. Oh, wir kennen es gut, die bittere Reue eines Rückzugs! Ein tiefes Schamgefühl bedrückte uns, als wir durch diese Dörfer marschierten, die wir nicht beschützen konnten und die wir der Wut des Feindes überließen. Die Dinge in ihnen nahmen einen beinahe menschlichen Ausdruck an; die Fassaden der verlassenen Häuser zeugten von niedergeschlagenem Leiden. Einbildung, ohne Zweifel! Nur Einbildung – aber dennoch eine ergreifende und lebhafte Einbildung, denn morgen könnten all diese Dörfer brennen und wir würden von unserem Lager auf den Hügeln aus die Felder und Hütten in Flammen sehen, wenn die Sonne unterging.

Es scheint, dass die Alliierten die Deutschen im Norden und im Elsass geschlagen haben. Das sagen jedenfalls die Kommunal- und Armeebulletins, die wir manchmal erhalten. Wie kommt es dann, dass uns dieser schreckliche Vorwurf von Dingen und Menschen auferlegt wird, die wir gegen einen zahlenmäßig weit überlegenen Feind nicht verteidigen können?

Wir warteten einige Zeit in Remoiville und machten uns dann auf den Weg über den Fluss, der nur eine Brücke hatte. Die Überquerung verlief in guter Ordnung. Dann begann der Rückzug des 4. Armeekorps auf der einzigen

Straße durch das Talland, wo sich dunkelgrüne Wälder mit frischem Weideland abwechselten.

Der westliche Horizont wurde von einer langen Reihe blauer Hügel mit prächtigen Umrissen begrenzt. Zweifellos wollten die Franzosen auf diesen Hügeln Halt machen und sich verschanzen.

Rechts der Straße setzte sich die endlose Prozession der Artillerie und Konvois fort: Geschütze aller Kaliber, Munitionswagen, Futterwagen, Karren, Versorgungs- und Lagerfahrzeuge, Divisions- und Korps-Lazarette und Bauernkarren voller blutender Verwundeter, deren Köpfe manchmal in blutrote Turbane gehüllt waren. Links marschierte die Infanterie in guter Ordnung nebeneinander die Straße entlang, die bereits stark zerfetzt war. Vor uns rollte eine 120-mm-Batterie. An einem der Korporale hing ein halbes Schaf aus dem Sattel.

Die 10. Batterie hatte alle Geschütze verloren, denn als die Infanterie gegen ein Uhr jeden Widerstand aufgab, konnten die Kanonenschützen nicht mehr protzen, da das feindliche Feuer die Gespanne fast völlig vernichtet hatte. Hauptmann Jamain war von einem Granatsplitter am Oberschenkel getroffen worden. Wir erblickten ihn, wie er ausgestreckt auf einem Heuwagen zwischen den verwundeten Fußsoldaten lag.

Der Wald, sehr dicht und trotz der sengenden Sonne sehr dunkel, dämpfte das Stampfen der marschierenden Infanterie und das Rumpeln der Räder.

In den Gräben standen einige Pferde mit Hufrehe, die Köpfe hingen herab, und ihre halbgeschlossenen Augen waren glasig vor Erschöpfung. Ab und zu stieß ein Rad an sie, aber sie rührten sich keinen Zentimeter. Sie legten sich einfach hin, um zu sterben.

Wie sich jedoch herausstellte, hatte das 4. Armeekorps nicht vor, den Feind auf den Hügeln zu erwarten, die in einer Reihe von Höhenzügen die Ebene und den Wald beherrschten. Jemand sagte mir, dass Ruffeys gesamte Armee hinter die Maas zurückfiel. Der allgemeine Rückzug ging weiter entlang der Autobahn, aber unsere Gruppe bog auf eine Nebenstraße ab, die zuerst zu einem von Truppen wimmelnden Dorf führte und dann im Zickzack den bewaldeten Hügel hinaufführte.

Wir begannen den Aufstieg. Der Himmel hatte sich plötzlich bewölkt, und die Luft wurde schwül. Ein paar Regentropfen fielen. Die Hauptstraße unten, auf der die Flut der zurückweichenden Truppen unaufhörlich zwischen den Pappeln, die sie zu beiden Seiten säumten, dahinströmte, sah aus wie ein Kanal, der mit schwarzem Wasser gefüllt und von einer langsamen Strömung bewegt wurde.

Die Kolonne hielt an, und wir keilten die Räder vorsichtig fest. Die Männer waren müde, und es wurde kaum ein Wort gesprochen. Die Stille wurde nur durch das Klirren der Kinnketten unterbrochen, als die Pferde ihre Hälse reckten, und durch das Prasseln des Regens auf den Blättern.

Wir gingen noch etwa hundert Meter weiter und blieben an der nächsten Straßenbiegung wieder stehen. Ein mit Bettzeug beladener Bauernkarren, auf dem eine Frau – offensichtlich schwanger – und eine alte Dame saßen, beide unter einem großen Regenschirm Schutz gesucht, versuchte, an der Kolonne vorbeizukommen. Aber mehrere Munitionswagen, deren Räder schlecht gesichert waren, waren nach hinten gerutscht und versperrten den Weg. Ein Mädchen lenkte den schweren Karren, der von einer trächtigen Stute zwischen den Deichseln und einem Fohlen vorne, das in alle Richtungen zog, mühsam den Hügel hinaufgezogen wurde. Sowohl das Mädchen als auch die Tiere blieben tapfer bei ihrer Aufgabe.

„Nun denn, komm herauf!"

Die Stute warf sich ins Kummet, und mit unserer Hilfe erreichten sie schließlich die Spitze der Kolonne, von wo aus der Weg frei war. Das Mädchen hielt den Karren einen Augenblick an und streichelte die Nase des schweren Tieres, aus dessen Hinterteilen Dampf in Wolken aufstieg. Wir wechselten ein paar Worte.

„Wohin gehst du?"

„Das wissen wir nicht. Jedenfalls müssen wir die Maas überqueren... Wir sind auch spät dran. Alle, die gehen mussten, sind heute Morgen gegangen, als wir die Schüsse zum ersten Mal hörten. Aber wir taten es nicht; wir dachten, wir würden noch ein wenig warten und sehen, was passiert. Aber schließlich mussten auch wir gehen. Das ist doch das Beste, nicht wahr?"

„Ja", sagten wir ihnen, „Sie sollten lieber gehen."

„Und die Deutschen sind vollkommene Wilde, nicht wahr?"

"Ja."

„Sie werden unsere Häuser niederbrennen ... wenn wir zurückkommen, werden wir nichts vorfinden – nichts als Asche. Oh, es ist schrecklich! ... Könnt ihr sie nicht alle töten?"

„Wenn wir das nur könnten!..."

„Nun komm herauf, altes Mädchen!"

Der Wagen fuhr weiter.

„Viel Glück!", rief das Mädchen über ihre Schulter.

„Danke – viel Glück!"

Nahe der Spitze des Hügels befand sich eine große Waldlichtung, von der aus der Wald wie ein prächtiger Mantel erschien, der über die Schultern der benachbarten Bergkämme geworfen war, ihre Kanten abrundete und ihre Umrisse milderte. Von diesem Punkt aus konnten wir die gesamte Woevre-Ebene sehen, die wir gerade überquert hatten, sowie Remoiville und das Plateau von Marville, wo sich die dunkle Pappelreihe, in deren Nähe wir am Morgen aktiv gewesen waren, scharf von den kahlen Feldern abhob.

Hier, auf einem Feld, auf dem der Hafer erst halb gemäht war, bereiteten wir uns darauf vor, auf den Feind zu warten. Unsere Aufgabe war es, den Rückzug des 4. Armeekorps zu decken, der sich noch immer auf der Hauptstraße fortsetzte, auf der jetzt eine endlose Kolonne von Pariser Omnibussen vorbeifuhr. Der Himmel hatte sich bedeckt, und die schweren Wolken, die sich hinter uns im Westen zusammentürmten, drohten, das Tageslicht zu verkürzen.

Um unsere Anwesenheit nicht zu verraten, rückten wir um den Waldrand herum vor und hielten schließlich am Rande des abschüssigen Waldes hinter einigen Baumgruppen, die gute Deckung boten. Wir spannten die Pferde und Protzen aus und stellten sie vor den Hintergrund des Laubes, von dem sie aus großer Entfernung zu sein schienen. Wir hofften auf einen ruhigen Abend, zumal der nächste Tag wahrscheinlich sehr anstrengend werden würde. Die beiden Batterien, die derzeit die Gruppe bildeten, das heißt nur sieben Kanonen, mussten den Feind lange genug aufhalten, um den Rückzug des Armeekorps sicherzustellen. Aber wir kümmerten uns kaum um den nächsten Tag, da wir zu müde waren, um nachzudenken oder zu überlegen.

Wir mussten die Pferde noch zum Teich im Dorf am Fuße des Hügels bringen und machten uns auf den Weg einen steilen und schmalen Pfad durch den Wald hinunter. Die einzige Straße des Weilers war noch immer voller Truppen. Durch das offene Fenster des Bürgermeisterhauses sah ich General Boëlle. Er sah ernst, aber nicht besorgt aus, und ich suchte vergeblich nach einem Anzeichen von Unbehagen in seinem Gesichtsausdruck.

Infanteristen hatten ihre Waffen auf beiden Seiten der Straße vor den Häusern aufgestapelt. Eine Flagge lag in einem Etui auf zwei Stapeln. Vor der Tür des Pfarrhauses drängten sich mindestens zweihundert Männer und hielten ihre Wasserflaschen in die Höhe. Der Pfarrer, so schien es, gab ihnen seinen ganzen Wein. Einige Jäger standen mit über den Armen hängenden

Zügeln da und warteten auf Befehle. Sie rauchten, mit dem Rücken zur Kirchenwand. Ich hörte einige ihrer Gespräche.

„Also ist Mortier tot, oder?"

„Ja. Ich habe eine Kugel im Bauch."

"Was hat er gesagt?"

"Nicht viel... Er sagte: ‚Sie haben mich!' und legte sich hin und hielt sich mit beiden Händen den Bauch. Er rollte sich von einer Seite auf die andere und sagte: ‚Ah-aa-ah! Sie haben mich!' Sein Pferd, Balthazar, schnüffelte an ihm. Er hatte die Zügel nicht losgelassen ... hielt sie immer noch, genau wie ich diese hier halte, über seinem Arm. Ich hörte ihn sagen: ‚Armer alter Junge!' Er war ganz zusammengekrümmt und stöhnte und keuchte ‚auf-auf!' und dann streckte er sich plötzlich ganz lang aus... Noch ein Chasseur weniger! Sein Gesicht war kein schöner Anblick und ich schloss ihm die Augen. Dann brach ich einen Ast von einem Baum ab und bedeckte sein Gesicht damit, so wie ich es gerne hätte, wenn jemand mit mir täte, wenn ich unterginge... Irgendwie muss man die Toten zudecken... Danach kam ich mit Balthazar zurück."

Als wir den Hügel wieder hinaufgestiegen waren und unsere Lichtung wieder erreicht hatten, waren viele der Fußsoldaten bereits gegangen, während andere ihre Rucksäcke festschnallten und ihre Waffen auspackten. Wir wurden informiert, dass nur ein Bataillon dort bleiben und uns unterstützen sollte. Ich fragte mich, welcher schreckliche Angriff uns am nächsten Tag bevorstehen würde.

Ein Hauptmann der Infanterie sprach Astruc an, der auf dem großen Pferd von Leutnant Hély d'Oissel saß.

"Hallo, Schütze!"

"Herr?"

„Na, wenn das nicht Tortue ist, bin ich erledigt!"

„Tortue, Sir? Wer ist Tortue?"

„Aber das Pferd, das ich verloren habe. Das ist er! Da kann es keinen Irrtum geben. Steigen Sie jetzt schnell ab und übergeben Sie ihn!"

Astruc protestierte:

„Aber, Sir, dieses Pferd gehört unserem Leutnant! Ich muss es ihm zurückbringen. Was würde er mir sagen!"

„Also, ich sage dir, du sollst absteigen. Ich nehme an, ich kenne meinen eigenen Sattel, oder? Und Tortue ... sie kennt mich ja ... So! Du siehst, es besteht kein Zweifel. Es ist tatsächlich Tortue, meine Stute, die ich in Ethe verloren habe."

„Aber, Sir, das ist ein Pferd und keine Stute."

Der Beamte untersuchte das Tier genauer.

„Oh! Ah! Aber ja, das stimmt! Das ist ja merkwürdig ... höchst außergewöhnlich! Ich hätte schwören können, dass es Tortue war ..."

Die Nacht brach herein, der Nebel hüllte die Bäume rund um die Lichtung ein. Unter den schwarzen Wolken flog ein weiteres Flugzeug vorbei, das noch schwärzer war als sie. Konnte der Pilot uns zu dieser Stunde sehen? Wenn ja, konnten wir bei Tagesanbruch mit einem Granatenhagel rechnen. Die Maschine schwankte und schaukelte am Himmel über der Lichtung, denn der Wind war aufgekommen und blies in Böen aus Westen.

Wir hatten etwas geschnittenen Hafer um die Gewehre gestreut, da die Nacht kühl war und es nach Regen aussah. Der Wind, der zu einem Sturm auffrischte, hüllte uns fest in unsere Mäntel und schien fast die Männer selbst zu bewegen. Auf der Ebene, auf die unsere Gewehre gerichtet waren und die bald von der undurchdringlichen Dunkelheit vor uns eingehüllt wurde, war kein Licht irgendeiner Art zu sehen. In einer Ecke schnitt die Lichtung in den Wald hinein, und hier, wo das dichte Unterholz sich wie eine schwarze Wand auf beiden Seiten erhob, durften wir ein Feuer anzünden. Der Wind blies in Böen auf die Flammen, die er zuerst fast löschte und dann wieder entfachte, wodurch die Schatten der Männer phantastisch auf dem Boden flackerten.

Ich war völlig erschöpft – Artilleriefeuer macht einen unwiderstehlich schläfrig – und außerdem ziemlich hungrig. Da ich nicht den Mut hatte, zu warten, bis das Fleisch gar und der Kaffee fertig war, verschlang ich meine Ration Rindfleisch roh und streckte mich im Hafer hinter dem Munitionswagen aus, wo ich vor dem Wind geschützt war.

Mittwoch, 26. August

Der Weckruf kam im Morgengrauen, und als wir aufwachten, sahen wir, dass dichter Nebel die Batterie umhüllte. Wir waren vom Tau durchnässt, und unsere tauben, geschwollenen Glieder bewegten sich ruckartig und mühsam. Das unsichere Halbdunkel weckte in uns ein Gefühl der Angst und Furcht, das wir, da wir noch immer schlaftrunken waren, nur schwer abschütteln konnten.

In unsere Mäntel gehüllt und regungslos um die Geschütze herumstehend, hatten wir Muße, unsere Lage auf dieser Lichtung mitten im Wald zu untersuchen. Auf der rechten Seite war unseren Offizieren zufolge nicht bekannt, ob sich dort französische Truppen befanden. Auf dieser Seite erstreckte sich der Wald ununterbrochen von den von uns besetzten Höhenzügen bis nach Remoiville. Auf der linken Seite sollten die Bewegungen des 4. Armeekorps durchgeführt werden. Es heißt, dass ein Armeekorps normalerweise zehn Stunden braucht, um einen Rückzug auf einer einzigen Straße durchzuführen. Und dieser Rückzug war bereits seit mehr als fünfzehn Stunden im Gange.

Unsere Position auf der Lichtung war an sich schon schwierig und konnte, wenn sich der Nebel nicht lichtete, durchaus gefährlich werden. In einer Entfernung von fünfzig Metern von den Kanonen war nichts zu erkennen, und der Feind konnte in die Ebene vorrücken, die zurückweichende Armee bedrohen und uns überraschen.

Rund um uns herum waren also die Wälder und ihre Schatten, das Unbekannte und Unerwartete. Vor uns der Feind, im Nebel verborgen; hinter uns die Maas; überall Gefahr.

Besonders beunruhigend war der Gedanke an die Maas. Wenn wir uns unsererseits zurückziehen mussten, konnten die Deutschen, denen auf der rechten Seite nichts entgegenzusetzen war, vor uns den Fluss erreichen. Möglicherweise würde keine einzige Brücke mehr stehen. Wir mussten uns vielleicht für die Verteidigung der Armee opfern.

Die Stunden zogen sich dahin. Der Nebel schien sich an den Flanken der der Maas zugewandten Hügel zu sammeln, von wo ihn der Westwind in dünnen, schleppenden Wolken herüberwehte, die sich allmählich über die Hügelkämme wanden, auf uns zuschwebten, unsere Batterien für einen Augenblick einhüllten und dann langsam auf die Ebene herabsanken.

Ich habe diese Notizen auf meinen Knien geschrieben, mit dem Rücken an den Messingböden der Granaten im Munitionswagen gelehnt, der wie ein Kleiderschrank geöffnet war. Die Männer standen herum, rauchten und warteten auf Befehle.

Endlich, gegen acht Uhr, schien die Sonne über die Bergkuppe, und der Nebel begann sich wie eine Art undurchdringlicher Schleier vor uns zu lichten. Einer nach dem anderen kamen die Bäume wieder zum Vorschein, nur die Wipfel der höchsten blieben in den Nebel gehüllt. Nichts regte sich.

Die Straße, gestern noch schwarz von Menschen und Pferden, erschien jetzt vollkommen weiß zwischen den taufeuchten und unter den ersten Strahlen der Morgensonne leuchtend grünen Wiesen.

Wir lagen flach auf der Brust im Gras vor unseren Gewehren, auf einer Art natürlicher Terrasse zwischen den Steinen, die den Hang hinabführten, und ließen unseren Blick über die Ebene schweifen. Nach einer Weile schien sich alles zu bewegen, und man musste sich anstrengen, um die Illusion zu zerstreuen.

Die Männer sagen, wir müssten vielleicht zwei Tage hier bleiben. Das ist doch nicht möglich? Jemand behauptete, er habe die Anweisungen eines Generals an den Major gehört:

„Sie bleiben dort", sagte er, „solange die Lage haltbar ist. Ich verlasse mich auf Ihren Instinkt als Artillerist."

Ein anderer Mann unterstützte den ersten Redner.

„Ja, das stimmt. Er sagte: ‚Solente, ich verlasse mich auf deinen Instinkt als Artillerist.' Ich habe ihn selbst gehört."

Wir haben auch gehört, dass die Auseinandersetzung vom letzten Samstag als Schlacht von Ethe in die Geschichte eingehen wird.

„Nein", sagte ein anderer. „Man wird es die Schlacht von Virton nennen."

„Ethe, Virton! ... Was zum Teufel ist es wichtig, wie es heißt. Da wir uns zurückziehen mussten! ..."

"Oh ja, aber trotzdem", sagte der Trompeter, "wir sollten es wissen. Angenommen, Sie kehren zu Ihren Leuten zurück und sie fragen Sie, an welchen Einsätzen Sie teilgenommen haben. Sie werden antworten: ‚Ich habe in Belgien gekämpft.' ‚Ja', werden sie sagen, ‚aber Belgien ist groß – größer als unsere Gemeinde! Waren Sie in Lüttich, Brüssel oder Kopenhagen?' Sie würden wie ein dummer Idiot dastehen!"

Der andere zuckte mit den Schultern.

Mithilfe eines Bajonetts öffneten wir eine Kiste mit Rinderhack für uns vier und machten uns an die Arbeit. Das einzige Geräusch war das Beil eines der Männer, der eine kleine Birke fällte, die möglicherweise das Feuer seines Gewehrs stören könnte.

Die Stille war zu intensiv, die Unbeweglichkeit der Landschaft zu vollkommen. Der Feind war da. Wir hörten und sahen ihn nicht, aber das machte ihn nur noch bedrohlicher. Die ungewohnte Ruhe, als wir uns zum Kampf bereit gemacht hatten, war erschreckend und unsere Nerven waren überanstrengt.

Ich nahm an, dass der Rückzug des 4. Armeekorps zu diesem Zeitpunkt abgeschlossen war. Die Zeit verging, und die französische Armee fiel immer noch zurück, während der Feind vorsichtig vorrückte und sich seinen Weg durch die Wälder bahnte.

Plötzlich, gegen zwei Uhr, begann ganz in der Nähe im Wald ein Maschinengewehr zu knattern. Ein Reiter galoppierte durch die Lichtung und zog neben dem Major die Zügel an. Wir machten uns sofort locker.

War unser Rückzug abgeschnitten? Das Stakkato-Geknatter des Maschinengewehrs wurde jetzt von zeitweiligem Gewehrfeuer begleitet. Wir mussten die Lichtung diagonal überqueren, um einen Waldweg zu erreichen. Ganz ruhig und entschlossen, unsere Gewehre zu schonen, machten wir sie bereit. Aber die Kolonne überquerte das dichte Feld, ohne dass wir eine einzige Kugel hörten, und wir erreichten den Wald in Sicherheit. Wir mussten uns beeilen, denn die Straße, selbst wenn sie noch offen war, konnte jeden Moment gesperrt werden.

Sie beugten sich über die Hälse der Pferde, um den tief hängenden Ästen auszuweichen, die die Pferde aus dem Sattel zu reißen drohten, und schätzten mit dem Auge den schmalen Durchgang zwischen den Bäumen ab. Dann trieben die Fahrer ihre Gespanne mit Peitsche und Sporen vorwärts.

Die Straße war noch offen... Wir erreichten Dun-sur-Meuse, wo wir den Fluss überqueren mussten. Der Kapitän versammelte die Unteroffiziere:

„Die Brücke ist vermint. Weisen Sie Ihre Fahrer an, auf die Säcke auf beiden Seiten der Brücke aufzupassen. Sie sind voller Melinit.“

Um uns durchzulassen, warfen die Pioniere einige Bretter über die Grube, die sie in der Mitte der Brücke ausgehoben hatten.

Die hintersten Fahrzeuge der Kolonne waren noch keine zweihundert Meter über die Maas vorgerückt, als uns eine laute Explosion auf unseren Sitzen erschütterte. Die Brücke war gerade gesprengt worden. Hinter uns kräuselte sich eine große weiße Rauchwolke in dichten Voluten und verhüllte die halbe Stadt.

Als wir mit unseren Gewehren in Doppelkolonne auf einem Feld standen und auf Befehle warteten, rief jemand:

"Da ist der Postmeister!"

"Zu guter Letzt!"

„Briefe! Briefe! Ein Mann für jede Waffe!“

Acht Tage lang warteten wir auf Neuigkeiten und jeder zog sich ein wenig zur Seite zurück, um beim Lesen allein zu sein.

Es scheint sicher, dass die Schlacht vom Samstag, dem 22., als die Schlacht von Virton in die Geschichte eingehen wird.

Donnerstag, 27. August

Es hatte die ganze Nacht geschüttet, und als wir aufstanden, regnete es immer noch. Der Gedanke an all das Elend, das ein solches Wetter unweigerlich verursachen musste, verdarb uns die Genugtuung, uns nach zehn Stunden herrlichen Schlafs in einer gut verschlossenen Scheune fit und frisch zu fühlen. Unsere Pferdedecken wie Kapuzen über den Kopf geworfen und an unseren Waden flatternd, marschierten wir schweigend und in verstreuter Ordnung die aufgewühlte Straße entlang, unsere Füße schlurften im Schlamm, und erreichten schließlich im strömenden Regen den Park wieder.

Die Pferde, regungslos, vom Wasser glänzend, aber resigniert, versuchten unablässig, ihre Schwänze dem Regen zuzuwenden. Den Stallposten war es gelungen, Feuer anzuzünden, aber sie mussten neue Feuerstellen graben, denn die vom Vortag waren überschwemmt und schwarze Stücke verkohlten Holzes schwammen darin.

Die Mäntel der Männer wehten und hingen schwer in steifen Falten von ihren Schultern. Einige hatten ihre Capes hochgeschlagen, um ihre Köpfe zu schützen. Die Kanonenschützen standen rundherum und hielten ihre roten Hände ins Feuer.

„Verdammter Regen! Noch zwei Tage wie dieser und wir kriegen alle die Ruhr!“

„Ich würde lieber daran sterben, als von einer Granate getötet zu werden“, sagte Hutin.

„Es hat keinen Sinn, Kaffee zu kochen“, brummte Pelletier. „Das Feuer gibt keine Wärme ab … Das würde Stunden dauern.“

„Es ist das Holz, das nicht brennt. Es raucht nur.“

„Blas drauf, Millon!“

Wir stellten unsere Schuhsohlen zum Trocknen in die Hitze. Der Regen zischte und spie ins Feuer.

„Trotzdem“, sagte der Trompeter, „wäre es nicht so weit gekommen, wenn man uns nicht verraten hätte!“

Ich wurde wütend.

„Verraten! Ich habe darauf gewartet, dass jemand damit herausrückt!"

„Nun, ich meine es ernst: verraten! Ich habe gestern davon gehört … Es war ein General, der die Armeepläne übergeben hat. Ich weiß, wovon ich rede!"

„Puh! Lagerklatsch!"

„Ich habe dasselbe gehört", bestätigte ein anderer.

„Einfach Lagerklatsch! Von dem Moment an, als wir verprügelt wurden, musste das früher oder später passieren. Wenn Sie geschlagen werden, dann deshalb, weil Sie verraten wurden! Die Franzosen können nicht die Schwächeren sein! Herrgott, nein! Das ist natürlich unmöglich! Aber Sie wissen, dass uns fünf deutsche Armeekorps gegenüberstehen. Das macht zwei zu eins … Nein … na ja, egal. Selbst mit zwei zu eins können wir nicht geschlagen werden, oder? Und wenn doch, fangen wir sofort an, über Verrat zu jammern! Waren Sie es nicht, der immer sagte, dass Langle de Carys Armee kommen und uns helfen sollte? Wie? Nun, das liegt einfach daran, dass Sie sich nicht stark genug fühlen, um es allein mit den Boches aufzunehmen."

„Trotzdem gibt es natürlich Verräter", sagte der Trompeter mit einem weisen Kopfnicken. „Es hat immer Verräter gegeben und wird immer welche geben, die Frankreich verkaufen wollen."

„Idiot!", sagte Hutin gebieterisch.

Fast alle meine Kameraden dachten wie ich. Ein paar gut ausgerüstete Verstärkungen hätten uns die Oberhand verschaffen können. Auch allein, hier hinter der Maas, hätten wir es geschafft, den Feind aufzuhalten.

Außerdem hatte sich uns in den Tagen der Niederlage, die wir gerade durchlebt hatten, ein bewegendes Bild unseres Landes offenbart! Eine Armee, die sofort siegte, kann die Tiefen des Patriotismus nicht ergründen. Man muss gekämpft, gelitten und gefürchtet haben – und sei es auch nur für einen Moment –, es zu verlieren, um zu verstehen, was einem das eigene Land wirklich bedeutet. Es ist die ganze Freude des Daseins, die Verkörperung all unserer sichtbaren und unsichtbaren Freuden und der Mittelpunkt all unserer Hoffnungen. Nur es macht das Leben lebenswert. All dies vereint und personifiziert in einem einzigen leidenden Wesen, das durch den Willen von Millionen Einzelnen gezeugt wurde – das ist Frankreich!

Wenn man sie verteidigt, verteidigt man sich selbst, denn sie ist der einzige Grund für die Existenz, für das Leben. Man würde lieber auf der Stelle tot umfallen, als Frankreich verloren zu sehen, denn das wäre schlimmer als der Tod. Jeder Soldat spürt diese Wahrheit, entweder vage oder deutlich und klar, je nach seiner Wahrnehmungs- und Zuneigungskraft.

Und doch wird im Lager nie über diese Dinge gesprochen. Der Grund dafür ist, dass Worte, die in Friedenszeiten diese tieferen und feineren Gefühle allzu oft durch ihre grobe Grandiosität verschleierten, heute unerträglich wären. Diese Leidenschaft, denn es ist eine Leidenschaft, liegt tief im Herzen, zusammen mit anderen heiligen und innersten Gefühlen, denen man nach außen Ausdruck verleihen würde, wäre beinahe eine Entweihung.

„Los, jetzt! Anschnallen! Anhaken! Los geht's."

Der Regen hatte den Männern die Laune verdorben.

„Also gut! Passen Sie doch auf Ihr Pferd auf, oder? Sie hätten uns umbringen können!"

„Binden Sie Ihre Pferde los, damit wir die Streikposten erreichen können, ja? … Also gut, verdammt, ich mache das selbst."

„Das ist ein dummer Narr! Ein guter Ort, um ein Fohlen anzubinden – das Rad eines Munitionswagens. Er zerreißt den Hafersack. Zieh ihn runter, kannst du nicht?"

Cramone bedrohte sein Team mit der Peitsche und wiederholte zum zwanzigsten Mal:

„Ich werde euch beibringen, wie ihr euch zu benehmen habt, ihr Bestien!"

„Wieder ein Teller ist verloren gegangen", rief Millon. „Wer ist der Idiot, der ihn gestern nicht aufgehoben hat?"

„Könnt ihr eure verdammten Maultiere nicht ein bisschen zurückziehen? … Wir können uns nicht aufwärmen … So einen Idioten habe ich noch nie gesehen! …"

Die Männer trieben und zerrten an ihren Pferden, die im Wind hin und her zogen, in dem vergeblichen Versuch, den Regen davon abzuhalten, ihnen in den Ohren zu stechen. Bréjard verlor die Fassung.

„Herrgott, was für ein Durcheinander! Könnt ihr eure Pferde nicht gerade halten? … Seht euch den Leithengst an! … Merkt ihr nicht, dass er sich verheddert hat? …"

„Ich dachte, wir würden uns heute ausruhen!"

„Ich nehme an, die Deutschen ruhen sich aus, oder?"

Der Start war beschwerlich. Die Räder der Fahrzeuge waren über Nacht immer tiefer in den aufweichenden Boden eingesunken und immer wieder rutschten die Hufe der Pferde am Hang aus.

Auf der Straße angekommen verfiel die Batterie in einen Trab, wobei der Schlamm in Spritzern unter den Hufen der Pferde hervorspritzte. Einige der Kanonenschützen, die von Koliken befallen waren, blieben in den Gräben stehen und liefen dann, immer noch ihre Hosen zuknöpfend, neben der Kolonne her, um deren Fahrzeuge einzuholen.

Wir wollten eine starke Artilleriestellung auf den Höhen des Maastals ausbauen. Von den Hügeln bei Stenay drang der Lärm der Kanonen in Böen zu uns, und in einiger Entfernung, über den Wäldern, konnten wir die Granatsplitter explodieren sehen. Der Regen hatte aufgehört, und der Himmel, der eben noch dunkel gewesen war, klarte plötzlich auf und nahm einen gleichmäßig hellgrauen Farbton an.

Auf einer Wiese am Straßenrand hatten einige Bauern, die vor der Invasionswelle geflohen waren, ihr Nachtlager aufgeschlagen. Ein großes grünes Vordach schützte ihren Karren und bildete zugleich ein Zelt. Zwei Deichseln ragten aus dem vorderen Teil und zeigten gen Himmel. Ein alter Mann und zwei Frauen – beide schwanger – mit einem halben Dutzend Kindern, die sich an ihre Röcke klammerten, sahen uns vorbeigehen.

Die Straße stieg steil an, und die Kolonne verlangsamte ihr Tempo zu einem Schritt. Ich hörte eine der Frauen zu dem alten Mann sagen, während sie ihm mit dem Ellenbogen einen Stoß gab:

„Weiter, Vater!"

Der alte Mann zögerte, aber sie bestand darauf:

„Das musst du!"

Er schien sich entschieden zu haben und kam auf uns zu, wobei er von einem Bein auf das andere trat. Dann murmelte er mit rotem Gesicht:

„Nein! Das kann ich in meinem Alter nicht verlangen!"

Er wollte gerade gehen, aber wir haben ihn aufgehalten.

„Worum bitten, alter Junge?"

„Für ein Stück Brot, wenn du welches übrig hast. Es ist für die Kinder!"

„Ja, natürlich haben wir das! Wir essen nie alles auf!"

Tatsächlich bekommen wir selten genug Brot. Die Laibe müssen aussortiert werden, und wenn die schimmeligen Teile weggeworfen werden, ist die Ration meist mehr als halbiert. Der alte Mann ging neben der Protze her, während die Männer in ihren Taschen suchten.

"Hier sind Sie ja!"

Zwei fast frische Brote wurden ihm hingehalten.

„Mit einer Zwiebel und einem guten Gebiss sind sie essbar!"

„Danke… vielen Dank… aber ich fürchte, Sie werden selbst zu wenig haben!"

„Oh nein! Das ist schon in Ordnung, alter Junge! Wir bekommen doch jeden Tag einen Wagen voll davon!"

Er machte sich davon, unter jedem Arm ein Brot. Ich sah, wie er die Schultern hochzog und sich mit dem Ärmel seines Mantels die Augen trocknete.

In der Ferne explodierte plötzlich über den dunklen Wäldern ein Hagel von Granatsplittern.

„Schweine!", knurrte Millon zwischen den Zähnen. Er hatte sein Brot aufgegeben.

Er schüttelte dem Feind seine Faust.

Als wir in Position waren, um das Hochland am rechten Maasufer zu durchkämmen, trockneten wir uns in der Sonne.

Am Nachmittag erschienen am Rande eines entfernten Waldstücks einige Reiter, vermutlich Ulanen. Eine Breitseite Granaten zwang sie rasch wieder in Deckung zu gehen.

Freitag, 28. August

"Alarm!"

"Was?"

„Komm, steh auf!"

"Wie viel Uhr ist es?"

„Weiß nicht… Es ist noch dunkel."

„Na gut, dann stehen wir auf. Hutin, komm, steh auf!"

Ich schüttelte Hutin, der als Antwort knurrte:

„Alles klar! Oh, Herr, ich habe mich dort so wohl gefühlt!"

Das Geräusch von schlurfendem Stroh erfüllte die Scheune.

„Wie spät ist es?", wiederholte jemand.

„Pass auf! Da fehlt eine Sprosse auf der Leiter."

Geräusche von Füßen, die über die Leiter scharren. Ein Fluch.

"Hol die Laterne!"

"Wo ist es?"

"Hängt hinter der Tür."

Die Männer tasteten nach ihren Habseligkeiten.

„Mein Käppi!"

„Verdammt, wenn ich die Laterne finde! Komm und hilf, kannst du nicht?"

„Es kann doch noch nicht zwei Uhr sein."

„Kommen Sie jetzt, beeilen Sie sich", rief ein Sergeant und öffnete die Tür. „Schläft sonst noch jemand?"

Niemand antwortete. Draußen war es sehr kalt und die Nacht dunkel. Kein Stern war zu sehen. In der Mitte des Dorfes waren Feuer angezündet worden und Kaffee kochte. Die Kirche, eine winzige Kapelle, die durch das Licht von unten noch größer wirkte, hatte fast das Aussehen einer Kathedrale, deren Turm sich in der tintenschwarzen Dunkelheit des Himmels verlor. Phantastische Schatten tanzten auf den Wänden und die Fenster wurden für einen Moment von roten oder grünen Lichtern erhellt. Eine Menge armer Menschen, die vor dem Feind flohen, schlief im Kirchenschiff zusammen mit einigen Soldaten, die vergeblich anderswo Schutz gesucht hatten. Durch den weit geöffneten Vordereingang wirkte das Innere der Kirche geheimnisvoll, erfüllt von flüchtigen Lichtern und Schatten, wie sie ein brennendes Gebäude wirft. Unter den lebhaften Spiegelungen der Buntglasfenster auf den Fliesen erhaschte ich einen Blick auf ausgestreckte menschliche Gestalten. Auf dem Platz warfen Soldaten, die zwischen ihren Feuern hin und her gingen, riesige Schatten auf den Boden und die Hauswände.

Warum diese Aufregung? Hatte es der Feind geschafft, die Grenze bei Stenay zu überschreiten? Wir marschierten hinter der Infanterie her, deren Trampeln wie das Treiben einer Schafherde auf der Straße klang. Die Nacht war voller sich bewegender, aber unsichtbarer Gestalten. Man spürte mehr den Atem von Hunderten von Männern auf dem Marsch, als dass man ihn hörte; hin und wieder, wie aus weiter Ferne, erklang ein halb verlorenes Wort. All dieses unsichtbare Leben in Bewegung schien Ströme abzugeben, die die Nachtluft wie Elektrizität durchzogen.

In der Ferne hörten wir das Geräusch der Gewehre, auf die wir zumarschierten.

Bald erhellten die ersten Strahlen der Morgendämmerung die bewaldeten Hügel, die ihre strengen, aber prächtigen Gipfel zwischen uns und der Maas aufrichteten. Wir fuhren durch Tailly, ein Dorf am Fuße einer Schlucht, das aus ein paar Hütten, einer Kirche und einem Friedhof bestand.

Als wir in Beauclair im Maastal ankamen, schien das Gefecht beendet zu sein.

Vor der Kirche ruhten sich die Infanteristen, die gerade im Einsatz waren, zwischen ihren aufgetürmten Waffen aus. Die meisten waren blass, manche aber auch sehr rot. Sie hatten sich in der Sonne auf den nackten Boden geworfen, und keiner von ihnen rührte sich. Die erstarrten Züge der Schläfer zeugten von tragischer Erschöpfung, als sie mit offenen Mänteln und Hemden dalagen und ihre nackte Brust durchscheinen ließen. Alle waren unbeschreiblich schmutzig, ihre Beine bis zu den Knien mit Schlamm verklebt.

Die Batterie hielt vor den letzten Häusern des Dorfes an, und wir begannen sofort damit, Kaffee zu kochen. Ein massiger Tommy kam auf uns zu und fragte nach einer Zwiebel. Wir fragten ihn:

„Es ist ihnen also noch nicht gelungen, die Maas zu überqueren?"

"Oh ja, das haben sie!... Eine Brigade ist ganz gut rübergekommen ... aber die Artillerie hatte die Brücken hinter ihnen niedergemäht, und so haben wir sie mit aufgepflanzten Bajonetten angegriffen ... Herrgott! Ihr wisst nicht, wie das ist, Jungs!... Ein Angriff!... Es ist furchtbar!... So etwas habe ich noch nie erlebt! Wenn es eine Hölle *gibt* , dann nehme ich an, dass dort immer Bajonettkämpfe stattfinden!... Nein! Ich meine es ernst! Los geht's, schreiend... Dann fallen ein oder zwei, und nach ihnen viele andere... Und je mehr fallen, desto lauter muss man schreien, damit die anderen mitkommen. Und wenn man dann endlich in die Nähe von ihnen kommt, ist man einfach rasend verrückt und stößt und stößt... Aber wenn man das erste Mal spürt, wie das Bajonett in den Bauch eines Kerls eindringt, fühlt man sich ein bisschen komisch... Es ist alles weich, man muss nur ein bisschen stoßen!... Aber es ist schwieriger, es sauber herauszuziehen! Ich war so verdammt sanft dass ich meinen Kameraden verärgert habe – einen großen fetten Kerl mit rotem Bart. Ich konnte mein Bajonett nicht herausziehen ... musste meinen

Fuß auf seine Brust stellen und spürte, wie er unter meinem Tritt zappelte. Hier, sieh dir das an! ..."

Er zog sein Bajonett, das bis zum Querbalken rot war. Beim Weggehen bückte er sich und zupfte eine Handvoll Gras ab, um es zu reinigen.

Die Stunden vergingen. Der Feind schien nicht gewillt, einen weiteren Versuch zu unternehmen, die Maas zu passieren.

Wir hörten, dass d'Amade einen Flankenangriff auf die gegnerische deutsche Armee durchgeführt und Marville eingenommen hatte.

D'Amade! Gut gemacht, d'Amade! Aber ... war es wahr?

In Halles, anderthalb Meilen von Beauclair entfernt, schlugen wir am Fuße hoher Hügel unser Lager auf. Die Kanonen, die seit einiger Zeit geschwiegen hatten, begannen wieder zu donnern. Der Feind bombardierte die Höhen über uns.

Als Nachtquartier hatte man uns eine geräumige Scheune zugewiesen. Als wir aber bei Einbruch der Dunkelheit dorthin gingen, um etwas zu schlafen, fanden wir unser Stroh mit Fußsoldaten, Gewehren und Rucksäcken bedeckt.

Die Artilleristen begannen zu fluchen:

„Hallo, was zur Hölle soll das? Kein Platz mehr frei?"

Es gab ein Trainingsspiel, um uns die Plätze zu erleichtern.

Über der Scheune befand sich ein Dachboden, zu dem man über eine Leiter gelangte. Der Boden war wurmstichig. Wir stopften die Löcher mit Heu zu.

„Da sind wir! Wie immer die Artillerie oben und die Infanterie unten. Das ist schon in Ordnung... Aber pass auf, dass du die Leiter nicht wegnimmst!"

„Pass auf deine Füße auf ... Oo-oh!"

„Warum konntest du nicht sagen, dass du im Stroh warst?"

„Nun denn, auf mit euch!"

Fünf oder sechs Artilleristen standen gleichzeitig auf der Leiter. Sie bog sich unter ihrem Gewicht. Unten stand regungslos ein Fußsoldat, der eine Kerze in der Hand hielt.

„Pass auf! Ich will deine Sporen nicht in meinem Gesicht haben, weißt du!"

„Knurr nur, alter Junge! Lass uns aufstehen."

„Der Boden gibt nach! ... Sie werden durchfallen."

„Los, klettere hoch! Das ist weniger gefährlich als die Granaten!"

„Verdammt, rückt ein bisschen vor, Leute, sonst haben wir nicht mehr genug Platz für alle!"

„Geh da nicht hin! Da ist ein Loch … Du fällst sonst auf die Tommies da unten!"

Unten murrte die Infanterie:

„Könnt ihr denn nicht ruhig sein da oben? Wir wollen schlafen! Und uns fällt der ganze Strohhalm in den Mund!"

„Wenn es nur Ihres aufhalten würde!"

„Pass auf, du liegst auf meinem Bauch!"

„Tut mir leid. Ich kann hier keinen Zentimeter sehen … Können Sie die Laterne dort drüben nicht höher stellen?"

Wieder hörte ich in der Ferne das Geräusch einer Granate, die explodierte. Ich zögerte, ob ich meine Sporen und Gamaschen ausziehen sollte, obwohl ich wusste, dass ich ohne sie besser schlafen würde. Aber wenn es einen Alarm gab, würde ich sie dann im Stroh finden können? Schließlich beschloss ich, sie anzubehalten, und ich löste auch nicht den Riemen meines Revolverhalfters, der an meiner Seite scheuerte. Ich zog den Kinnriemen fester, um mein Käppi nicht zu verlieren.

Samstag, 29. August

Um zwei Uhr kam der Weckruf mit dem Befehl, sofort aufzubrechen. Die Deutschen, so hörten wir, hatten die Maas überschritten. Aber unsere Artillerie hatte zweifellos den Lauf des Flusses registriert. Ich konnte nicht verstehen, warum wir die Kanonen nicht gehört hatten.

In der Dunkelheit der frühen Morgendämmerung erschien die Straße gelb zwischen den blaugrauen Feldern. Unterwegs erkannte ich die Eiben eines Friedhofs, auf dem am Vortag einige Tote beerdigt worden waren.

Wir blieben in der Kolonne auf dem steilen Anstieg nach Tailly stehen und warteten auf Befehle. Der Tag brach hinter den Hügeln an und breitete sich allmählich über den gesamten Horizont aus.

Ein Regiment nach dem anderen der 7. Division stieg aus der Schlucht herauf und zogen an uns vorbei. Die Männer sahen abgezehrt und müde aus. Ihre Augen waren hohl, und die Gesichter der Jüngsten, eingefallen und fahl von Entbehrungen, waren von Furchen durchzogen. Die Mundwinkel hingen herab. Unter der Last ihrer Rucksäcke nach vorn gebeugt, in der Haltung Christi, der das Kreuz trägt, mühten sich die Infanteristen den Hügel hinauf, als wäre er ein Kalvarienberg. Etwa alle hundert Meter hielten sie an und hoben ihre Lasten mit einem Ruck ihrer Schultern wieder hoch. Einige von ihnen hielten ihre Gewehre auf Armeslänge von sich, als wären sie eine Waage, die ihnen beim Marschieren half. Andere beschwerten sich, dass sie seit zwei Tagen nichts gegessen hätten. Einer der 101., ein blasser, schlaksiger, schmalgesichtiger Kerl mit fieberhaft leuchtenden Augen, blieb dicht neben uns stehen und streichelte den Lauf des Gewehrs.

„Herr", sagte er zu Hutin, „Sie könnten mir genauso gut eine Granate durch die Brust jagen! Dann wäre das wenigstens ein Ende!"

„Schämst du dich nicht, so zu reden?"

Der andere machte eine vage Geste, zuckte mit den Schultern und ging davon, ein Bein hinter ihm herziehend.

Sobald die Infanterie vorbei war, erhielten wir den Befehl, unsere Stellung auf der Ebene nahe dem Waldrand einzunehmen, hinter den sich die Linienregimenter zurückzogen.

Ich hörte, wie der Major dem Hauptmann den erhaltenen Befehl wiederholte: „Verhindern Sie, dass der Feind das Plateau betritt. Vor Ihnen sind keine Franzosen mehr!"

„Also decken wir immer noch den Rückzug! Eine schändliche Aufgabe!", sagte Millon, der Schützenmeister, ein guter kleiner Pariser Kerl mit einem Gesicht wie ein Mädchen.

In unserer gegenwärtigen Position waren wir durch Gewehr- und Maschinengewehrfeuer ebenso gefährdet wie durch Granaten. Nicht weit entfernt am Rand des Plateaus, in der Nähe der büschelförmigen Pappel, befand sich ein dunkles Wäldchen, aus dem uns jeden Moment Kugeln um die Ohren schwirren konnten. Die Deutschen konnten ihre Maschinengewehre unbemerkt dorthin bringen, anstatt das Risiko einzugehen, ins Freie zu kommen. Und was konnten wir dann erwarten? Na ja! ... Schließlich waren wir deshalb hierhergekommen.

„Wenn wir nicht verkauft worden wären, wäre alles ganz anders gelaufen", knurrte Tuvache, ein bretonischer Bauer, der unter Beschuss zwar tapfer blieb, aber unter schlechter *Moral litt* .

Und immer noch von der Vorstellung des Verrats besessen, fügte er hinzu:

„Und der Beweis ist, dass sie die Maas ohne Hindernisse überqueren konnten."

Bréjard brachte ihn dazu, mit dem Reden aufzuhören.

"Aber Sie sind schlimmer als die anderen, wirklich! Wir kämpfen von der Nordsee bis hinunter nach Belfort, nicht wahr? Nun, wie können Sie dann anhand einer elenden kleinen Ecke urteilen? Vielleicht lassen wir sie bis hierher vorrücken, um sie anschließend einzukesseln... Einige von Ihnen scheinen immer mehr zu wissen als Ihre Generäle... Und außerdem rücken die Russen die ganze Zeit vor. Sie lassen die Dinge laufen... Eines Tages werden wir sie kriegen, keine Angst! Und dann werden sie dafür bezahlen!"

Wir warteten auf das Auftauchen der Spitzen der feindlichen Kolonnen, die von einem Moment auf den anderen aus dem Tailly-Tal auftauchen könnten.

Das vom Tau glänzende Plateau hatte jene absolute Stille und Reglosigkeit angenommen, die man auf dem Land so oft in den frühen Stunden eines sonnigen Morgens bemerkt.

Weit unten auf der Straße tauchten plötzlich vier schwarze Punkte auf! War es die Vorhut des Feindes? Nein. Bald konnten wir drei Nachzügler und einen Radfahrer erkennen. Eine marschierende Truppe folgte ihnen aus dem Tal. In dieser Reihenfolge konnten es keine Deutschen sein. Die Kolonne, die sich als ein Bataillon des 101. herausstellte, zog vorbei und verschwand auf der Straße, die zum Wald führte. Doch im Auf und Ab des Tals, das sich im Nordwesten bis zu den dunklen Massen der fernen Wälder erstreckte, hatte Leutnant Hély d'Oissel durch sein Fernglas große Massen von Männern entdeckt, die auf Hohlwegen nach Westen marschierten, die sie fast vor unseren Augen verbargen. Waren sie der Feind oder waren es die französischen Truppen, die die Höhen der Maas bei Stenay besetzt hielten und sich jetzt zurückzogen?

Die gleiche schreckliche Ungewissheit hatten wir schon in Marville erlebt. Der Hauptmann kletterte auf einen Apfelbaum, um besser sehen zu können, und auch der Major versuchte, die geheimnisvollen Truppen zu erkennen. Aber keiner von beiden konnte etwas erkennen. Ein Nebel – die Feuchtigkeit der Nacht verdunstete – stieg bereits vom Boden auf und verhüllte den Horizont. Wenn es sich um deutsche Kolonnen handelte, würden sie die Flanke der zurückweichenden Armee bedrohen. Ein Kundschafter wurde im Galopp zur Erkundung ausgesandt. Die Zeit verging und die Kolonnen verschwanden. Endlich kam der Kundschafter zurück; die Truppen waren Franzosen. Er hatte Jägertrupps gesehen, die sie flankierten.

Mit vom Tau nassen Füßen blieben wir erneut reglos stehen und erwarteten den Feind.

Gegen Mittag erhielten wir den Befehl, an den Rand des Plateaus vorzurücken und hinter einer Baumgruppe Stellung zu beziehen, um das Tailly-Tal und die Hügel südlich von Stenay zu kontrollieren. Und immer wieder kamen Infanterieregimenter aus dem Wald und zogen sich an uns vorbei.

„Verdammt, das kann ich nicht begreifen!", sagte Hutin.

"Weder kann ich!"

Es war sehr heiß und wir waren durstig, aber unsere Wasserflaschen waren leer.

Wir warteten weiter bis zur Dunkelheit, aber der Feind tauchte nicht auf.

Es war bereits Nacht, als wir angewiesen wurden, unser Lager auf der anderen Seite des Waldes aufzuschlagen.

Der Mond stieg über die Baumwipfel. Das regelmäßige Klappern der Hufe und das monotone Rollen der Fahrzeuge vermischten sich zu einer Art müdem Wiegenlied und machten uns nach einer Weile schläfrig. Um all die Härten und das Elend des Krieges klaglos zu ertragen, hätten wir uns nicht mehr als eine Stunde Zuneigung, mitfühlende Zärtlichkeit in Sicherheit am Abend gewünscht, nach dem langen Tag, den wir mit Wachen oder Kämpfen verbracht hatten.

Die Straße war eben und wir waren kaum erschüttert; niemand sprach und die meisten von uns schliefen oder dösten.

Kein Geräusch störte die Stille der warmen Nacht, außer dem der marschierenden Kolonne. Allmählich verloren wir uns in angenehmen Träumereien und Erinnerungen an die Vergangenheit und vergaßen die gegenwärtigen Gefahren und Nöte. Weiter trotteten wir durch Raum und Zeit ... Lyon bei Nacht ... lange Reihen von Lampen erhellten die Kais und spiegelten sich in der Rhône ... über dem Fluss das Amphitheater von Croix-Rousse mit seinen Lichtern, die wie goldene Punkte funkelten, und über ihnen wieder die Sterne ... Wo endete die Stadt, oder wo begann der Himmel? ... Und die Mayenne in den hellen Tagen des Herbsts und Sommers, ihre düsteren Gewässer funkelten wie schwarze Diamanten ... Die Erinnerungen, die vor mir aufstiegen, verwischten allmählich die Szene der trügerischen Spiegelungen.

Und vielleicht sollte ich in ein paar Stunden sterben ...

Fast so, als hätte ich diese wunderschönen Verse von Du Bellay selbst schreiben können, spürte ich die schmerzende Nostalgie seiner Worte:

*Wenn ich zurückdenke, danke! Ich habe aus meinem kleinen Dorf
den Kamin geraucht und in der Saison*

Ich habe mir die Zeilen mehrere Male wiederholt.

Sonntag, 30. August

An diesem Morgen marschierten wir stundenlang durch Staubwolken, die Sonne brannte uns im Nacken. Die Männer waren durstig und spuckten ständig den lehmigen Speichel aus, der ihnen den Mund verstopfte. Die Batterie hielt in einem Tal am Rande eines Dorfes – Villers. -devant-Dun, glaube ich, wo der Lärm der Kanonen sowohl aus dem Westen und Süden als auch aus dem Osten und Norden zu kommen schien. Das war eine Überraschung und machte uns zunächst unruhig. Janvier, zum hundertsten Zeit, sagte:

„Das ist es! Wir sind umzingelt!"

Dieser Gedanke ließ ihn nicht mehr los. Doch schon bald stellten wir fest, dass die Illusion nur durch ein außergewöhnlich klares Echo verursacht wurde. In Wirklichkeit fanden die Kämpfe in der Nähe von Dun-sur-Meuse statt.

Wir drängten uns um den Brunnen, an dessen Umfassungsmauer das letzte *Bulletin des Communes* klebte. Aber zuerst trank jeder von uns in großen Schlucken mindestens einen Liter frisches Wasser. Danach lasen wir die Nachrichten. Alles lief gut! Trotzdem wurde bekannt gegeben, dass Mulhouse zurückerobert worden war. Offenbar war es also verloren. Wir tauschten unsere Eindrücke aus:

„Und, Hutin?"

„Nicht schlecht", antwortete er ziemlich zweifelnd, „aber sie sagen nichts über unsere kleine Show von letzter Woche."

Bréjard hingegen war von einem Optimismus erfüllt, den nichts dämpfen konnte:

„Virton, Marville, das alles ist doch nichts an einer so langen Front! Wir mussten in einigen Sektoren ein wenig nachgeben, das ist alles... Aber ansonsten läuft es ganz gut!"

„Trotzdem ist es nicht schön, sich in einem der Sektoren wiederzufinden, die weichen müssen", antwortete Hutin.

„Das wird sich alles ändern. Wir werden verstärkt … Man sagt, De Langle sei nur einen Tagesmarsch entfernt."

„Er muss sich beeilen, wenn er noch etwas von der 4. Infanterie finden will!"

Das stimmte. Die Linienregimenter, insbesondere die der 8. Division, hatten schrecklich gelitten. Einige Bataillone waren um zwei Drittel dezimiert worden, und seit der Schlacht bei Virton waren viele Kompanien nicht mehr als fünfzig oder achtzig Mann stark und hatten alle ihre Offiziere verloren. Wie sehr wünschten wir uns, dass De Langle kommen würde!

In immer stärker werdendem Staub und überwältigender Hitze kehrten wir auf demselben Weg zu den Stellungen zurück, die wir am Tag zuvor in Tailly eingenommen hatten. Es kam uns vor, als hätten wir mehr als sieben Stunden damit vergeudet, in einem großen Kreis zu marschieren.

Ein weiteres Flugzeug tauchte auf. Diese Unterdrückung wurde unerträglich! Wir fühlten uns wie ein Schwarm verängstigter Spatzen im Schatten des Habichts. Die Deutschen haben ihre Flugwaffe enorm verbessert und weiterentwickelt, und leider können unsere 75er keine Flugzeuge treffen, da die Beweglichkeit der Kanone auf der Lafette nicht ausreicht. Man muss ein Loch für den Spaten graben, und bevor dies getan ist, ist die Maschine immer außer Reichweite.

Der Flieger, der gerade über uns hinweggeflogen war, hatte einen Stern ausgeworfen, um die Position einer unserer Batterien auf den Höhen über dem Fluss zu markieren. Die Geschütze zogen sofort ab und bezogen anderswo eine neue Position. Kurz darauf begannen Granaten auf den Hügel zu fallen, den sie besetzt hatten – riesige Granaten, die die Erde meilenweit erbeben ließen und das Gras mit ihrem schmutzigen, beißenden Rauch verdorren ließen.

„Ich vermute, das sind die berühmten 22 cm Granaten", sagte der Kapitän.

Wir konnten nichts tun. In Richtung Stenay war der Horizont verlassen und regungslos. Mehrere Stunden lang fielen weiterhin drei schwere Granaten und hinterließen schwarze Löcher in den grünen Wiesen, in denen sich keine Menschenseele befand. Wir befanden uns offensichtlich in Schussweite der Kanonen, aus denen sie abgefeuert wurden, und wir hatten keine Garantie, dass wir nicht getroffen würden, wenn der Feind sein Feuer etwas verstärkte.

Ich war beeindruckt von der wunderbaren Anpassungsfähigkeit, die die Grundlage der menschlichen Natur bildet. Man gewöhnt sich an Gefahren, so wie man sich an die grausamsten Entbehrungen oder an die Ungewissheit des morgigen Tages gewöhnt.

Vor dem Krieg habe ich mich immer gefragt, wie es sein konnte, dass alte Männer, die sich den äußersten Grenzen ihrer Existenz näherten, im nahenden Schatten des Todes ungestört weiterleben konnten. Aber jetzt verstehe ich es. Für uns ist das Risiko des Todes zu einem Element des täglichen Lebens geworden, mit dem man kühl rechnet, das nicht mehr überrascht und weniger erschreckt. Außerdem ist der Alltag eines Soldaten eine Schule für Mut. Die Vertrautheit mit denselben Gefahren lässt das menschliche Tier schließlich ungerührt. Die Nerven zittern nicht mehr; die bewusste und ständige Anstrengung, die Kontrolle über sich selbst zu behalten, ist am Ende erfolgreich. Darin liegt das Geheimnis allen militärischen Mutes. Männer werden nicht tapfer geboren; sie werden tapfer. Der Instinkt, besiegt zu werden, ist mehr oder weniger widerstandsfähig – das ist alles. Darüber hinaus muss man leben, auf dem Schlachtfeld genauso wie anderswo; man muss sich an diese neue Existenz gewöhnen, egal wie gefährlich oder hart sie auch sein mag. Und was es schwierig – oder vielmehr unerträglich – macht, ist die Angst, die Angst, die erstickt und lähmt. Es muss erobert werden, und schließlich erobert man es.

Abgesehen von der Notwendigkeit, so gut wie möglich zu leben, sind Pflichtgefühl und Respekt vor der Meinung anderer die wichtigsten Disziplinierungsfaktoren im Leben eines Soldaten unter Beschuss – mit einem Wort: Ehre. Dies ist keine Entdeckung, sondern lediglich eine persönliche Meinung.

Man muss auch zugeben, dass uns diese Mutübung viel leichter fällt als den Fußsoldaten – der am wenigsten glücklichen aller kämpfenden Streitkräfte. Ein Kanonenschütze kann unter Beschuss buchstäblich nicht weglaufen. Die ganze Batterie würde ihn sehen – seine Schande wäre greifbar, unwiederbringlich. Nun scheint mir Angst in ihren akuteren Erscheinungsformen zwangsläufig die Vernichtung der Willenskraft zu bedeuten. Ein Mann, der sich nicht ausreichend beherrschen kann, um der Gefahr tapfer entgegenzutreten, wird in den meisten Fällen ebenso unfähig sein, die unerträgliche Schande der öffentlichen Flucht zu ertragen. Eine Flucht dieser Art würde eine Willensübung erfordern – fast eine Art von Tapferkeit. Der Infanterist ist unter Beschuss oft isoliert; wenn die Schrapnellkugeln über ihm summen, ist ein Mann, der in einer Entfernung von vier Metern von einem anderen liegt, praktisch allein. Die Sorge um seine eigene Sicherheit nimmt alle seine Fähigkeiten in Anspruch und er kann der Versuchung erliegen, stehen zu bleiben und sich zu verstecken oder sich zur Seite zu schleichen und dann zu fliehen. Wenn er am Abend zu seiner Kompanie zurückkehrt, erklärt er vielleicht, dass er seine Truppe verloren oder woanders gekämpft hat. Vielleicht glaubt man ihm nicht, und möglicherweise war ihm vorher klar, dass ihm niemand glauben würde; aber zumindest ist er dann der unerträglichen Schande entgangen, vor aller Augen davonzulaufen.

Unter Beschuss zu bleiben ist keineswegs einfach, aber in der Hitze eines modernen Gefechts einen kühlen Kopf zu bewahren, ist noch schwieriger. Zuerst lässt einen die Angst schwitzen und zittern. Sie ist unwiderstehlich. Der Tod scheint unvermeidlich. Die Gefahr ist unbekannt und wird durch die Vorstellungskraft tausendfach vergrößert. Man unternimmt keinen Versuch, sie zu analysieren. Das Platzen der Granaten und ihr beißender Rauch zusammen mit den Splittern sind die Hauptursachen des ersten Gefühls des Schreckens. Und doch sind weder die Blitze des Melinits noch der Lärm der Explosionen noch der Rauch die eigentliche Gefahr; aber sie begleiten die Gefahr, und zunächst wird man von allen dreien gleichzeitig angegriffen. Bald jedoch lernt man zu unterscheiden. Der Rauch ist harmlos, und das Pfeifen der Granaten zeigt an, aus welcher Richtung sie kommen. Man duckt sich nicht mehr unnötigerweise und sucht nur dann bewusst Schutz, wenn es unbedingt nötig ist. Die Gefahr beherrscht einen nicht mehr, sondern wird beherrscht. Das ist der große Unterschied.

Um mir ein genaues Bild von der Wirkung einer Granate zu machen, ging ich mit Hutin auf ein Feld voller Topinambur, in das gerade ein schweres Geschoss gefallen war. In der Mitte des Feldes fanden wir ein trichterförmiges Loch von etwa zehn Metern Durchmesser, das so regelmäßig geformt war, dass es nur von einer Haubitzengranate stammen konnte. Diese Art von Geschoss schlägt fast senkrecht in den Boden ein und gräbt sich tief in den weichen Boden ein, wobei es beim Platzen enorme Erdmengen aufwirbelt. Viele der Stahlsplitter bleiben in der Tiefe des Bodens verloren, und der mörderische Streukegel wird dadurch entsprechend verringert.

Dass dies stimmt, lässt sich leicht bestätigen. Im vorliegenden Fall war die Stelle, an der die Artischocken abgetrennt worden waren, umso höher, je weiter wir uns vom Loch entfernten, und etwa ein Dutzend Schritte vom Rand des Kraters entfernt hatten die Splitter nur die Spitzen der höchsten Stämme erreicht. Daraus folgt, dass ein Mann, der sehr nahe am Einschlagspunkt gelegen hätte, wahrscheinlich nicht getroffen worden wäre. Als nächstes kam eine kreisförmige Zone, die völlig unversehrt blieb, aber etwas weiter hatten die herabfallenden Kugeln und Splitter Blätter und Stängel abgemäht, und ein Mann, der hier unten lag, hätte genauso viel riskiert, als wenn er stehen geblieben wäre.

Bei solch nüchterner Betrachtung verliert eine Hülle viel von ihrer moralischen Wirkung.

Auch die Organisation der Artillerie selbst spornt den Mut des Kanonenschützen an. Fußsoldat, Kavallerist und Pionier sind Einheiten für sich, während für uns das Geschütz die einzige Einheit ist. Die sieben Männer, die es bedienen, sind die eng miteinander verbundenen, voneinander abhängigen Organe eines lebendig werdenden Etwas – das Geschütz in Aktion.

Aufgrund der Verbindungen, die zwischen den sieben Männern untereinander und zwischen jedem von ihnen und der Waffe bestehen, wird jede Kleinmütigkeit deutlicher, ihre Folgen viel größer und die Schande, die sie mit sich bringt, noch niederschmetternder. Darüber hinaus entwickeln sich in dieser umfassenden Solidarität leicht die Ausdünstungen, die eine psychologische Ansteckung bewirken; ein oder zwei Kanoniere, die entschlossen und ruhig auf ihren Posten bleiben, können oft der gesamten Abteilung Mut einflößen.

Heute war es ein Tag ungestörter Ruhe. In Richtung Tailly und Stenay war nichts von der Anwesenheit des Feindes zu erkennen.

Als es Abend wurde, wurden wir wieder losgeschickt, um auf der anderen Seite des Waldes zu lagern. Es gab einen herrlichen Sommersonnenuntergang, und durch die dunklen Tiefen der Bäume öffnete sich die Straße zu einer geheimnisvollen Allee, an deren Ende ein westlicher Himmel glühte, dessen Farben bunter waren als ein Regenbogen.

Alle Kampfgeräusche waren verstummt. Allmählich verfinsterte sich der Himmel und die Nacht brach herein. Wie gestern rollte die Artillerie monoton durch die schattigen Wälder.

Einer nach dem anderen wurden die Sterne von aufsteigendem Nebel verhüllt, und der Himmel wurde opaleszierend von einem nächtlichen Licht, das die Waldstücke überflutete, die man von den Hügelkämmen aus, so weit das Auge reichte, auf- und absteigen sehen konnte. Doch unter den Bäumen war es dunkel, und die Straße hätte wie ein tief in die Erde gegrabener Schützengraben gewirkt, wenn da nicht hier und da ein Infanterie-Biwak gewesen wäre, dessen Glut schwach durch das Unterholz glühte, und wenn nicht ein feuchter Duft von Minze und anderen Kräutern aus dem dunklen Unterholz aufstieg, vermischt mit einem gewissen sinnlichen Geruch von Animalität. Wir waren von einer köstlichen Frische umgeben, die unsere Lungen füllte und uns leicht erschauern ließ.

Millon, der neben mir auf dem Protzebock saß, erzählte mir seine Lebensgeschichte. Es war eine traurige und einfache Geschichte. Er war erst zwanzig, hatte ein Mädchengesicht und einen schelmischen, aber kindlichen Blick, war aber dennoch seit langem der Ernährer einer Familie gewesen, und nun war seine Mutter – „meine alte Mutter", wie er in einem Ton voller tiefer Zuneigung sagte – allein in Paris mit einem anderen Kind zurückgeblieben, das noch sehr jung war und dessen zarte Konstitution und angespannte Nerven ihm ständig Angst machten. Er erzählte mir von vergangenen Unglücksfällen, die ihm noch frisch in Erinnerung waren, von der gegenwärtigen Angst seiner Familie in Paris und von materiellen Sorgen.

„Ach", seufzte er, „wenn mich meine alte Mutter doch heute Nacht noch gesund und munter auf der Protze sehen könnte!"

Auf dem Feld, auf dem die Batterie Halt machte, mussten wir fast kämpfen, um ein paar Armvoll Stroh zu ergattern. Die Kanoniere einer Batterie, die vor uns eingetroffen war, hatten sich wahllos auf einem umgestürzten Heuhaufen ausgestreckt. Sie hatten zwanzigmal mehr Stroh, als sie brauchten, aber als wir versuchten, ein wenig unter ihnen hervorzuziehen, war das Erwachen der überreizten Schläfer furchterregend. Sie schrien, fluchten und drohten. Schließlich schliefen sie wieder ein und knurrten und grunzten leise wie ein Rudel mürrischer Hunde.

Montag, 31. August

Die Kanonen weckten uns früh und wir machten uns bereit, zurückzukehren, um dem Feind entgegenzutreten. Gegen sieben Uhr waren wir wieder in Tailly, wo wir erfuhren, dass der Feind am Vortag bis zur Maas zurückgedrängt worden war und dass Beauclair und Halles nun vollständig in französischer Hand waren.

Wir standen in Marschkolonne im Dorf und warteten auf Befehle. Die deutsche Artillerie begann, die benachbarten Hügel zu bombardieren.

Auf dem Marktplatz stand ein Heuwagen, in dem drei verwundete Ulanen lagen. Ein Offizier ging mit den Händen auf dem Rücken vor dem Wagen auf und ab. Einige Frauen und Kinder standen in einer Gruppe um sie herum und betrachteten schweigend die Deutschen. Ein oder zwei der Kanonenschützen gesellten sich aus Neugier zu ihnen. Die Ulanen sahen sie mit traurigen und besorgten blauen Augen an.

„Sie sind nicht so hässlich, wie ich gedacht hätte", erklärte Tuvache.

„Nein?", sagte Millon. „Ich nehme an, Sie dachten, sie hätten ein drittes Auge mitten auf der Stirn, wie die Bewohner des Mondes!"

Tuvache zuckte mit den Schultern:

„Nein, ich hatte nur das Gefühl, dass sie hässlicher sind. So schlimm sehen sie gar nicht aus!"

Heute Morgen kam es in der Beauclair Gap, durch die der Feind versuchte, sich einen Weg zu bahnen, zu heftigen Kämpfen. Der unaufhörliche Lärm der Schlacht klang von weitem wie die steigende Flut, die gegen eine felsige Küste schlägt.

„Vorwärts! Trab!"

Nachdem wir etwa 300 Meter die Straße nach Beauclair entlanggegangen waren, hielten wir erneut an. Soldaten kamen von den Fronten zurück, einige von ihnen waren an Händen oder Armen verwundet, andere an den Schultern. Alle waren bandagiert. Sie hielten an, um uns um Wasser oder Zigaretten zu bitten, und wir wechselten ein paar Worte mit ihnen:

"Kommen wir voran?"

„Nein, aber wir halten unsere Stellung. Das Problem sind ihre Maschinengewehre. Sie sind einfach furchtbar!"

"Haben Sie Schmerzen?"

"NEIN!"

„Wie fühlt es sich an, eine Kugel?"

"Es brennt ein bisschen, tut aber nicht groß weh."

Einige andere, die am Bein verletzt waren, kamen vorbei. Sie hatten offensichtlich große Schmerzen. Sie schwitzten vor Erschöpfung und Hitze, denn die Sonne stand jetzt im Zenit und brannte senkrecht auf die Senke, durch die die Straße lief. Viele halfen sich mit Stöcken, die sie aus den Hecken geschnitten hatten.

Das Pferd eines Offiziers ritt vorbei, geführt von einem Krankenträger, und trug einen Fußsoldaten, dessen Oberschenkel von einer Granate gebrochen worden war. Der Verwundete umklammerte die Mähne des Tieres mit beiden Händen, sein rechtes Bein hing hilflos herab. Knapp über dem Knie hatte er einen Riss in der Hose, durch den das Blut ungehindert floss, bis zu seinem Stiefel hinunterlief und von dort auf den Boden tropfte. Seine Augen waren geschlossen, und seine blutunterlaufenen Lider, die blassen Lippen und der rote Bart, der sein langes, knochiges Kinn bedeckte, ließen ihn aussehen wie einen Gekreuzigten.

„Können Sie durchhalten?", fragte der Krankenträger.

„Sind wir noch weit vom Krankenwagen entfernt?"

„Nein, nicht mehr weit. Wenn dir schwindlig wird, sag mir Bescheid und ich lege dich hin. Tut es sehr weh?"

„Ja, und es blutet… Sehen Sie sich das Blut auf der Straße an!"

„Das ist nichts. Halt die Mähne fest!"

Ein Krankenwagen voller Schwerverletzter kam vorbei. Anstatt sie hinzulegen, hatte man sie an die Seiten des Wagens gelehnt, damit er mehr Platz bot. Unter der grünen Plane erhaschte ich einen Blick auf einen Mann mit einem Gesicht in der Farbe von weißem Marmor, dessen Kopf auf seinen Schultern rollte, und auf einen anderen, aus dem Blut strömte. Ein riesiger, dunkelhäutiger Korporal teilte sich den Bock mit dem Fahrer. Sein Gewehr zwischen den Knien und eine Hand auf der Hüfte, saß er kerzengerade mit ernster und entschlossener Miene, den Kopf in einen Turban aus purpurrotem Flusen gehüllt. Blut sickerte in sein rechtes Auge, das in seiner rot umrandeten Augenhöhle seltsam weiß aussah, und lief von dort seinen herabhängenden Schnurrbart hinab, verfilzte die Haare seines Bartes und tropfte schließlich in schwarzen Spritzern und Strömen auf seine breite Brust.

Einer der Verwundeten, der schon lange am Straßenrand saß, wurde von einer Kutsche festgehalten und weitergeschleift.

„Bitte hör auf und lass mich aufstehen!"

"Wir haben leider keinen Platz mehr!"

"Ich kann nicht laufen."

„Aber wie Sie sehen, sind wir voll!"

„Kann ich nicht auf die Stufe steigen?"

„Ja, wenn du es schaffst!"

Doch das Fahrzeug fuhr weiter. Ein Schütze half dem Mann auf die Trittstufe.

Am Ende eines Hohlwegs, im Schatten einiger hoher Pappeln mit dichtem Laub, durch das die Sonne nur stellenweise hindurchdrang, hatten zwei Sanitätsoffiziere eine Art Operationstisch auf Böcken improvisiert. Einige Verwundete lagen am Hang und warteten darauf, verbunden zu werden. Zwischen den Steinen floss ein dünner, dunkler Wasserstrahl, der die Blutlachen und rotverfärbten Watte- und Leinenfetzen teilweise wegspülte.

In der Luft lag ein abgestandener Geruch wie in einer Apotheke, vermischt mit dem feuchten Geruch von fließendem Wasser.

Ein Hauptmann wurde auf einer Bahre heraufgebracht, an deren beiden Seiten seine Arme schlaff herabhingen. Ein Sanitäter schnitt ihm die Ärmel seiner Tunika ab, und dann wurde er auf den Operationstisch gelegt. Er bot einen hässlichen Anblick, wie er da mit seinen blutbefleckten nackten Armen und seiner ärmellosen blauen Tunika, die seinen Körper umgab, lag. Während seine Wunden verbunden wurden, stieß er langgezogene Schmerzensseufzer aus.

"Genau was das Rad betrifft!"

Wir machten uns auf den Weg einen steilen Abhang über die Felder hinauf, um auf den Höhen Stellung zu beziehen, von denen aus man den Beauclair Gap und die Straße überblicken konnte, die wir gerade verlassen hatten. Die Batterie lag hinter einem Hügelvorsprung, der Tailly bis auf die Turmspitze, die von einem Wetterhahn gekrönt war und hinter uns aus der Erde zu ragen schien, vor den Augen verbarg.

In dieser Position waren wir für den Feind durch die V-förmige Lücke zwischen den Hügeln sichtbar, die die Maas beherrschten. Wir konnten die Wälder und Felder hinter Beauclair sehen, die von den Deutschen besetzt waren und die die französischen Batterien vor uns hinter den schützenden Bergrücken mit Granatsplittern bedeckten. In den Feldern in der Ferne sah die aus den Wäldern hervorbrechende deutsche Infanterie aus wie eine Armee schwarzer Insekten auf einem hellgrünen Rasen. Wir eröffneten sofort das Feuer und unter unseren Granaten eroberte der Feind hastig die Wälder zurück, die wir dann zu bombardieren begannen.

Die Schlacht schien heute Morgen günstig für uns zu verlaufen. Einige französische Batterien waren über die Straße nach Beauclair vorgerückt und kämpften nun in der Lücke. Auf den Hügeln, die uns im Halbkreis umgaben, donnerten andere Batterien, die wie unsere Stellungen am Gegenhang bezogen hatten, und andere noch weiter entfernt, in der Nähe der Hügel direkt über der Maas, unaufhörlich, wobei die Position der unsichtbaren Geschütze durch Staubwolken und Feuerblitze verraten wurde, die sich gegen das Grün abzeichneten. Das Feuer dieser Batterien war so heftig, dass sich die Luft nach und nach trübte. Eine beißende Atmosphäre aus Rauch und Staub drang in das Tal ein, in dem die zahllosen Echos das Dröhnen der Geschütze vervielfachten, wenn die Schallwellen aufeinandertrafen und sich vermischten. Wir waren von einem lauten und anhaltenden Summen und Brummen umgeben, das uns taub machte und unsere anderen Sinne fast lähmte.

"Feuer einstellen!"

Die Abteilungen standen reglos vor den Kanonen. Es war bereits Mittag.

Plötzlich begann der Feind, Tailly und den Kiefernwald, der unsere Stellung beherrschte, zu bombardieren. Einige Protzen, die seit dem frühen Morgen am Waldrand gewartet hatten, rückten eilig ab. Ein Teil der Infanterie tauchte aus dem Rauch einer Sprenggranate auf.

„In Deckung gehen!", befahl Kapitän de Brisoult.

Das Feuer der französischen Artillerie ließ allmählich nach. Eine Salve Schrapnellgranaten explodierte über dem Tal, wo unsere Mannschaften auf uns warteten, und eine Zündschnur sang laut und lang durch die Luft. Niemand schien verletzt zu sein. Die Protzen, die reglos im Sonnenschein standen, bildeten ein schwarzes Quadrat im Gras.

Der Feind schien die Position einer auf der anderen Seite des Kiefernwaldes installierten Batterie registriert zu haben, und unter einem regelrechten Haubitzenhagel wurden die Geschütze eine nach der anderen durch den Wald zurückgeführt.

Hutin, der hinter dem Schild Schutz gesucht hatte, stand plötzlich auf, um nachzusehen. Er verschränkte die Arme.

„Ja, das ist es!", knurrte er.

„Was ist? Aber geh in Deckung!"

„Das ist es! Rückzug! Oh, mein Gott!"

Auch ich stand auf. Tatsächlich überquerten Infanterieeinheiten die Bergrücken und zogen sich zurück.

„Geht in Deckung, ihr Idioten!", schrie Bréjard.

Eine Granate schlug ein. Die Splitter pfiffen durch die Luft und die aufgewirbelte Erde prasselte auf dem trockenen Feld um uns herum. Ich hatte mich instinktiv gebückt, aber Hutin hatte sich nicht bewegt, da er zu sehr damit beschäftigt war, den Rückzug der Infanterie zu beobachten, der mit jedem Augenblick deutlicher wurde.

„Da sind Sie ja", sagte er, „jetzt sind wir an der Reihe … Ich wette … wir werden uns auch zurückziehen … Da kommt gleich ein ADC … Oh, wenn wir uns immer so zurückziehen, können wir genauso gut den Zug nehmen!"

Wie er vermutet hatte, brachte der ADC den Befehl zum Rückzug. Die Gespanne trabten den Hang hinauf, um sich den Geschützen anzuschließen. Der Moment war kritisch, und wie es das Unglück wollte, begann das erste Geschütz, das auf dem Gegenhang in Stellung war, den Hang hinunterzurollen, sobald der Spaten, der durch den Rückstoß fest im Boden stecken geblieben war, herausgezogen worden war. Wir brauchten acht Leute, um das Geschütz zurückzuschleppen, und in jedem Augenblick fragten wir uns, ob es uns gelingen würde, den Zug zusammenzustellen. Die Kutscher begannen die Nerven zu verlieren und ließen die Pferde wahllos hierhin und dorthin zurückrollen.

„Nun denn, alle zusammen... Boah, da, boah!... Ruhig!... Boah zurück!"

Ein letzter Zug und wir waren aufgewärmt.

"Bereit!"

Das Team hat begonnen.

Jenseits des Dorfes Tailly war der Hügel, den wir erklimmen mussten, um das Plateau zu erreichen, sehr steil, insbesondere dort, wo die Straße an der Steinmauer des Friedhofs entlangführte.

Einige Fußsoldaten, die sich zu beiden Seiten des Weges ausruhten, hatten ihre Rucksäcke abgelegt und ihre Waffen aufgestapelt. Sie saßen im Gras und sahen uns mit jenem abwesenden und verblüfften Blick zu, der Männern eigen ist, die gerade von der Feuerlinie zurückgekehrt sind. Plötzlich explodierte über dem Friedhof eine Granate, deren pfeifendes Nähern vom Rumpeln der Fahrzeuge übertönt worden war. Einige Soldaten stürzten sich sofort in den Graben, andere fielen dicht an der Mauer auf die Knie und schützten ihre Köpfe mit ihren Rucksäcken. Zwei Männer, die stehen geblieben waren, versteckten dummerweise ihre Köpfe in der dichten Hecke. Auf den Protzen beugten wir die Schultern und die Fahrer gaben den Pferden Peitsche.

An einer Stelle war die Straße für den Feind sichtbar, aber als wir das entdeckten, war es bereits zu spät anzuhalten.

Eine Granatensalve... Vorbei! Wir waren um Haaresbreite davongekommen.

Wir stellten uns einsatzbereit in derselben Stellung auf wie am Vortag, mit Blick auf die benachbarten Höhenzüge, wo die hohen Pappeln als Zielpunkte dienten. Die dritte Batterie, die am Samstag bei uns gewesen war, hatte hier einige schöne Schützengräben ausgehoben. Doch die Protzen hatten kaum Zeit gehabt, sich am Rande eines Wäldchens in Stellung zu bringen, als um uns herum Sprenggranaten einschlugen.

Wie hatte der Feind unsere neue Position entdecken können? Wir waren sorgfältig gedeckt und von allen Seiten unsichtbar für ihn. Wir hatten noch keinen einzigen Schuss abgefeuert, sodass weder Rauch noch Blitze unsere Anwesenheit verraten hatten. Es war kein Flugzeug am Himmel. Wie hatte man uns dann sehen können? ...

Wir suchten Schutz in den Schützengräben.

„Sie schießen nicht auf uns", sagte Hutin.

"Worauf schießen sie dann?"

„Ich glaube, dafür müssen wir den fetten alten Dragonern danken, die sie auf der Straße vorbeigehen sahen! Sie zielen auf die Straße."

Aber die Dragoner entfernten sich immer weiter und der Feind feuerte weiter in unsere Richtung. Es bestand kein Zweifel, dass er wusste, dass hier eine Batterie in Stellung war. Hatte uns ein Spion, der sich irgendwo hinter uns versteckte, durch ein Signal verraten? Ich musterte die Umgebung sorgfältig, konnte aber nichts sehen.

Einige Granaten fielen wenige Meter neben den Kanonen ein und hüllten die Batterie in Rauch und Staub und ließen uns am Boden unserer Schützengräben erzittern. Ich hörte den Major schreien:

"Gehen Sie rechts in Deckung!"

Während der Hauptmann und der Leutnant auf ihren Beobachtungsposten blieben, zogen sich die Kanonenschützen eilig aus der Schusslinie der Haubitzen zurück. Doch als wir die Straße über die Felder entlangliefen und den Feind im Blick hatten, kam ein Stab vorbei. Plötzlich packte mich die Wut. Die Reiter würden uns umbringen! Die Gruppe bestand aus etwa zwanzig Offizieren, in deren Mitte ein General ritt, ein kleiner, dünner Mann mit grauem Haar. Ihnen folgte ein bunt gefärbter Trupp blauer und roter Jäger. Das Kreischen der sich nähernden Granaten war sofort zu hören und hallte noch lange durch die Luft. Die Jäger und Offiziere salutierten, doch der kleine General rührte sich nicht. Diesmal hatte der Feind zu tief geschossen.

„An die Waffen!"

Der Kapitän glaubte, die Batterie entdeckt zu haben, die uns bombardierte:

„Schichten!", rief er.

Fieberhaft bereiteten wir uns unter den Granaten auf den Einsatz vor.

"Staffel auf fünfzehn. Erstes Geschütz: hundertfünfzig; zweites Geschütz: hundertfünfundsechzig... Drittes..."

Die Sicherungseinrichter wiederholten den Korrektor und den Bereich.

„Sechzehn... Dreitausendfünfhundert..."

„Zu dritt, durchqueren! Rechts, jede Batterie! ..."

„Erster Schuss ... Feuer! ... Zweiter ..."

Die raschen Bewegungen beim Bedienen der Geschütze elektrisierten uns. In dem ohrenbetäubenden Lärm der in vollem Einsatz befindlichen Batterie mussten Befehle gebrüllt werden. Wir hörten die feindlichen Geschütze nicht mehr; sie wurden durch das Dröhnen unserer eigenen zum Schweigen gebracht. Wir vergaßen die Granatsplitter, die dennoch weiter fielen.

Plötzlich ließ das Haubitzenfeuer nach und hörte dann auf.

„Sie werden getroffen!", sagte Hutin und beugte sich über das Zielgerät.

„Feuer!", antwortete die Nr. 1.

"Bereit!"

"Feuer Feuer!..."

Auf dem Plateau hinter uns zogen sich die Kompanien in großer Reihenfolge zurück.

Die Nacht brach herein. Auch wir erhielten den Befehl, uns zurückzuziehen. Es schien, als würden die Erde und die Wälder das verbleibende Licht absorbieren. Die Bewegungen der Infanterie in der Ferne verloren sich in den Unebenheiten des Bodens. Die Männer schienen mit den Feldern zu verschmelzen und sich aufzulösen und aus dem Blickfeld zu verschwinden.

Neben einem dunklen Granattrichter lag ein roter Haufen. Ein Soldat lag ausgestreckt auf dem Rücken. Ein Bein war ihm von einer Granate abgerissen worden, sodass nur noch ein zerfetzter, bläulich-roter Stumpf übrig war, durch den er seine Adern entleert hatte. Die Luzernenblätter und die Erde unter ihm waren mit Blut verklebt. Der Kopf des Mannes war in seinem Schmerz nach hinten geworfen worden, und der Adamsapfel ragte zwischen den angespannten Muskeln seines Halses hervor. Seine glasigen Augen waren weit geöffnet und seine Lippen totenweiß. Er hielt immer noch sein kaputtes Gewehr in der Hand, und sein Käppi war unter seine Schulter gerollt.

Dienstag, 1. September

Ein langer Nachtmarsch. Es war nach ein Uhr morgens, als wir endlich Halt machten, und wir mussten noch unsere Suppe kochen, die Pferde tränken und ihnen Hafer geben. Als wir das erledigt hatten, fielen wir in einen tiefen Schlaf.

Gegen vier Uhr kam der diensthabende Sergeant und schüttelte uns einen nach dem anderen. Er wurde mit Knurren begrüßt.

"Alarm!"

„Was für ein Elend! Können wir nicht einmal eine Stunde schlafen!"

Es war eine wahre Folter, die Augen offen zu halten. Unsere Glieder waren steif, unsere Köpfe schwer und unsere Lenden schmerzten. Das Wetter war neblig und kalt.

Wir kletterten auf die Protzen und machten uns auf den Weg. Sofort überkam uns eine Taubheit in den Füßen und dann in den Knien, die rasch zunahm. Unsere Köpfe rollten von einer Seite auf die andere und wir verloren allmählich das Bewusstsein. Einige der Kutscher schliefen auf ihren Pferden. Sie rutschten immer mehr auf eine Seite und wurden, gerade als sie zu fallen drohten, instinktiv geweckt und setzten sich wieder aufrecht im Sattel auf. Doch einen Moment später konnte man sie durch die Dunkelheit sehen, wie sie wieder nachließen und allmählich rutschten, rutschten …

Wohin sollten wir gehen? Vielleicht hatte sich die Armee unterhalb von Verdun zurückziehen müssen, weil der Feind, der zweifellos auf den Hügeln am linken Maasufer bei Stenay Fuß gefasst hatte, ihre linke Flanke bedrohte. Aber wir wussten nichts Genaues und waren zu müde zum Denken, zu müde sogar, um Angst zu haben! Jeder von uns wollte nur einen Tag durchschlafen.

Bei Tagesanbruch machten wir in der Nähe von Landres auf einem abschüssigen Feld voller Pflaumenbäume Halt. Sofern keine Gegenbefehle eintrafen, mussten wir dort 24 Stunden lang bleiben und uns ausruhen.

Wir zündeten Feuer an und begannen, die Pflaumenbäume zu schütteln.

Plötzlich ertönte ein Schrei:

„Der Postmeister!"

Die Antwort war ein heiserer, beinahe wilder Schrei, und die Männer bedrängten den Unteroffizier, der einen Sack voller Briefe trug, regelrecht.

Endlich Neuigkeiten! Manche Briefe waren schon seit vierzehn Tagen unterwegs, unsere wurden anscheinend nicht zugestellt. Wie groß war die Angst der Menschen zu Hause!

Nachdem wir unsere Korrespondenz gelesen hatten, rief mich Hutin an:

"Kommst du, um deine Wäsche zu waschen?"

"Ja."

Wir hängten unsere Tuniken an die tief hängenden Zweige der Pflaumenbäume und gingen mit den Hemden unter den Armen und mit nacktem Körper bis auf die Hosenträger zum Fluss hinunter.

Wir verbrachten einen ruhigen Morgen mit Essen, Rauchen und Schreiben. Gegen Mittag erklangen auf der nächsten Hügelkette die kurzen, scharfen Schüsse der 75er. Um ein Uhr erhielten wir den Befehl, vorzurücken und eine Artilleriegruppe zu unterstützen, die auf den Höhen nördlich von Landres im Einsatz war.

Kaum hatten wir unsere Position bezogen, als ein Flugzeug über uns hinwegflog. Offenbar eine deutsche Maschine; bisher hatten wir keine anderen gesehen. Fast unmittelbar danach begannen Granaten um uns herum niederzufallen, aber wieder blieb die Batterie wie durch ein Wunder unversehrt inmitten der explodierenden Granatsplitter und des Melinitrauchs. Aber das passierte nicht immer!

Ach, wenn ich nur der Hekatombe entkomme, wie sehr werde ich das Leben schätzen! Ich hätte nie geglaubt, dass es eine intensive Freude sein könnte, zu atmen, die Augen dem Licht zu öffnen, es in sich eindringen zu lassen, heiß zu sein, kalt zu sein – sogar zu leiden. Ich dachte, dass nur bestimmte Stunden einen Wert hätten, und ließ die anderen achtlos vorbeiziehen. Wenn ich das Ende dieses Krieges erlebe, werde ich wissen, wie ich aus jedem Augenblick seine volle Freude saugen und jede Sekunde des Lebens spüren kann, während sie vorbeizieht, wie köstlich kühles Wasser, das zwischen den Fingern rinnt. Ich bilde mir fast ein, dass ich ständig innehalten, einen Satz unterbrechen oder eine Geste aussetzen werde und mir immer wieder sagen werde: „Ich lebe! Ich lebe!“

Und wenn ich daran denke, dass ich in wenigen Augenblicken vielleicht nur noch eine formlose Masse blutenden Fleisches auf dem Grund eines Granattrichters sein werde!

Unter dem Granatsplitterfeuer war nichts zu machen. Der Kapitän blickte mit erschreckender Ruhe über die Ebene.

Plötzlich vergrößerte der Feind seine Reichweite, die Granaten flogen über uns hinweg und explodierten im Tal, auf einer Straße, wo wir die ersten Wagenreihen in dichten Staubwolken im Galopp davongaloppieren sahen.

Befehle sind eingetroffen … Wir sollten nach Landres zurückkehren.

Eine Granate hatte ein tiefes Loch in die Straße gerissen, und in der Nähe lagen die zerfetzten Überreste eines Pferdes – ein gliederloser, enthaupteter

Körper. Der Kopf, der am Rand des Grabens lag und anscheinend unversehrt war, schien diesen Körper mit einem überraschten Ausdruck in seinen großen, noch immer klaren Augen anzustarren. Ein Fetzen Fleisch und kastanienbraune Haut war auf die Spitze eines benachbarten Abhangs geweht worden. Der Granattrichter, in dem die Eingeweide lagen, umgeben von purpurnem Blut, das in der Sonne rasch schwarz wurde, verströmte einen Geruch von Verwesung und Exkrementen – einen widerlichen Geruch, der uns fast krank machte.

Es schien, als sei der ranghöchste Unteroffizier, der dieses Pferd geritten hatte, ohne einen Kratzer davongekommen.

Ein Jägerregiment stieg langsam den hohen Hügel hinab, der im Nordosten über Landres thront.

Die untergehende Sonne erhellte nicht mehr die Tiefen des Tals, in dem wir unsere Gewehre abgestellt hatten, dafür aber umso prächtiger den steilen Abhang, den die roten und blauen Schwadronen in guter Ordnung hinabstiegen, wobei ihre gezogenen Säbel im herrlichen orangefarbenen Licht funkelten. Die Jäger zogen dicht an uns vorbei und ritten dann die gegenüberliegende Seite des Tals hinauf in Richtung der Sonne, deren rote Scheibe noch immer über die Bergkuppe lugte. Als sie den Gipfel überquerten, zeichneten sich die Reiter für einen Moment als Silhouetten gegen den Horizont ab.

Ich war völlig erschöpft und begann trotz meiner Bemühungen einzuschlafen. Ich hatte den Eindruck, um wach zu bleiben, müsste ich die Haltung der Wachposten von früher einnehmen – einen erhobenen Finger, der zum Schweigen aufforderte.

Mittwoch, 2. September

Letzte Nacht wurden die Pferde nicht ausgespannt, und wir selbst haben auf dem nackten Boden, wo es so schwierig ist, richtig zur Ruhe zu kommen, kaum vier Stunden geschlafen.

Es war noch dunkel, als wir uns wieder auf den Weg machten, eine Straße entlang, die von dichten Wäldern gesäumt war. Die Nacht war dunkel und erfüllt von unheimlichen, grauen Schatten, die die ersten, kaum wahrnehmbaren Strahlen der blassen Morgendämmerung warfen. Ich döste auf dem schwankenden Munitionswagen, an den man sich nach einiger Zeit gewöhnt, als ich vom Knacken zerbrochenen Holzes und dem dumpfen Aufprall eines Sturzes geweckt wurde. Ich sah mich um, sah aber nichts. Dann glaubte ich, durch das Rumpeln der Räder einen klagenden Schrei zu hören, der mit Schluchzen vermischt war. Ja... Jetzt hörte ich deutlich die klare Stimme eines kleinen Mädchens, das rief:

"Mutter Mutter!"

Auf einem Steinhaufen am Straßenrand konnte ich nun das Rad eines umgestürzten Karrens erkennen, eine menschliche Gestalt auf dem Boden und darum herum die Schatten kniender Kinder.

Noch einige Schluchzer, dann rief die kleine Stimme erneut:

„Mutter! Mutter! ... Oh, Mutter, antworte doch!"

Die Kolonne setzte ihren Weg fort. Ein krampfhafter, herzzerreißender Schrei, der aus meiner von Angst erstickten Kehle drang, schien in meiner Brust widerzuhallen:

"Mutter!"

Wir hätten gern angehalten, nachgefragt und geholfen, wenn wir konnten. Es waren mehrere Kinder da. War ihre Mutter ohnmächtig geworden? Vielleicht. War ein Mann bei ihnen? Angenommen, es war keiner da! ... Ich war sehr versucht, vom Munitionswagen abzuspringen und zurückzulaufen, aber ich wusste, dass ich nicht mehr zur Batterie zurückkehren konnte. Ein Reiter stieg ab und sagte:

„Ich werde den Sanitätsoffizier anhalten, wenn er kommt ... Wir holen Sie im Trab ein!"

Wir wurden von der langsam marschierenden Kolonne weitergetragen. Der Schrecken dessen, was am Straßenrand geschehen war, war so groß, dass ich trotz meiner Müdigkeit wach blieb und sah, wie das Tageslicht langsam hereinkroch. Ich glaube, ich werde immer diese kleine Stimme hören, die „Mutter!" rief, und das Schluchzen der Kinder im grauen Morgengrauen.

Als wir die Hauptstraße erreichten, mussten wir anhalten und die Infanterie der 7. Division passieren lassen. Das Armeekorps zog sich zurück. Jemand sagte, wir würden in den Zug einsteigen.

Einsteigen! Warum? Wohin? Es schien, als seien wir an der Maas durch frische Truppen abgelöst worden und das 4. Korps müsse neu formiert werden.

Wir wollten uns also ausruhen – schlafen! Aber das hatten wir in den letzten acht Tagen so oft gehört! Konnten wir das glauben? Und doch musste es wahr sein, denn dieser Teil des Landes würde sicher nicht schutzlos zurückgelassen werden.

Unter dem Rauschen offener Schleusen folgte Welle auf Welle die Straße, Bataillon auf Bataillon. Die Soldaten schienen recht fröhlich; einige sangen sogar.

Das 101. Infanterieregiment kam vorbei.

„Ist das 102. hinter Ihnen?", fragte Tuvache.

"Ja."

„Ich frage, weil mein Bruder dabei ist."

Die lange Kolonne zog noch immer weiter. Endlich, einige Minuten später, traf der Bruder ein.

„Hallo! Tuvache!"

Einer der Männer drehte sich um:

„Hallo! Du bist es!"

Die beiden Brüder schüttelten sich lediglich die Hände, doch die Freude über das Wiedersehen war in ihren Augen deutlich zu erkennen.

„Also geht es dir gut?"

"Ja, und Sie?"

„Wie Sie sehen … ganz in Ordnung."

"Ich bin froh...."

„Gibt es Neuigkeiten von zu Hause?"

„Ja, gestern. Es geht ihnen allen gut, und sie haben mir gesagt, ich solle dir grüßen, wenn ich dich sehe, und dir die Hälfte der Postanweisung geben, die sie mir geschickt haben."

Der Soldat suchte in seiner Tasche.

„Das einzige Problem ist, dass ich den Postmeister nicht erreichen konnte, um es einzulösen. Aber wenn Sie es wollen …"

„Nein, behalte es! Ich habe mehr Geld, als ich brauche."

„Also gut. Onkel und Tante lassen dich grüßen... Hallo! Ich darf meine Gesellschaft nicht verlieren... Ich glaube, wir werden uns ein wenig ausruhen..."

„Das sagt man. Dann sehen wir uns bald wieder... Auf Wiedersehen!"

Ihre Hände trafen sich. Der Infanterist machte einen Schritt nach vorne.

„Ich werde ihnen sagen, dass ich Sie gesehen habe, wenn ich schreibe."

„Ja, das werde ich auch!"

Der Mann rannte weiter und drängte sich durch die Reihen. Ab und zu sahen wir, wie er die Hand über die Köpfe der Männer hob und zum Abschied winkte.

Wir folgten den Regimentern der 7. Division und begannen einen Marsch, der uns unglaublich langsam vorankam. Es war sehr heiß und der Staub, den die Infanterie aufwirbelte, erstickte und erstickte uns. In Abständen lagen am Straßenrand tote Pferde.

Als wir Châtel erreichten, bogen wir nach links auf eine freie Straße ab und konnten endlich traben. Über die Felder und Täler hinweg, bis zum Horizont, markierte eine lange Linie grauen Staubs, der die Bäume umhüllte, die Straße nach Varennes, der die Division folgte.

Es war Mittag, und mir kam es vor, als hätten wir seit unserer Abfahrt im Morgengrauen zehn oder zwölf Meilen zurückgelegt. Doch plötzlich hörten wir wieder die Schüsse – nicht weit entfernt, im Nordosten.

Nahe dem Dorf Apremont am Rande des Argonnenwaldes, in das die Spitze unserer Kolonne bereits vorgedrungen war, explodierten drei Granaten.

Dann folgte uns der Feind! Gab es denn niemanden, der ihn aufhalten konnte? Waren wir nicht ersetzt worden? Bedeutete das eine Niederlage ... eine Invasion ... die Offenheit Frankreichs?

Neben unserer Kolonne zogen Karrenreihen schwerfällig die Straße entlang. Die ganze Bevölkerung floh vor dem Feind – alte Frauen, Mädchen, Mütter mit Säuglingen an der Brust und Scharen von Kindern. Diese unglücklichen Kleinen retteten das, was ihnen am wertvollsten war – ihre Existenz; die Frauen und Mädchen – ihre Ehre, ein wenig Geld, oft ein Haustier wie einen Hund, eine Katze oder einen Vogel im Käfig …

Die Ärmsten waren zu Fuß unterwegs. Eine vierköpfige Familie bahnte sich ihren Weg durch den Wald, angeführt von einem alten Mann mit verhärmten Gesichtszügen. Über der Schulter trug er einen Stock, an dessen Ende ein großer Weidenkorb befestigt war, der mit einem weißen Tuch bedeckt war. Neben ihm baumelte eine Jagdtasche, die bis zum Rand vollgestopft war. Ihm folgte auf dem schmalen Waldweg eine junge Frau, die mit einer Hand eine dicke rote Kuh führte, während sie mit der anderen einen zottigen Hund an der Leine hielt, die mit einem am Halsband befestigten Tuch befestigt war. Ein kleines Mädchen klammerte sich an ihre Röcke und ließ sich hinter sich herziehen. Hinter ihnen kam eine alte Frau, fast gebeugt vom Alter und vom Gewicht eines Weinlesefasses voller Leinen, das sie auf dem Rücken trug. Sie humpelte dahin und stützte sich schwer auf einen Stock.

Wohin gingen all diese armen Menschen? Viele hatten nicht die leiseste Ahnung und gaben das auch zu. Sie gingen geradewegs in jene Teile Frankreichs, die die Deutschen nicht erreichen würden.

"Was bringt es, hier zu bleiben?", fragte ein alter Mann nörgelnd. "Sie werden trotzdem alles niederbrennen, und ich wäre lieber hier ruiniert und obdachlos, aber frei, als dort drüben in den Händen der Deutschen zu sein. Außerdem muss ich an meine Schwiegertochter denken – die Frau meines Sohnes, der wie Sie ein Kanonier ist. Sie ist schwanger – im siebten Monat – und als sie gestern die Schüsse hörte, setzten die Wehen ein. Zuerst dachte ich, sie würde eingesperrt werden, aber es ging vorbei. Aber ich dachte, wir sollten besser sofort gehen. Diese Bestien von Deutschen, die Frauen vergewaltigen und ausweiden ... wer weiß, ob sie ihren Zustand respektiert hätten? ... Letzte Nacht haben wir eine Hütte eines Straßenarbeiters zum Schlafen gefunden, aber ich weiß nicht, was wir heute Nacht tun sollen ... Und ich habe Angst, dass sie krank wird. Gerade jetzt schläft sie im Karren. Ich muss aufpassen, dass sie nicht krank wird! Mein Sohn hat sie in meine Obhut gegeben."

Ich deutete in die Richtung, in die unsere Kolonne fuhr, und fragte den alten Mann:

"Wohin führt diese Straße?"

„Wo?“, antwortete er, und plötzlich erschien ein zorniger Ausdruck in seinen Augen. „Na, Châlons und Paris ... ganz Frankreich!“

Und kopfschüttelnd fügte er bitter hinzu:

"Ach du lieber Gott!"

„Sie sehen, es sind noch halb so viele wie wir.“

Er antwortete nicht sofort, aber nach einer Weile sagte er:

„Ich habe ‚70‘ gesehen ... Es ist genauso wie ‚70‘.“

Die Batterie rollte weiter, bis wir ganz Argonnen durchquert hatten. Bei Servon, einem Dorf am Waldrand, wo die Infanterie einen langen Halt einlegte, blieben wir ein paar Minuten stehen. Es war zwei Uhr.

Wir führten die Pferde hinunter zur Tränke, die bei einer Mühle am Ufer der grünen Aisne lag. Brusthoch wateten die Tiere in den Bach, schnaufend und schnaubend blieben sie stehen und spritzten die Männer nass, die mit hochgekrempelten Hosen ebenfalls genüsslich im kühlen Nass plantschten.

Schließlich stellten wir unsere Waffen in der Nähe von Ville-sur-Tourbe ab. Vermutlich sollten wir noch am selben Abend am nahegelegenen Bahnhof in den Zug einsteigen.

Die Vorahnungen, die mich am Morgen ergriffen hatten, als ich den Feind hinter uns vorrücken sah, waren keineswegs geringer geworden. Sollten wir in den Zug steigen und den Angreifern die Straße frei lassen? Würden sie nicht die in Belgien operierenden und im Elsass vorrückenden Truppen umzingeln? ... Aber waren die Franzosen noch in Belgien und im Elsass? Wie sehr wünschten wir, die Wahrheit zu erfahren, wie sie auch aussehen mochte!

Heute Abend waren die Männer mürrisch und niedergeschlagen, und alle wollten dem harten Dienst entfliehen. Déprez sah sich von allen Seiten mit derselben Verdrossenheit und Apathie konfrontiert.

„Tuvache, geh und hol Wasser!"

„Aber ich bin gestern gegangen! ... Es ist mehr als eine halbe Meile! ... Warum können nicht einige der anderen an die Reihe kommen? ..."

„Und, Laillé, bist du gestern gegangen?"

"NEIN."

„Also gut, los geht's!"

"Oh doch...."

„Ich frage nicht nach Ihrer Meinung, wissen Sie ..."

„Manche von ihnen gehen nie ..."

„Ich sage dir noch einmal: Geh und hol Wasser!"

„Na, jedenfalls werden Sie mir danach nichts mehr befehlen?"

"NEIN."

Laillé hielt in jeder Hand einen Wasserbeutel aus Haut und schleppte sich mit hängenden Schultern davon.

Man teilte uns mit, dass wir in Ville-sur-Tourbe nicht in den Zug einsteigen würden.

Wir mussten unsere Suppe kochend heiß hinunterschlucken und das Fleisch roh essen. Danach machten wir uns in der purpurnen Dämmerung wieder auf den Weg. Flüchtlinge hatten auf den Feldern zu beiden Seiten der Straße ihr Lager aufgeschlagen. Sie hatten sich darauf vorbereitet, die Nacht ausgestreckt auf Stroh zu verbringen, das sie unter ihren Karren verstreut hatten, was ihnen nur einen schlechten Schutz vor der Morgenkälte und dem Tau bot. Kleinkinder in langen Kleidern schliefen in Wiegen.

Wir marschierten nach Süden. Der Mond war aufgegangen, und geradeaus leuchtete ein einsamer, prächtiger Stern. Bald erreichten wir eine dunkle und verlassene Stadt – Sainte-Menehould –, wo es zu dunkel war, um die Straßennamen zu erkennen. Die Straße war in einem beklagenswerten Zustand, die Pferde stolperten und die Gewehre rumpelten. Die Perspektiven der verlassenen Straßen wurden durch den Mond erweitert ... Schließlich sahen wir vor uns die rote Lampe eines Bahnhofs, wo ich einen Moment lang dachte, wir sollten einsteigen. Aber wir hielten nicht einmal an.

Im fahlen und gelben Mondlicht, das die Entfernungen vergrößerte, breitete sich das Land erneut in langen Tälern aus, in denen sich keine Truppen bewegten und kein Wachposten zu sehen war.

Donnerstag, 3. September

Gegen Mitternacht machten wir Halt, und fast unmittelbar danach trafen Befehle ein. Unsere ursprünglichen Anweisungen lauteten, bei Tagesanbruch weiterzuziehen, aber die gerade vorliegenden Befehle besagten, dass wir hier bleiben sollten. So konnten wir bis nach neun Uhr schlafen.

Ein nicht enden wollender Strom von Flüchtlingen strömte nun die staubige Straße entlang.

Wieder einmal hörten wir das Gerücht, dass wir an der Maas durch das 6. Armeekorps abgelöst worden seien und unter dem Kommando von General d'Amade ins Oberelsass einmarschieren würden. Dieser Name war sehr populär und löste allgemeine Begeisterung aus.

„Jetzt wird es anders!"

Ich befragte einen Jäger, einen von General Boëlles Ordonnanzen, aber entweder wusste der Mann nichts, oder er wollte nicht sagen, was er wusste.

Die Karren der Flüchtlinge mussten auf einer Seite der Straße aufgereiht werden, um der Infanterie des 2. Armeekorps Platz zu machen, die aus Clermont-en-Argonne und Sainte-Menehould ankam. Diese Truppen schienen weniger schwere Verluste erlitten zu haben als die Regimenter des

4. Korps, aber sie hatten ebenso wenig Ahnung von ihrem Ziel wie wir. Sie sprachen auch von d'Amade, von Erfolgen im Norden und von Seesiegen. Sie schienen nicht zu wissen, dass die Deutschen hinter uns vorrückten. Aber rückten sie wirklich vor? Handelte es sich nicht nur um eine Neuverteilung französischer Truppen? Wie sehr wünschten wir uns, dass es so wäre!

Freitag, 4. September

Es war noch Nacht, als wir das Lager aufbrachen. Nach einem ganzen Tag, den wir ausschließlich mit Essen und Schlafen verbracht hatten, hätten wir uns viel erfrischter fühlen müssen, wenn uns nicht der Durchfall gequält hätte. Der Sanitätsoffizier hatte kein Wismut oder Paregoric-Elixier mehr, und uns blieb nichts anderes übrig, als Schlehenrinde zu kauen.

Die Pferde waren noch erschöpfter als die Männer. Viele waren bei den Gefechten am Montag und Dienstag leicht verletzt worden und ihre Wunden eiterten. Niemand schien sich um sie zu kümmern, und das war nicht das Schlimmste, denn einige von ihnen mussten die dummen Behandlungen ertragen, die die unwissenden Kutscher anwandten. Ich sah einen Mann auf den Fesselkopf seines Pferdes urinieren, der von einem Granatsplitter zerschnitten worden war. Fast alle Tiere hinkten infolge von Tritten, die sie nachts abbekommen hatten, wenn die abgenutzten Stallpfosten einschliefen. Da sie selten aus den Zügeln genommen und kaum jemals ausgespannt wurden, hatten die Riemen, Schweifriemen und vor allem die Schweifriemenschlaufen große Wunden an ihnen hinterlassen, die den ganzen Tag über mit Fliegen bedeckt waren. Und außerdem waren die armen Tiere, wie die Männer, durch unaufhörlichen Durchfall geschwächt.

Den ganzen Morgen marschierten wir weiter durch Givry-en-Argonne, Sommeilles, Nettancourt und Brabant. Die Meilensteine waren zuerst mit „Meuse" und dann mit „Marne" markiert. Der Staub verhüllte die strengen, regelmäßigen Hügel des schönen Landes und die herrlichen Ausläufer des Argonnenwalds, die sich nach Osten hin erstrecken, zur Hälfte.

Gegen Mittag erreichten wir Revigny-aux-Vaux, eine hübsche kleine Stadt mit weißen Mauern, umgeben von Feldern und Weideland, wo wir unsere Gewehre am Ufer des Ornain, in der Nähe des Bahnhofs, abstellten. Als wir die Pferde zum Fluss hinunterführten, sprach mich ein Mann, der wie ein Handwerker gekleidet war und am Straßenrand saß, an:

"Woher kommt ihr Kanonen?"

„Aus der Region Hauts-de-Meuse, drüben bei Dun und Stenay. Dort wurden wir durch frische Truppen abgelöst."

„Ersetzt?"

„Ja, sie sagen, vom 6. Armeekorps.“

„Pah, das ist alles Blödsinn! ... Du hast einfach den Schwanz eingezogen! ... Ja ... einfach nur! ... Weißt du, wo die Preußen sind?“, fügte er hinzu und stand auf.

Plötzlich überkam mich eine Furcht. Das Elend stand dem Kerl deutlich ins Gesicht geschrieben. Im Sitzen war er nicht annähernd so groß oder dünn gewesen.

Er streckte einen langen Arm aus und zeigte mit zitternder Hand nach Nordwesten.

„Sie sind gleich vor Châlons, die Preußen!“

Ich zuckte mit den Schultern.

„Sie glauben mir nicht? Nun, ich komme aus Châlons – ein Flugzeug hat eine Bombe auf den Bahnhof geworfen, als mein Zug gerade abfuhr. Und die Preußen sind auch an anderen Orten angekommen, wenn Sie es wissen wollen. Sie sind in Compiègne! Hören Sie? ... In Compiègne ... das ist sicher. Sie müssen nur fragen ... jeder hier wird es Ihnen sagen. Sie sind in Compiègne angekommen und haben La Fère eingenommen, als sie vorbeikamen.“

Ich begann zu zittern, alles schien sich um mich zu drehen, und einen Moment lang glaubte ich zu fallen. Instinktiv presste ich meine Knie gegen die Flanken meines Pferdes und kehrte mit hagerem Gesicht und schmerzendem Herzen langsam ins Lager zurück.

Hutin war da. Ich sah ihm direkt in die Augen und sagte langsam:

„Hutin! Die Deutschen sind in Compiègne!“

"Wo?"

„In Compiègne!“

Er wurde blass und zuckte mit den Schultern.

"NEIN!"

„Ja, in Compiègne!“

„Compiègne! Compiègne! Das ist doch keine sechzig Meilen von Paris entfernt! Oh, mein Gott!“

Wir sahen uns an.

"Wer hat sie durchgelassen?"

„Die im Norden, nehme ich an.“

„Dann ist es schlimmer als 1970!"

„In Compiègne!", wiederholte Hutin zerstreut.

Schreckliche Gedanken an Untergang, Verrat, an die Bitterkeit der Niederlage und an sinnlos ertragenes Leid stiegen wie Gespenster in den Köpfen aller Männer auf.

„Ich habe es euch ja gesagt, wir sind verkauft!", verkündete der Trompeter.

Trotz allem konnte ich immer noch nicht an Verrat glauben.

„Verkauft! Warum verkauft? Von wem? ... Von wem?"

„Woher soll ich das wissen? Aber sie wären nicht in Compiègne, wenn wir nicht verraten worden wären. Oh, es ist die alte Geschichte! ... Genau wie 1970 ... Bazaine 1970!"

"Vielleicht wären wir überwältigt worden... Es sind so viele!... Dreimal so viele wie wir!... Außerdem bestand der Fehler der Châlons-Armee im Jahr 1870 darin, dass sie nicht in Paris auf die Deutschen wartete. Das ist allgemein bekannt. Wenn Mac-Mahons Armee nicht vorgerückt wäre und sich nicht bei Sedan hätte einkesseln lassen, wären wir vielleicht nicht geschlagen worden..."

Ich fasste den Gedanken eines strategischen Rückzugs ins Auge und versuchte, meine Kameraden zu überzeugen, um mich selbst zu überzeugen. Aber sie blieben alle niedergeschlagen und mürrisch und wiederholten immer wieder:

„Genau wie 1970!"

Was für ein Refrain!

Bréjard, der beim Rauchen zugehört hatte, war der Einzige, der noch immer zuversichtlich war.

"Das Schlimmste ist", sagte er, "dass wir nichts Genaues wissen. Aber wenn die anderen Armeekorps in der gleichen Lage sind wie wir, ist noch lange nicht alles verloren. Sie sind wahrscheinlich im Norden etwas zurückgedrängt worden, so wie wir in Belgien. Aber wenn sie nicht eingenommen wurden, ist das die Hauptsache, und was die Ähnlichkeit mit 1970 angeht - da gibt es absolut keine Ähnlichkeit! 1970 waren wir allein, während wir jetzt die Engländer und Russen auf unserer Seite haben."

„Oh, reden Sie mit mir nicht über die Engländer und Russen!" sagte der Trompeter.

„Haben Sie einen der Engländer gesehen, Sergeant?"

„Nein, aber sie sind hier drüben, das stimmt."

„Das soll so sein", korrigierte Millon. „Aber es hieß auch, wir würden im Norden vorrücken. Ein brillanter Vormarsch! ..."

„Und die Russen!", fuhr Pelletier fort. „Warum zum Teufel sind sie noch nicht in Berlin? Auf ihrer Seite gibt es nichts, was sie aufhalten könnte ..."

Bréjard zuckte mit den Schultern:

„Na ja, aber mit der Eisenbahn kommen sie ja trotzdem nicht hin!"

„Aber ein Monat müsste doch genügen ... mit ihren berühmten Kosaken", erwiderte der Trompeter.

Und er fuhr fort:

"Das ist alles Blödsinn! Soll ich Ihnen sagen, was *ich* davon halte, Sergeant? Also, diese Russen und Engländer, die Deutschland den Krieg erklärt haben ... das ist einfach nur Schwindel! ... Eine abgekartete Sache! Sie haben das Ganze zusammen eingefädelt, um uns fertigzumachen ... genau wie 1970!"

„Genau wie 1970!", wiederholte Blanchet, der im Schneidersitz dasaß und einen Riss in seinem Mantel flickte.

Diese niederschmetternde Katastrophe, die wie ein Vorschlaghammer über uns hereinbrach, ließ uns an allem und jedem zweifeln.

Warum konnten sie uns nicht, statt uns mit imaginären Siegen zu täuschen, einfach sagen: „Wir haben es mit einem zahlenmäßig überlegenen Feind zu tun. Wir müssen uns zurückziehen, bis wir unsere Konzentration abgeschlossen haben und die englische Verstärkung eintrifft."

Hatten sie Angst, uns mit dem Wort „Rückzug" Angst zu machen, wenn wir die Realität bereits erlebten?

Warum? Warum wurden wir getäuscht und demoralisiert? ...

In Begleitung von Déprez und Lebidois betrat ich den Garten eines Restaurants und bestellte ein Mittagessen. Unter der Laube aus Wildem Wein und Schneeball, die hier und da von tanzenden Sonnenstrahlen durchdrungen war, leuchtete ein Sammelsurium von Offiziersuniformen – Apotheker, Sanitäter, Infanterieoffiziere aller Konfessionen, ASC-Offiziere und Zahlmeister, letztere in grünen Uniformen, die ihnen das Aussehen von Förstern verliehen.

Fünfzehn Tage lang hatten wir weder von richtigen Tellern gegessen noch aus Gläsern getrunken. Das Mittagessen wäre ein unbeschreibliches Vergnügen gewesen, wenn uns nicht alle drei das Gespenst der Niederlage verfolgt hätte ...

Als es dunkel wurde, bestiegen wir den Zug. Der lange, mit Stroh ausgelegte Bahnsteig wurde in längeren Abständen von Öllampen erhellt. Die Pferde waren erschöpft und ließen sich mit hängenden Köpfen von den Kutschern ohne Widerstand in ihre Boxen führen. Die Kanonenschützen waren gerade dabei, die Geschütze auf die Wagen zu laden, und bald war es still. Die Männer machten es sich für die Nacht bequem, dreißig in jedem Wagen, einige streckten sich auf den Sitzen aus, andere lagen darunter und benutzten ihre Mäntel als Kissen. Gewehre und Schwerter waren in eine Ecke geworfen worden. Und gerade als der westliche Himmel zu glühen aufhörte und den trostlosen Bahnsteig dunkel und verlassen zurückließ, fuhr der Zug langsam los.

Samstag, 5. September

Letzte Nacht habe ich kaum geschlafen. Jede Viertelstunde hielt der Zug an, und Männer, die an Ruhr erkrankt waren, traten auf mich, während sie eilig zu den Türen rannten, um auf den Gleisen herunterzuspringen. Heute Morgen geht das gleiche Gerangel weiter. Sobald der Zug anhält, hat man eine Vision von Reihen von Kanonenschützen, die in die Büsche rennen, von wo sie eilig zurückkehren, wenn die Pfeife ertönt. Glücklicherweise nimmt der Zug nur sehr langsam Fahrt auf.

Ein melancholischer Tag – man verbringt ihn damit, geistesabwesend zuzusehen, wie das Land an einem vorbeizieht, der Geist ist ständig hypnotisiert vom Gedanken einer Niederlage …

Oft ist der Zug nicht schneller als ein Fußgänger.

IV.
VON DER MARNE ZUR AISNE

Sonntag, 6. September

ALS wir an diesem schönen, von leicht silbrigem Nebel umhüllten Morgen aufwachten, waren die Vororte von Paris bereits sichtbar.

Wir durchquerten den Wald von Fontainebleau, wo Truppen zwischen Ginster und Adlerfarn lagerten, und rollten weiter durch die Wälder, in denen die weißen Mauern und roten Dächer der Villen einen fröhlichen Farbtupfer vor dem grünen Hintergrund bildeten. Die Gärten waren eine Blumenpracht; riesige Sonnenblumen wandten uns ihre goldenen Gesichter zu.

Wir hätten die Tragik des Augenblicks fast vergessen.

Sonntag! Die Glocken läuteten. Außerdem war Paris jetzt ganz nah und die magnetische Kraft der Großstadt machte sich bereits bemerkbar. Die Pariser im Wagen konnten kaum stillhalten.

Obwohl es schwer gewesen wäre, den Grund und das Wie zu erklären, keimte nach dieser trostlosen Reise plötzlich neue Hoffnung auf, und das trotz weiterer schlechter Nachrichten, die wir unterwegs erfahren hatten: nämlich, dass die Deutschen Creil ohne Widerstand erreicht hatten.

Es war nicht die Stärke des verschanzten Lagers von Paris, seiner Garnison oder seiner schweren Artillerie, die unser Vertrauen wiederherstellte; es war eher der instinktive Glaube eines Kindes, das sich nach seiner Rückkehr nach Hause unwiderstehlich fühlt, weil es eine Art beruhigender Sympathie zwischen ihm und den umgebenden Objekten – sogar den Elementen – zu geben scheint. Was das Blut wieder durch unsere Adern fließen ließ, war das unbeschreibliche, aber deutliche Gefühl, das durch die Anwesenheit von etwas Unsterblichem, von etwas Geliebtem und Verehrtem verursacht wurde. Es war wie ein Hauch von Leben, wie die tröstende Unterstützung einer unbesiegbaren Persönlichkeit, einer allmächtigen Gottheit.

Und dann wiederholte Hutin immer wieder:

„Da! Das ist Paris! Das ist Paris!"

"Das Englisch!"

Ein Konvoi britischer Truppen kam an uns vorbei. Die Männer riefen und schwenkten ihre Käppis.

In Villeneuve-Saint-Georges wimmelte es im Bahnhof von Hochländern. Unser Zug kam zum Stehen und wurde sofort von einer Menge Soldaten in

Kilts umringt, die unsere Gewehre in Augenschein nehmen wollten. Lebidois fungierte als Dolmetscher, und es gab viel Händeschütteln und Jubel.

Little Millon hielt einen stämmigen Highlander mit tätowierten Handgelenken und Knien an und fragte ihn, ob er unter seinem Kilt Unterhosen trage. Der andere verstand nicht und lachte.

„Das stimmt doch, nicht wahr?", sagte Millon. „Wenn du nur ein bisschen mehr Haare auf dem Kopf und ein bisschen weniger an den Pfoten hättest – in diesem Rock würden sie dich für ein Mädchen halten!"

Wir stiegen in Pantin aus. Abgesehen von den Aufschriften auf den Holzpaneelen oder Stahlläden der Geschäfte, wie „Besitzer vorn", oder in 30 Zentimeter hohen Buchstaben „Wir sind Franzosen", und von den verblichenen Mobilisierungsplakaten hatte Pantin das übliche Aussehen, das solche Orte an Sommersonntagen ausstrahlten.

Auf dem Bürgersteig und auf der Straße wimmelte es von Frauen in hellen Kleidern, sorgfältig geschnürt, deren Figuren von jener Anmut umspielt waren, die nur Pariser Frauen zu besitzen scheinen. Soldaten jeden Rangs und Regiments schlenderten durch das Gedränge. Ein Territorialbeamter ging mit einer Frau auf dem einen Arm vorbei, während er am anderen einen kleinen Jungen an der Hand hielt.

War es möglich, dass der Feind vor den Toren stand?

In Rosny-sous-Bois schlugen wir unser Lager auf einem Plateau auf, das auf der einen Seite die Stadt und auf der anderen die Ebene von Brie überblickte – ein ziemlich deprimierender Ort ohne jeden Reiz. In weiter Ferne, in Richtung Südosten, war Gewehrlärm zu hören.

Auf den Straßen, zwischen den grünen Gärten und den hellen Fassaden der Villen, sorgten scharlachrote Uniformen, weiße Blusen und bunte Sonnenschirme für leuchtende Farbtupfer in der Menge.

Die Zuaven waren aus den Festungen heruntergekommen.

Auf den Terrassen der Cafés, wo kein einziger Platz frei blieb, flatterten die weißen Schürzen der Kellner zwischen den bunten Uniformen der Jäger, Offiziere des Armeekorps, Artilleristen, Tirailleure und Spahis hin und her. Vor dem Postamt und vor den Türen der Bäckereien und Konditoreien sammelte sich die Menge in lebhaften Gruppen. Frauen liefen hin und her, begrüßten die Soldaten, stellten Fragen und suchten nach einem Ehemann, Sohn, Bruder oder Liebhaber, den sie erwarteten.

Alle drängten sich, grüßten einander, tranken, aßen, rauchten und lachten. Familien ruhiger, leicht neugieriger Händler stolzierten mit kurzen, eingebildeten Schritten durch die Menge und wieder hinaus.

Die Schüsse dröhnten noch immer, doch um sie zu hören, musste man sich von der Menge trennen und in die ruhigen kleinen Straßen zwischen den Gärten gehen.

Wir hörten, dass auf der Grand Morin Kämpfe im Gange waren.

Montag, 7. September

Es war heller Tag, als ich von Bréjard geweckt wurde.

„Steh auf", sagte er.

"Was?"

„Hier, hör dir das an."

Er zog ein Stück Papier aus seiner Tasche.

" *Tagesbefehl der Armee.*

„ *In dem Moment, in dem wir uns auf eine Schlacht einlassen, von der die Sicherheit des Landes abhängt, müssen wir jeden daran erinnern, dass dies nicht der Moment ist, zurückzublicken. Es dürfen keine Anstrengungen gescheut werden, um den Feind anzugreifen und zurückzuschlagen. Truppen, die nicht weiter vorrücken können, müssen um jeden Preis das gewonnene Gebiet verteidigen und sich lieber töten lassen, als sich zurückzuziehen. "*

"Verstehst du?"

Ja, wir hatten es alle vollkommen verstanden. Wir hätten nie in der Lage sein dürfen, unsere innersten Gedanken so einfach und doch so vollständig auszudrücken. „Truppen sollten sich lieber töten lassen, als sich zurückzuziehen." Das war es!

„Und jetzt macht euch locker", fügte Bréjard hinzu. „Wir sind unterwegs!"

Gerade als die Batterie loslegte, eilten zwei Mädchen herbei, die Schwester und die Verlobte eines der Kanoniere. Einen Moment lang liefen sie errötet und keuchend neben den Pferden her, wobei sie beide schnell und gleichzeitig sprachen. Als sie ganz außer Atem waren, streckten sie nacheinander ihre Hände dem Kanonier entgegen, der sich aus dem Sattel beugte und ihre Fingerspitzen küsste.

Wir durchquerten die Vororte und näherten uns dann über die Straße nach Soissons der Ebene von Brie. Wir fuhren an die Front, und ich glaube, jeder von uns spürte, dass wir gerade die schwersten und kritischsten Augenblicke eines ganzen Jahrhunderts – vielleicht der ganzen Geschichte – durchlebten.

Der Abend brach herein. Die Batterie war seit mehr als zehn Stunden ohne Unterbrechung im Marsch. Weit im Hintergrund erhob sich Montmartre mit seiner schwarzen Silhouette gegen den westlichen Himmel.

Die Felder wurden von den Sternen erhellt, die außergewöhnlich hell leuchteten, doch die Straße blieb dunkel unter dem Gewölbe der hohen Bäume, die in Doppelreihen zu beiden Seiten gepflanzt waren und zwischen denen eine erstickende Staubwolke schwebte. Ein entfernter Suchscheinwerfer durchsuchte die Ebene. Die Batterie verfiel auf der gepflasterten Straße in einen Trab, und die Fahrzeuge ruckelten und holperten so, dass es eine wahre Folter war, auf ihnen zu sitzen. Scharfe innere Schmerzen ließen uns zappeln, während wir uns an die Protzenkästen klammerten; unsere schmerzenden Rücken schienen unsere Schultern nicht mehr stützen zu können, und der Atem kam keuchend aus unseren geschockten Brustkörben. Unsere Herzen klopften gegen unsere Rippen, uns schwamm der Kopf – wir schwitzten vor Schmerzen. Sollten wir nie anhalten?

Stunde um Stunde folgten wir derselben dunklen Straße, aber die Kolonne war wieder zu Schrittgeschwindigkeit abgebremst worden. Die hellen Scheinwerfer eines sich nähernden Automobils ließen die Bäume plötzlich in schwindelerregende Perspektiven erscheinen wie die Säulen einer Kathedrale und ließen die Gespanne und Fahrer in einer grotesken Prozession phantastischer Schatten aus der Dunkelheit auftauchen. Das Auto fuhr vorbei.

Wir schleppten uns weiter ... weiter, weiter ... Sollten wir nie anhalten?

"Halt!"

Endlich! Wir stellten die Gewehre auf einem Feld ab und führten dann die Pferde zum Tränken hinaus.

Das einzige Licht in dem dunklen kleinen Dorf war eine Lampe, die in einer Küche brannte, in der wir einen Blick auf große Kupfertöpfe erhaschten.

Es gab keine Tränke und wir mussten bis zu einer sumpfigen Wiese weiter, durch die ein Fluss floss. Die Ufer waren so steil, dass die Pferde nicht aus der Strömung trinken konnten, also gaben wir ihnen Wasser aus den Fellsäcken.

Bei unserer Rückkehr fanden wir die Straße voller Pferde. Andere Batterien waren gerade eingetroffen.

Ein Wirbel im Bach hatte mich gerade gegen die Gartenmauer eines Schlosses gedrückt, als ein Auto ohne Licht seinen Weg durch die Pferdeherde bahnte und eine wirre Masse von Menschen und Tieren auf mich warf, deren Gewicht mich gegen den Stein drückte. Ein weiteres Auto folgte, dann noch eines, Hunderte von ihnen, lautlos und endlos.

Im Licht des inzwischen aufgegangenen Mondes konnte ich die Ölhautmützen erkennen, die Taxifahrer normalerweise trugen. In den Taxis erhaschte ich einen Blick auf schlafende Soldaten, die ihre Köpfe in den Nacken gelegt hatten.

„Verwundet?", fragte jemand.

„Nein", kam die Antwort aus einem vorbeifahrenden Auto. „Es ist die 7. Division aus Paris. Sie sind auf dem Weg an die Front!"

Dienstag, 8. September

"Aufmerksamkeit!"

Es war noch immer stockfinster. Auf den Herden glimmte noch immer Asche. Die Gewehre dröhnten noch immer und die grellen Feuerstrahlen erschreckten uns wie Blitze. Etwas weiter östlich brannte ein Bauernhof oder ein Heuschober. Das Wetter war schwül und ein hartnäckiger Geruch von verwesendem Fleisch durchdrang die Luft.

Die Batterie wurde gestartet, und wir gingen an die Feuerlinie.

Bei Tagesanbruch erreichten wir Dammartin, wo an den Türen und geschlossenen Fensterläden in deutscher Sprache Schilder und Anweisungen zur Unterbringung angebracht waren. An der Eingangstür eines Hauses sah ich zwei Worte in spitzer, gotischer Handschrift gekritzelt: „ *Gute Leute* ". Ich fragte mich, wer dort wohl wohnte …

Wir setzten unseren Weg fort. Das dumpfe Dröhnen der Kanonen schien aus den Eingeweiden der Erde zu kommen und hielt ununterbrochen an.

Am Straßenrand war ein Grab ausgehoben und mit einem weißen Kiefernkreuz markiert, auf das ein mit Teer aufgemalter Name stand. Darüber war ein Tschako eines Jägers mit einer Messingkette. Der Tote war offensichtlich nicht rechtzeitig begraben worden, und ein widerlicher Geruch stieg aus der frisch umgegrabenen Erde auf, die in der heißen Sonne Risse bekommen hatte.

Die Straße war noch immer mit toten Pferden gesäumt, geschwollen wie Weinschläuche, deren steife Beine mit den glänzenden Hufeisen den Himmel bedrohten. Aus einer klaffenden Wunde in der Flanke einer großen kastanienbraunen Stute wanden sich Würmer ins Gras; andere wimmelten in ihren Nasenlöchern und ihrem Maul und in einem Einschussloch hinter ihrem Ohr.

"Trab!"

Die Batterie wurde in ihrem eigenen Staub fast unsichtbar. Wir kamen an Verwundeten vorbei, an Hunderten von Verwundeten – Linieninfanterie, Alpinisten und Kolonialinfanterie, weiß vom Staub, deren Wunden mit roten Verbänden versorgt waren. Sie halfen einander weiter.

Die meisten marschierten in kleinen Gruppen. Viele machten Halt, um sich auszuruhen. Es war sehr heiß, und ich sah mehrere von ihnen um einen Apfelbaum herumsitzen und die Früchte herunterschütteln, um ihren Durst zu löschen.

Wir hatten angehalten, während der Major Befehle von einem ADC empfing. Ich befragte einen der Kolonisten, der am Kopf verletzt war.

"Na, wie läuft es da unten?"

„Puh! Die fallen haufenweise!“

Ich wusste nicht, ob er Kugeln, Granaten oder Männer meinte, aber an den Ausdrücken der eingefallenen und hageren Gesichter war deutlich zu erkennen, dass es schwere Kämpfe gewesen waren.

"Kämpfst du schon lange hier?"

"Ja."

"Wie viele Tage?"

"Es hatte begonnen, als wir kamen."

„Und wann bist du gekommen?“

"Vorgestern."

Und er wiederholte:

„Ja, es fallen Unmengen!“

Wir starteten erneut, wieder im Trab.

Der klare Himmel, der am nördlichen und östlichen Horizont ein reines, klares Blau aufwies, war vom weißen Rauch der Granatsplitter durchzogen; in der Ferne stiegen schwarze Wolken von brennenden Gebäuden und Sprenggeschossen auf.

Der Geruch toten Fleisches verfolgte uns noch immer, quälte und besessen uns, sodass wir überall nach versteckten Leichen Ausschau hielten.

Plötzlich brach eines der Pferde meines Munitionswagens zusammen und wollte nicht mehr weiter, so dass das ganze Gespann stehen blieb. Es musste ausgespannt und zurückgelassen werden. Die anderen Wagen waren an uns vorbeigefahren, und mit unseren fünf verbliebenen Pferden galoppierten wir querfeldein, um uns wieder der Kolonne anzuschließen. Die Furchen schüttelten uns fast von den Sitzen, und wir mussten uns mit aller Kraft an den Latten des Kastens festhalten und unsere Beine gegen die Fußstützen stemmen, um nicht herunterzufallen.

Wir erreichten die Batterie in einem Dorf, das man von weitem auf der flachen, kahlen Landschaft gesehen hatte. Der Feind hatte sich dort offenbar einquartiert. Die Türen waren mit Gewehrkolben eingeschlagen worden; fast alle Fenster waren zertrümmert und bestanden nur noch aus Rahmen, die von scharfen Glassplittern strotzten. Draußen flatterten schmutzige Vorhänge hindurch. Abgerissene Fensterläden lagen verstreut auf dem Bürgersteig zwischen zerbrochenen Flaschen, zerbrochenen Fliesen und leeren Konservendosen. Andere, die nur noch an einem Scharnier hingen, schlugen gegen die Fassaden der Häuser.

Durch die weit geöffneten Türen konnten wir zugenagelte Kleiderschränke sehen, die man die Treppen hinuntergeworfen hatte. Leere Schubladen, Kaminsims-Ornamente, Fotos, Bilder und Drucke lagen verstreut auf dem rot gefliesten Boden. Schlammbefleckte Laken mit den Spuren von genagelten Stiefeln hingen bis zur Straßenmitte und verliehen diesen unglücklichen Häusern etwas von dem Schrecken zerfetzter Leichen.

Auf dem Bürgersteig lagen aus den Fenstern geworfene Möbel, Kinderwagen, Go-Karts und zerbrochene Weinfässer. Holz knirschte unter den Wagenrädern. Ein Paar rosa Korsetts lag in der Gosse.

Auf einem der Michelin-Warnschilder am anderen Ende des Dorfes las ich die Warnung: „ *Attention aux enfants – Sennevières* " und auf der anderen Seite ein spöttisches und trauriges „ *Merci* ". [1]

Wir hielten an, wo die Straße eine gerade weiße Linie durch eine mit Mangold bedeckte Ebene zog. Die trostlose Nacktheit der Felder wurde nur durch einen Schuppen, drei Heuschober und weiter weg einige kleine, quadratische

Wäldchen und eine lange Reihe Pappeln unterbrochen. Im Osten und Norden grollte, pfiff und brüllte die Schlacht wie ein Sturm auf See. Man hätte meinen können, der höllische Lärm rühre von einem tiefen, unterirdischen Erdbeben her.

Wir warteten ein paar Minuten, als plötzlich das Leben in der Landschaft erwachte. Bataillone, die aus Sennevières ausrückten, stellten sich in Gefechtsaufstellung auf, und andere Soldaten – Hunderttausende, deren Anwesenheit man nie vermutet hätte – erhoben sich aus dem Schoß der Erde und schwärmten wie Ameisen über die Felder, wobei ihre Hosen rote Flecken auf dem düsteren Grün des Grases hinterließen. Aufgeschreckte Hasen flohen vor den heranrückenden Linien.

Wieder kamen kleine Gruppen Verwundeter vorbei. Man konnte sie von weitem erkennen: schwarze Flecken auf der geraden, weißen Straße, die in der Sonne glänzten.

Irgendwo in der Umgebung schienen einige Kürassiere einquartiert zu sein. Ein oder zwei gingen zu Fuß vorbei, ohne Helm oder Brustpanzer, die Brust mit lederfarbenen Filzpolstern bedeckt, die mit wattierten Ringen um die Armlöcher befestigt waren. Sie trugen große Stücke frischen Rindfleisches. Im Schatten dreier Pappeln rechts der Straße, gleich außerhalb des Dorfes, schlachteten einige Männer Vieh und verkauften das Fleisch. In der Nähe lag ein totes Pferd.

Bald kam der Befehl:

"Erkunden!"

Die Batterie ging in Aktion. Wieder einmal konnte ich den kleinen Schauer der Angst nicht unterdrücken, der auf dieses Kommandowort folgt.

In der Feuerstellung war die Batterie nur durch eine Brombeerhecke und einige verworrene Büsche verdeckt, so dass wir von mehreren Punkten des Horizonts aus für den Feind sichtbar gewesen sein müssen. Die Stellung war nicht gut, aber das Beste, was die Umgebung zu bieten hatte.

Die Offiziere hatten ihre Stellung neben dem ersten Geschütz auf einem schmalen Pfad bezogen, der quer durch die Ebene führte. Das Schlachtfeld erstreckte sich weit vor uns. Doch auf der fast ebenen Landschaft, die so alltäglich aussah und in der, wie wir wussten, das Schicksal Frankreichs auf dem Spiel stand, war kein Mann, kein Geschütz zu sehen. Die vom Donner durchpeitschte Ebene schien reglos unter den Granaten zu liegen.

Wir hatten unsere Gewehre mit Garben abgedeckt; gelbe unter dem gelben Stroh konnten sie auf Distanz täuschen. Außerdem bietet Stroh einen guten Schutz gegen Schrapnellgeschosse und Granatsplitter.

Wir schliefen sofort in der Sonne ein, mit der Apathie von Bauern, die sich bewegen lassen, mit jenem Fatalismus, der eine unvermeidliche Folge des Lebens voller stündlicher Gefahren ist, das wir seit einem Monat führten.

Ein Kommando weckte mich. Hinter uns ging die Sonne unter.

„An die Waffen!"

Etwas Dunkles, möglicherweise Artillerie, bewegte sich dort drüben am Fuße einiger bewaldeter Hügel, mehr als 5000 Meter entfernt. Wir eröffneten das Feuer. Rechts, links und sogar vor uns traten 75 Batterien nacheinander in Aktion. Als unsere eigenen Geschütze ein paar Sekunden lang schwiegen, hörten wir ihre Salven in Viererreihen widerhallen.

In der Ferne vor uns war alles still geworden. Der Kapitän gab das Kommando, das Feuer einzustellen. Doch der Pulverrauch und der Staub, der durch die Erschütterungen der Geschosse vom ausgedörrten Feld aufgewirbelt wurde, hatten sich kaum verzogen, als einige schwere Granaten durch die Hecke sausten, die uns verdeckte, drei klaffende Lücken hinterließen und mit ihrem Rauch den gesamten östlichen Horizont auslöschten.

„Sie müssen das Feuer unserer Gewehre gesehen haben", sagte Bréjard.

„Und sie haben ihre perfekt trainiert", fügte Hutin hinzu. „Und zwar 15 cm lange!"

Wie es das Unglück wollte, kam genau in diesem Moment ein Nachfüllwagen aus der ersten Reihe im Trab angerückt. Der Wagen wurde von einem Korporal auf einer großen weißen Stute gelenkt.

Als sie noch ein Stück entfernt waren, riefen wir:

"Abgang!"

„Steigt ab! Ihr bringt uns um!"

Die Fahrer schienen nichts zu hören.

„Steigen Sie ab, Sie –! Gehen Sie! … Gehen Sie! …"

Sie hatten den vollen Munitionswagen bereits abgehängt, den leeren an die Protze gehängt und galoppierten trotz unserer Rufe davon.

Es dauerte nicht lange, bis die Granaten eintrafen, ihr Pfeifen wurde vom Wind moduliert. Eine Sekunde verging … zwei … drei …

Diese Angst vor dem Tod, dem Tod, der langsam vom Himmel fällt, war eine endlose Qual. Alles zitterte. Die Granaten platzten, und der Wind blies ihren Rauch auf uns herab.

Ich hörte ein ersticktes Stöhnen:

„Ah… Ah… Ah!…"

Unsere Batterie war noch intakt. In der Ferne galoppierte noch der Nachfüllwagen davon. Einer der Männer der benachbarten Batterie war im Todeskampf nach vorn gefallen, und seine von einem Granatsplitter durchbohrte Stirn benetzte den Boden der Patronenhülsen mit Blut.

Hutin, der immer noch auf dem Sitz des Schichtarbeiters saß, rief plötzlich:

„Ich kann die Schweine schießen sehen! Ich kann sie sehen ... weit weg ... dort unten, ungefähr 10.000 Meter ... Ich habe den Blitz gesehen ... Er kommt ... er kommt ... pass auf! ..."

Und tatsächlich wurden wir von neuen Explosionen erschüttert. Ich schloss instinktiv die Augen und spürte, wie die aufgewirbelte Erde mein Gesicht traf, aber ich war nicht getroffen. Der Boden einer der Patronenhülsen summte laut und lang, und wieder war die Batterie in Rauch gehüllt. Ich hörte die klare Stimme des Hauptmanns, als er dem ranghöchsten Unteroffizier zurief:

„Daumain, bringen Sie alle auf der rechten Seite in Deckung! Befehl des Majors. Es hat keinen Sinn, getötet zu werden, solange wir nicht schießen."

Wir riefen einander zu, verließen den Rauch und eilten aus der Schusslinie der Haubitzen. Doch die Granaten des Feindes verfolgten uns über das Feld, während wir in geduckter, verstreuter Formation rannten.

Ein Projektil, dessen Blitz mich für einen Moment blendete, warf einen Sergeanten der 12. Batterie nieder, der neben mir herlief. Der Mann rappelte sich sofort auf. Direkt über seinen Augen hatten ein paar Splitter zwei schrecklich symmetrische rote Löcher gebohrt. Er rannte los und beugte dabei den Kopf, damit ihm das Blut nicht in die Augen lief. Ich bot ihm meine Hilfe an, aber er sagte:

„Nein, lass mich... Lauf! Es ist nichts, dieser... Schädel ist nicht in Stücke gerissen!"

Wir gingen hinter großen Heuhaufen in Deckung und warteten auf Befehle.

Die Anwesenheitsliste wurde aufgerufen:

"Elfte?"

"Elfte!"

„Hutin?"

"Hier!"

„Nicht verwundet?"

"Nein, und Sie?"

"NEIN."

Die vier Abteilungen waren komplett.

„Und der Kapitän?"

„Immer noch da unten am Beobachtungsposten. Schau mal ... da hinten da hinten da ragt sein Ellbogen raus. Ihm geht es gut!"

Zwei weitere Granatsalven explodierten in der Nähe unserer Geschütze, die offenbar noch immer unbeschädigt blieben.

Wie lange schien die Nacht zu warten! Wie wir die Sonne verfluchten, deren blutrote Scheibe fast den Horizont berührte und die nie hinter dem Mangoldfeld versinken wollte! Sie sah absolut regungslos und unbeweglich aus.

Hutin fluchte und schüttelte seine Faust in Richtung der purpurnen Kugel.

Der Kapitän gab uns ein Zeichen hochzukommen.

Hinter den Heuhaufen wiederholte sich der Ruf: „An die Kanonen!"

Wir dachten, wir würden schießen, stellten aber fest, dass andere Befehle eingetroffen waren.

„Protzen!"

Ein Nebel, der aus den Senken der Ebene aufstieg, verdunkelte nach und nach die entfernten Objekte. Die fernen Hügel, auf denen die Haubitzenbatterie stand, verloren sich in einem violetten Dunst, aber möglicherweise konnte man uns von dort aus noch erkennen, als wir uns als Silhouetten gegen den klaren westlichen Himmel abzeichneten.

Wir machten uns locker und rollten los. Die Haubitzen schwiegen.

Das Gewehrfeuer wurde jetzt unregelmäßiger, und die Gewehre verstummten. Eine Totenstille breitete sich auf der Ebene aus, die, als die Sonne unterging, von brennenden Gebäuden erhellt wurde, deren Schein mit zunehmender Nacht immer heller loderte.

Der gerade zu Ende gehende Tag schwerer Kämpfe hatte noch nichts entschieden. Jeder der Gegner schlief in seiner Stellung.

Auf einem Feld in der Nähe von Sennevières kochten wir in Bereitschaftsposition unseren Kaffee. Es war sehr heiß. Am Morgen hatte die Schlacht nur langsam begonnen, aber jetzt dröhnten im Osten und Nordosten die Kanonen genauso unaufhörlich wie gestern.

Plötzlich, gegen Mittag, öffnete sich die Schusslinie zu unserer Linken und verlief leicht gekrümmt. Wir befanden uns auf dem äußersten Flügel der französischen Armee und wurden sofort von Befürchtungen gepackt. Überflügelte uns der Feind wieder?

Wir befragten den Kapitän, der ebenfalls aufmerksam den Wald beobachtete, der gestern noch außerhalb der Reichweite des Feindes gelegen hatte und nun schwer beschossen wurde.

„Was bedeutet das, Sir?"

„Ich fürchte, ich weiß nicht mehr als Sie. Ich gehorche nur, wissen Sie … Ich gehe dorthin, wo man mir sagt, dass ich hingehen soll … Das ist alles!"

Aber Déprez beharrte darauf:

"Sie biegen wieder nach links ab!"

Das fein gemeißelte Gesicht des Kapitäns war vor Angst verzogen.

„Nun", sagte er, „sie bombardieren sicherlich Wälder, die sie gestern nicht bombardiert haben. Aber das beweist jedenfalls, dass sie sie nicht erreicht haben. Im Gegenteil, vielleicht wurden sie auf dieser Seite durch eine Umzingelungsbewegung unserer Truppen bedroht... Wer weiß?... Außerdem sind wir hier nicht allein, wenn sie uns überflügeln... Wir werden ihnen gegenübertreten!"

Er warf uns einen prüfenden Blick aus seinen intelligenten haselnussbraunen Augen zu und wiederholte:

„Wir werden uns ihnen stellen, nicht wahr?"

„Das werden wir natürlich, Sir!"

Der Kaffee war fertig. Der Kapitän zog seinen Aluminiumbecher aus der Tasche und tauchte ihn in das schwarze Getränk, das im Kessel rauchte. Die Kanoniere standen mit ihren Trinkdosen in den Händen um ihn herum und warteten, bis sie an die Reihe kamen, und als er seinen Becher gefüllt hatte, bediente sich einer nach dem anderen. Die Unterhaltung verstummte, und die Männer nippten an ihrem Kaffee.

Nach einer Weile sagte der Koch:

"Da ist noch mehr!"

„Wie viel?“, fragte der Kapitän, darauf bedacht, niemanden vorenthalten zu wollen.

„Jeder hat ein gutes halbes Pint.“

Der Kapitän bediente sich und die Männer taten es ihm gleich. Da dann noch etwas mit Kaffeesatz vermischter Kaffee übrig war, wurde der Vorgang wiederholt.

Mit jener verblüffenden Geschwindigkeit, die wir jedes Mal beobachtet hatten, wenn wir uns an die Maas zurückziehen mussten, füllte sich das Land mit Infanterielinien. Kompanien und Bataillone kamen aus den Wäldern und hinter den Hecken hervor, breiteten sich über die Stoppelfelder aus und sammelten sich in den Senken.

„Hallo! Was bedeutet das?“, fragte Bréjard.

„Machen diese Schweine kehrt?“, rief Millon und verschränkte die Arme.

Der Captain beobachtete besorgt die Bewegungen der Infanterie.

„Nein“, sagte er. „Das sind Reservetruppen, die nach Norden vorrücken, um dem Feind entgegenzutreten, falls er uns überflügelt.“

Wir erhielten den Befehl, zwischen Sennevières und Nanteuil-le-Haudoin Stellung zu beziehen.

Daran konnte es keinen Zweifel geben. Der Feind umging unsere Stellungen.

Ein Anfall wilder Wut packte uns. Würden sie es schaffen, an uns vorbeizukommen und nach Paris zu gelangen? Nach Paris ... zu unseren Häusern ... um zu töten, zu plündern, zu vergewaltigen? ...

„Ach“, knurrte Hutin, „was würde ich dafür geben, einige dieser Wilden umzubringen!“

„Trab!“, befahl der Kapitän.

Die Fahrer beugten sich über den Hals ihrer Pferde und trieben die Gespanne mit Stimme, Knien, Peitsche und Sporen vorwärts.

Derselbe Windstoß schien Männer, Pferde und Gewehre mit sich zu reißen – die ganze Artillerie wurde wie eine Flut auf die kargen Felder losgelassen und wälzte sich über deren Furchen.

Wir bezogen Stellung und richteten unsere Waffen nach Nordosten. Hinter uns stand die Sonne schon tief am westlichen Himmel und beleuchtete die

Eisenbahnlinie und die Straße von Nanteuil nach Paris, die von hohen Bäumen gesäumt war.

Teile der Infanterie begannen zurückzuweichen.

„Sehen Sie?", wiederholte Millon. „Die Bestien können es nicht aushalten! Haben sie denn den Armeebefehl nicht gelesen?"

Plötzlich brach fast hinter uns Gewehrfeuer aus. Wir waren überflügelt worden.

Auf der Hauptstraße nach Paris und zwischen der Straße und der Eisenbahn rückten dichte Infanteriemassen hinter Nanteuil vor. Wir waren von einem riesigen feindlichen Hufeisen umzingelt, und es schien nun, als ob der einzige Rückzugsweg für das 4. Armeekorps die schmale Straße war, die südöstlich zwischen Sennevières und Silly verlief.

Ein Offizier mit Fliegermütze kam mit dem Auto an und eilte zum Beobachtungsposten. Kurz darauf befahl uns der Major, die Geschütze umzudrehen.

Wir konnten jeden Moment zwischen die Fronten geraten, denn es bestand kein Zweifel daran, dass die feindliche Artillerie auf den die Straße beherrschenden Hügeln nordwestlich von Nanteuil Stellung bezog, um den Infanterieangriff zu unterstützen.

Unsere Batterien eröffneten das Feuer.

Dieselbe wilde Raserei erfasste sofort Männer und Waffen. Letztere verwandelten sich in brüllende Monster – wütende Drachen, die aus ihren aufgerissenen Mäulern Feuer in die Sonne spuckten, als sie in der sanften Sommerdämmerung zur Ruhe sank. Hinter den Waffen türmten sich Stapel rauchender Patronenhülsen auf. In der getroffenen Zone vor uns konnten wir Männer wanken sehen, die Flucht ergreifen, davonlaufen und in Haufen umfallen. Von den Höhen über Nanteuil, von denen aus unsere Waffen gezählt werden konnten, kam kein antwortendes Artilleriegebrüll.

Das Massaker ging lange Zeit weiter.

„Ah! *Diese* Truppe wird nie nach Paris kommen!"

Die Nacht brach herein. Die Infanterieregimenter begannen, sich in geordneter Reihenfolge in die Mulde zurückzuziehen, von der wir einen der Abhänge besetzten. Einige berittene Jäger zogen im Trab vorbei, gefolgt von einer ganzen Brigade Kürassiere. Es war der Rückzug!

Wir wurden geschlagen! ... geschlagen! ...

Der Feind marschierte auf Paris!

Die Sonne war jetzt nur noch eine rote Sichel am Horizont. Die Reiter, die auf Silly zusteuerten, verschwanden in ihrem eigenen Staub. Wir schossen weiter und schossen mit Granatsplittern über die Ebene, auf der sich immer noch Männer hin und her bewegten.

"Feuer einstellen!"

Die Kanonenschützen hatten es entweder nicht gehört oder wollten es nicht hören... Drei Kanonen bellten noch immer. Der Major wiederholte den Befehl aus voller Kehle.

Schweißtreibend und ziegelrot vor Hitze wuschen sich die Kanonenschützen ab, blieben dann mit verschränkten Armen schweigend hinter ihren Gewehren stehen und betrachteten die Felder, von denen kein einziger Quadratzentimeter verschont geblieben war.

Wir erwarteten den Befehl, uns zurückzuziehen, erhielten aber schließlich die Anweisung, die Nacht hier zu verbringen. Ein Infanteriebataillon war zu unserer Unterstützung geschickt worden, und die Männer stellten sich in Gefechtsaufstellung auf und bezogen etwa zweihundert Meter vom Park entfernt Stellung, die wir an Ort und Stelle einnehmen mussten.

Wir hörten, dass vor uns keine einzige französische Einheit mehr übrig war. Wir waren einem nächtlichen Kavallerieangriff ausgeliefert.

Donnerstag, 10. September

Nach dem gestrigen Gefecht hatten wir erwartet, dass im Morgengrauen ein wütendes Kanonenfeuer beginnen würde. Aber es war kein Laut zu hören. Die Sonne beleuchtete die Ebene und die Hänge, auf denen wir in Feuerstellung auf den Feind warteten. Kein einziger Schuss wurde abgefeuert, und wir begannen überrascht und unruhig zu werden.

Ein Oberstleutnant an der Spitze einer vorbeiziehenden Kolonne erkannte den Major und begrüßte ihn.

„Hallo! Solente!"

"Hallo!"

"Wie geht es dir?"

„Mir geht es gut, danke."

"Was macht Ihre Gruppe dort?"

"Bewachung der Straße nach Nanteuil."

„Dann wissen Sie nicht, was passiert ist?“

"Nicht, was?"

"Der Feind zog sich im Laufe der Nacht zurück."

"NEIN!"

„Ja, das stimmt! Wir haben den Befehl vorzurücken... Die Deutschen ziehen sich entlang der gesamten Linie zurück.“

Die beiden Beamten sahen sich an und lächelten.

„Dann in diesem Fall…“

"Es ist der Sieg!"

Die Nachricht ging schnell von Kanone zu Kanone und ließ die Männer beinahe vor Freude tanzen. Sieg, Sieg! Und das gerade, als wir es nicht erwartet hatten!

Gegen Mittag erhielten auch wir den Befehl zum Vorrücken.

In Nanteuil war eine leichte Wiederbelebung des Lebens zu bemerken. Ein Lebensmittelhändler nahm die hölzernen Fensterläden seines Ladens ab, und einige der Fenster wurden geöffnet, als wir vorbeigingen. Wie in Dammartin las ich an mehreren Türen das Schild: „ *Gute Leute* “.

Die Straße, der wir folgten, führte an den Feldern vorbei, auf denen wir gestern den Feind zurückgeschlagen hatten. Wir machten Halt, zweifellos um auf neue Befehle zu warten.

Die umliegende Landschaft war reglos, doch zwischen der Pariser Straße und der Eisenbahn lagen grau bekleidete Leichen zwischen den Rüben, so weit das Auge reichte. Am Rand einiger großer Maisfelder lagen sechs Deutsche auf einem Haufen zusammengestürzt. Der letzte Tote war rückwärts auf die anderen gekippt, seine steifen Beine ragten himmelwärts. Sein Hals war unter dem Gewicht seines Körpers gekrümmt und sein Kinn berührte seine Brust. Seine Augen waren weit geöffnet und sein Mund zu einer schrecklichen Grimasse des Schmerzes verzogen. Von den anderen Leichen unter ihm war mit einer einzigen Ausnahme nichts zu sehen außer den Schultern, Hälsen und Füßen. Doch einer von ihnen, der nicht sofort getötet worden war und halb unter den anderen begraben lag, musste einen schweren Tod erlitten haben. Er war von einem Granatsplitter skalpiert worden und hatte versucht, sich von der grauenhaften Last zu befreien, die seinen Rücken und seine Beine zerquetschte, doch seine Kraft hatte ihn verlassen. Auf einen Ellbogen gestützt, mit weit geöffnetem Mund, als wäre sein letzter Atemzug ein Schrei gewesen, war er gestorben, während er seine große, knotige Faust in

Richtung der Hügel streckte, die wir gerade verlassen hatten und von wo aus der Tod zu ihm gekommen war.

Seine Wangen, die bereits grau wurden, begannen einzufallen, und in den erstarrenden Zügen, aus denen rasch jeder Anschein von Leben wich, glaubte man bereits die grinsende Maske des Todes mit den hohlen Augen und dem eckigen Kinn zu sehen.

Etwas weiter standen drei Männer des Army Service Corps um einen auf dem Rücken liegenden Preußen herum, die Arme wie zu einer schrecklichen Umarmung verschränkt. Als einer von ihnen den Kopf hob, um seinen Helm abzunehmen, strömte ein schwarzer Blutstrom aus dem Mund des Toten und bedeckte die Hände des Soldaten.

„Schwein!", knurrte er und wischte seine blutigen Hände am Saum des grauen Mantels des Deutschen ab.

In der Nähe zählte ein Leutnant der Pioniere die Leichen zur Beerdigung.

„Also seid ihr Kanonenschützen es, die mir diese ganze Arbeit gemacht haben! Ich habe schon siebzehnhundert gezählt und bin noch nicht fertig! Es werden mehr als zweitausend sein."

Als ich mit schwerem Herzen über die Maisfelder zurückkam, stolperte ich über etwas Weiches. Da ich eine Leiche vermutete, sprang ich hastig zur Seite.

Wieder rückten wir vor, Richtung Norden.

Der Straßenrand war übersät mit Mausergewehren, Bajonetten so kurz wie Fleischermesser, Patronentaschen, Helmen, Kuhfellrucksäcken, Brieftaschen, Sätteln, toten Pferden …

Am Abend der Schlacht von Virton hatte die Straße nach Ruettes ein ähnliches Aussehen gehabt. Damals hatte ich mir niedergeschlagen gesagt: „Das ist eine französische Niederlage", und jetzt war ich ebenso erstaunt, als ich erkannte, dass ich an einem Sieg teilgenommen hatte, von dem diese Überreste der Beweis waren, einem Sieg, der Paris den Deutschen entriss, Frankreich rettete und der möglicherweise eine neue Ära für uns alle einleiten könnte. Angesichts dieses Kalvarienbergs der deutschen Armee sagten wir uns, dass der Feind Frankreich ebenso schnell räumen würde, wie er es betreten hatte.

Über eines der weiten, flachen Felder verlief eine gelbe Linie frisch umgegrabener Erde, die mit Gewehrkolben nach oben abgesteckt war.

Hunderte von Männern – vielleicht Tausende – waren dort Seite an Seite begraben, und die Luft war verseucht von all den pestilenzialischen Gerüchen der Verwesung, die durch die Risse und Spalten im sonnengetrockneten Boden drangen. Als wir uns einer der verstreuten Baumgruppen näherten, unter denen andere Leichen begraben waren, drang derselbe widerliche Geruch in unsere Nase. Unwillkürlich schnüffelten wir weiter in der Luft, mit einer Beunruhigung, die Hunde zeigen, wenn sie angeblich den Tod wittern.

Weiter unten auf der Straße trafen wir auf eine Gruppe von Pionieren, die eifrig mit Spitzhacke und Schaufel herumhantierten. Auf dem Boden eines Lochs, das sie gerade fertig gegraben hatten, lag ein brauner Schweif mit der Aufschrift „Uh. 3" (3. Ulanen), und auf dem gepflügten Land am Rande des Grabens lag ein totes Pferd, bedeckt mit lehmiger Erde. In dem fauligen Blut, das es umgab, wimmelte es von Würmern.

Einer der Pioniere, der gerade das Aas mit großen Spaten voll Erde zudeckte, blickte auf.

„Puh! Der stinkt, nicht wahr?", sagte er. „Das ist ein übler Job! Ich werde mich nicht als Bestatter bewerben, wenn ich mit dem Soldatendienst fertig bin! Und Pferde stinken schlimmer als Menschen. Wir werden am Ende die Pest bekommen!"

„Als ich anfing, ihn zu schleifen", sagte ein anderer, „fiel mir der Huf in die Hand."

Und er zeigte mit dem Fuß auf einen eisenbeschlagenen Huf, der wie ein Stein auf dem Boden lag.

Ganz in der Nähe, auf einem frisch geeggten Feld, lagen unberührt bis auf die Hufabdrücke einiger Pferde, die darüber galoppiert waren, zwei Lanzen, eine davon zerbrochen, ein leichtes Kavallerieschwert, ein Ulanenhelm und eine Wasserflasche.

Das Wetter wurde allmählich neblig. Die Felder, eintönig und eintönig unter dem grauen Himmel, übersät mit Uniformen, Waffen und Leichen, erfüllten uns mit einer Traurigkeit, die an Angst grenzte. Wir mussten uns immer wieder „Sieg, Sieg!" sagen, um die Freude – die dennoch so groß war – über die Rettung des Vaterlandes wieder zu spüren.

Samstag, 12. September

Seit zwei Tagen regnet es unaufhörlich, und wir sind im strömenden Regen etwa 35 Kilometer vorgerückt. Der Feind ist noch immer auf dem Rückzug, und sein Rückzug wird von ein paar Haubitzen gedeckt, denen offenbar die

Munition ausgeht. Jede Stunde, die vergeht, bestätigt unseren Sieg, und wir wären in bester Stimmung, wenn es nicht so stark regnen würde.

Der Kapitän hat mich ein paar Tage bei der ersten Wagenreihe verbringen lassen, teils wegen hartnäckigem Durchfall, der mich beträchtlich schwächte, teils wegen einer ziemlich schweren Schnittwunde am Handgelenk. Das Leben in meiner neuen Unterkunft ist weit weniger anstrengend; die Rationen sind besser gekocht und man bekommt reichlich Schlaf.

Während unsere Batterien den Rücken der deutschen Kolonnen im Rückzug unter heftigen Beschuss halten, werden die ersten Wagenreihen in einer breiten Schlucht aufgestellt, die wie von einem riesigen Schwerthieb quer über das Plateau gezogen wurde. Es scheint fast, als ob der Regen aus allen Himmelsrichtungen in dieser Senke zusammenströmt. Auch Granaten fallen, aber sie vergraben sich im nahegelegenen Sumpf, ohne zu explodieren, und lassen Schlammgeysire aufsteigen.

Heute rief der Unteroffizier des 6. Geschützes, dem ich vorübergehend zugeteilt bin, die Männer um ihn herum:

„ Der Poilus! “ [2]

"Da sind wir!", antwortete ein freiwilliger Wiedereinberufener, der schon graue Haare an den Schläfen hatte. "Haarige ohne ein trockenes Haar am Körper!"

„Hör dir das an!“

Und der Unteroffizier begann mit heiserer Stimme einen Tagesbefehl zu verlesen:

„ Fünf Tage lang war die 6. Armee ohne Unterbrechung oder Ruhepause im Kampf mit einem zahlenmäßig starken Feind, dessen Moral bisher durch den Erfolg erhöht wurde. Der Kampf war hart, und der Verlust an Menschenleben durch Gewehrfeuer und die Erschöpfung durch Schlaf- und manchmal Nahrungsmangel übertrafen alles, was man sich hätte vorstellen können. Der Mut, die Stärke und die Ausdauer, mit der Sie all diese Strapazen ertragen haben, können nicht angemessen in Worte gefasst werden.

„Kameraden, die GOC hat Sie im Namen Ihres Landes gebeten, mehr zu tun als Ihre Pflicht. Sie haben noch heldenhafter reagiert, als es möglich schien. Dank Ihnen hat der Sieg nun unsere Waffen gekrönt, und da Sie nun wissen, wie zufrieden Sie mit dem Erfolg sind, werden Sie ihn sich nie mehr entgehen lassen.

„Wenn ich für meinen Teil etwas Verdienstvolles geleistet habe, dann wurde ich dafür mit der größten Ehre belohnt, die mir in meiner langen Karriere zuteil wurde: mit der, Männer wie Sie zu befehligen.

„Ich danke Ihnen von ganzem Herzen für das, was Sie getan haben, denn Ihnen verdanke ich das, was in den letzten 44 Jahren das Ziel all meiner Bemühungen und all meiner Energie war – die Rache für 1870.

„Alle Ehre und Dank gebührt Ihnen und allen Kämpfern der 6. Armee.

„Claye (Seine-et-Marne), 10. September 1914.

„Unterzeichnet: Joffre.

„Gegengezeichnet: Manoury.“

„Hört, hört!“ rief jemand.

„Sagen Sie mal, Sergeant“, rief der alte Soldat, der zuvor gesprochen hatte, „da der General mit uns zufrieden ist, können Sie nicht erreichen, dass man ihn bittet, einen Teil dieses Wassers abzustellen?“

Wir machten uns wieder auf den Weg. Das Land, durch das wir seit dem Morgengrauen marschiert waren, mit ein- und manchmal zweistündigen Pausen, während derer die Geschütze in Aktion traten, erschien auf den ersten Blick als endlose und fast menschenleere Ebene. Die Rüben- und Kornfelder, auf denen die Ernte, oft in Garben, inzwischen verrottet war, schienen sich ohne Unterbrechung von einer Seite des Horizonts zur anderen abzulösen, unter dem düsteren, trostlosen Himmel, aus dem der kalte Regen unaufhörlich herabprasselte. Doch plötzlich öffnete sich mitten im flachen und öden Land ein Tal, dessen Existenz man nie vermutet hätte, dicht bewaldet und so tief, dass selbst der Kirchturm des Dorfes, das in seinem Schoß lag, nicht zu sehen war.

Im stechenden Regen marschierten die Gespanne mit gesenktem Kopf und zuckenden Ohren weiter, ihr Fell glänzte wie Ölhaut. Viele unserer Pferde hielten sich inzwischen nur noch wie durch ein Wunder auf den Beinen. Das schlechte Wetter hatte ihren Untergang vollendet, und wir mussten drei von ihnen nacheinander zurücklassen. Sie marschieren weiter, bis sie am äußersten Ende ihrer Kräfte angelangt sind, und dann stolpern sie plötzlich und bleiben wie angewurzelt stehen; danach kann sie keine Macht der Welt auch nur noch einen Zentimeter vorwärts bringen. Man muss sie aus den Leinen nehmen, ausspannen und dort zurücklassen, wo sie stehen. Sie bleiben an derselben Stelle, bis sie sterben.

Die Männer wirkten apathisch und schweigsam unter ihren schwarzen Umhängen. Wasser lief uns den Rücken hinunter und ließ uns zittern. Viele der Fahrer hatten ihre Käppis umgedreht, so dass die Schirme ihre Hälse schützten. Ihre Gesichter, die unter dem stechenden Regen zuckten, waren halb in ihren hochgeschlagenen Kragen verborgen. Unsere Hemden klebten an unseren Schultern und unsere Hosen an unseren Knien. Die durchnässte Kleidung absorbierte die Wärme des Körpers und wir hatten das schreckliche Gefühl, allmählich bis ins Mark zu frieren. Es war, als würde das Leben langsam aus unseren Gliedern fließen und als würden wir langsam sterben.

Wir kamen an einer Gruppe elender, durchnässter Fußsoldaten vorbei, aus deren Mänteln der Regen in Strömen rann. Einige von ihnen hatten Säcke voller Stroh über die Schultern geworfen. Ein Mann schützte Kopf und Rücken unter einem Frauenrock, andere unter Umhängen, Halstüchern und geblümten Bettvorhängen.

Die Straße war ein Fluss aus flüssigem Lehm, auf dem weder die Stiefel der Männer noch die Hufeisen oder die Reifen der Räder eine Spur hinterließen.

Als die Nacht hereinbrach, schien das graue Himmelsgewölbe noch tiefer zu sinken, den Horizont über die Felder zu ziehen und fast die Erde selbst zu berühren. Dichter Nebel umgab uns zuerst und erstickte uns dann. Wir hätten nicht sagen können, auf welcher Seite die Sonne unterging; der Westen war ebenso undurchsichtig wie der Osten. Das gelbe, diffuse Licht wurde allmählich schwächer. Hier und da am Wegesrand konnten wir noch die dunklen Umrisse toter Pferde erkennen. Die Nacht brach herein. Der Regen rann mir den Rücken hinunter bis zu meinen Lenden. Mir war sehr kalt und jetzt spürte ich stärker denn je dieses unbeschreibliche Gefühl, als würde mir langsam das Lebensblut aus den Adern gesaugt. Die Batterie schleppte sich weiter und weiter …

Es war vielleicht zehn Uhr, als wir schließlich am Rande eines Dorfes anhielten und unsere Kutschen am Straßenrand aufstellten. Dort mussten wir eine Weile warten, bewegungslos auf den Protzen sitzend und mit jeder Minute frierender. Unsere Zähne klapperten vor Kälte. Die Verzögerung war wahrscheinlich auf eine Kreuzung, eine Blockade im Transportverkehr, einen vorbeifahrenden Konvoi oder ein anderes Hindernis zurückzuführen; auf jeden Fall konnten wir nicht weiterfahren. Ich begann mich zu fragen, ob wir die ganze Nacht im Regen verbringen müssten …

Schließlich erreichten wir ein Feld, auf dem wir biwakierten, und spannten die Leinen zwischen den Waggons. Die Sturmlaternen bildeten große gelbe Punkte in der undurchsichtigen Dunkelheit und durchdrangen die Nacht, ohne etwas zu erhellen. Außer dem Quietschen der schleppenden Schritte der erschöpften Männer und Pferde, die sich im Schlamm bewegten, war kein Geräusch zu hören.

Der Feldwebel rief die Korporale herbei, um die Rationen auszugeben. Doch die Verteilung auf die Geschütze war noch nicht abgeschlossen, und die Männer gingen sofort wieder weg, da sie lieber bis zum nächsten Tag warten wollten, um ihre Rationen zu bekommen. Der Feldwebel rief ihnen hinterher und erklärte, dass sie im Falle eines Alarms einen ganzen Tag ohne Essen auskommen müssten. Er hatte vollkommen recht, aber niemand hörte auf ihn.

Die Dunkelheit war so stark, dass es schwierig war, der Straße zu folgen. Um zusammenzuhalten, riefen die Männer unentwegt:

„Elfte! … Hier entlang… Elfte! …"

Konvois zogen vorbei und bespritzten uns mit Schlamm. Ein Rad streifte mich gerade so. Nach einem langen Marsch konnten wir nur in einigen baufälligen alten Scheunen Schutz finden, die den vier Winden des Himmels ausgesetzt waren und in denen uns kaum eine dünne Strohschicht von der festgetretenen Erde trennte. Hier sank die Batterie, stumm, bis auf die Haut durchnässt und nach nassen Tieren riechend, zitternd in einen unruhigen Schlaf, der ständig von den Schreien träumender Männer unterbrochen wurde.

Sonntag, 13. September

Heute Morgen schien die Sonne. Im Westen waren noch Wolken aufgetürmt, doch das Blau, das uns wunderbar aufmunterte, breitete sich schließlich über den ganzen Himmel aus. Wir setzten unseren Marsch fort.

Die feindlichen Haubitzen bombardierten noch immer das Land um uns herum, aber unregelmäßig und planlos. Die Deutschen wurden dicht verfolgt; in den Dörfern erfuhren wir, dass noch vor weniger als zwei Stunden Nachzügler durchgekommen waren. Es scheint, als wäre der Rückzug des Feindes gestern beinahe zu einer Flucht geworden. Aufgelöste Infanteristen ohne Waffen, Kanonenschützen, abgesessene Reiter – alle flohen Hals über Kopf, verfolgt vom Feuer unserer 75er und bedrängt von unserer Vorhut.

In Vic-sur-Aisne, während ich wartete, bis die Pontonbrücke frei war, betrat ich ein hübsches kleines Haus, dessen Türen und Fenster von den Deutschen bei ihrem Abzug weit offen gelassen worden waren. Die Kleiderschränke und Kommoden waren alle aufgebrochen und geplündert worden. Damenhemden und -unterhosen sowie andere Unterwäsche lagen die Treppe hinunter. Auf dem Esstisch wurde eine Mahlzeit serviert, aber die umgestürzten Stühle zeugten von der Eile, mit der die Gäste geflohen waren. Ich war hungrig und setzte mich ohne zu zögern hin. Das Essen war gut, wenn auch kalt.

Die führenden Kutschen der Kolonne hatten bereits begonnen, die Brücke zu überqueren, als ich erfuhr, dass das Mittagessen, das ich gerade eingenommen hatte, eigentlich für den Großherzog von Mecklenburg-Schwerin vorbereitet worden war, jedoch durch die Ankunft der französischen Vorhut unterbrochen worden war.

Wir überquerten die Aisne ohne Schwierigkeiten. Wie kam es, dass der Feind uns erlaubte, den Fluss zu überqueren? Der Gedanke an eine Falle, wie wir sie den Deutschen gestellt hatten, als sie die Maas überquerten, bereitete mir ein wenig Unbehagen.

In der Nähe von Attichy gingen unsere Batterien in Stellung, während die ersten Wagenreihen auf einer kurvenreichen Straße anhielten, die durch einen extrem dichten Wald zum Plateau führte, der nach den Regenfällen des gestrigen Tages feucht und übelriechend war. In einem kleinen Steinbruch aus weißem Stein, der auf einer Seite der Straße in der gleißenden Sonne gähnte, legte ich mich mit einigen Kameraden in hohe Farne. Ich war fast eingeschlafen, als plötzlich das Geräusch einer explodierenden Granate, die gerade in der Nähe eingeschlagen war, in vibrierenden Wellen durch die Bäume schallte, in denen jedes Blatt zu rascheln schien.

Am Eingang des Steinbruchs erschien ein Schütze, der hin und her taumelte. Sein Gesicht war leichenblass. Er umfasste mit der linken Hand seinen rechten Ellbogen und ließ sich ins Adlerfarn fallen.

„Oh!", murmelte er, „ich bin getroffen!"

"Wo?"

Mit einer leichten Bewegung des Kopfes deutete er auf seinen aufgeschnittenen und blutenden Ellbogen. Und plötzlich ertönte von der Straße, die an dieser Stelle zwei Kurven machte und dann unter einem dunklen Gewölbe aus großen Buchen hindurchführte, ein wirres Geräusch aus Stöhnen, Schreien und Stampfen.

Ein Fahrer kam ohne Käppi angeeilt, sein Gesicht war blutüberströmt.

„Kommt schnell ... es ist da runtergefallen ... es ist auf die Straße gefallen! Alles ist völlig durcheinander, die Pferde liegen oben drauf ... Oh, mein Gott! ...

„Sind Sie verwundet?"

„Nein...wo?"

"Deine Wange...."

„Oh, das ist nichts – es ist ein Pferd, mein Nebenpferd ... Komm schon!"

Weitere Granaten pfiffen über uns hinweg. Wir begannen zu rennen. Plötzlich blieb ich an der Straßenbiegung wie angewurzelt stehen, atemlos, gelähmt von dem grausigen Anblick.

Unter der Sonne, die durch die Zweige brach und die weiße Straße marmorierte, lag eine formlose Masse verstümmelter Männer und Pferde. Die gesamten Gespanne des Schmiede- und Vorratswagens waren zu einem sich windenden Haufen blutenden Fleisches zusammengeschweißt. Männer kämpften darunter. Mitten auf der Straße lagen zwei Kanonenschützen mit dem Gesicht nach unten; andere schleppten sich auf Händen zwischen den umgestürzten Reitpferden umher. Verwundete bewegten sich in den Gräben.

Aus diesem Schlachtfeld drang langgezogenes Stöhnen, das den grauenvollen Schreien mancher Tiere in der Nacht ähnelte, ein gedämpftes und endloses „Aaah! ... aaah!", das wie ein wildes Lied anschwoll und abfiel. Blut floss in Strömen durch die Rinnen zu beiden Seiten des Weges. Ein ekelerregender, abgestandener Gestank wie in einem Schlachthaus, eine Art Wärme, ein Geruch von dampfendem Fleisch und fließendem Blut, ein Geruch von Pferden, Eingeweiden und Tiergasen packte uns die Kehle und drehte uns den Magen um.

Einem Mann, der unter dem Schmiedegespann begraben lag, war es gelungen, seinen Arm durch eine Masse verwickelter Eingeweide zu schieben, doch die Eingeweide hatten sein Handgelenk mit zähem Griff umklammert. Er schüttelte sie heftig, wobei Blutstrahlen in alle Richtungen spritzten. Um ihn herum lagen die Pferde, die sich in Todesangst krümmten, pupsten, Mist streuten und mit ihren erstarrenden Gliedmaßen den Boden schabten, wobei ihre Hufeisen schrill auf den Feuersteinen knirschten. In ihren Todesqualen zerrten sie an den Zügeln, und man hörte das Geräusch knackender Ketten. Das Fahrzeug, an das sie angespannt waren, bewegte sich einige Zentimeter vorwärts und rollte dann zurück.

In der Nähe lag ein toter Fußsoldat, seine ganze Brust eine einzige klaffende Wunde. In seinen weit geöffneten blauen Augen lag ein starrer Ausdruck des Entsetzens, der mir wie ein Messer ins Herz stach. Ein Artillerist mit aufgerissenem Bauch war in fast aufrechter Haltung von einem verwundeten Pferd auf die Straße gedrückt worden, das mit blutenden Nüstern auf seine Füße gefallen war.

Immer wenn das Stöhnen und Heulen für eine Sekunde aufhörte, hörte man das Geräusch des Blutes, das Strahl für Strahl und Tropfen für Tropfen plätscherte und rieselte, und das Gurgeln der Eingeweide, die in einer verworrenen rosa-weißen Masse auf der Straße lagen.

Ich rannte los, um dem Mann zu helfen, der unter dem Schmiedegespann begraben lag. Sein Gesicht war ganz rot und schrecklich zuckte, sein Haar und sein Bart waren blutverklebt und seine weißen Augäpfel rollten wie die eines Erstickten. Ein Pferd drohte in seinem Todeskampf einen an den Lenden verletzten Kanonier zu töten, der sich auf den Händen hinter ihm herschleppte, also tötete ich das Tier schnell mit einem Revolverschuss. Erst dann bemerkte ich meinen Freund M———, der zwischen zwei Pferden ausgestreckt lag, sehr blass, mit geschlossenen Augen. Ich rannte hin und legte meinen Arm um ihn, um ihn hochzuheben... Mein Blut hörte plötzlich auf zu fließen, mein Herz hörte auf zu schlagen... Mein Arm war bis zum Ellbogen in eine riesige Wunde im Rücken meines Freundes eingesunken...

Ich stand auf. Einen Augenblick lang drehte sich die grausige Szene um mich herum ... Ich glaubte, vor Entsetzen ohnmächtig zu werden. Ich legte meine bluttriefende Hand an meine Stirn ... Ich beschmierte mein Gesicht mit Blut. Um nicht zu fallen, musste ich mich gegen das Schmiederad lehnen.

Einem Sanitäter war es gelungen, ein paar unbeschädigte Tragen aus dem Krankenwagen zu befreien, der ebenfalls von der Granate zertrümmert worden war. Auf der einen Seite der Straße war der Sanitätsoffizier, der noch immer sehr aufgewühlt war und selbst durch die Explosion leicht verletzt worden war, mit Verbandsarbeiten beschäftigt. Drei von uns hievten einen großen, blonden Kanonier mit Gaulois-Schnurrbart auf eine der Tragen, dessen Fuß, fast vollständig vom Bein abgetrennt, in der Luft baumelte und der vor Schmerzen schrie. Wir erinnerten uns, dass es am Fuß des Hügels am Waldrand einen Verbandsplatz gab.

Wir machten uns auf den Weg und beugten dabei unsere Knie, um die Bahre möglichst wenig zu erschüttern. Doch immer wieder mussten wir über verstreute Gliedmaßen von Pferden steigen und uns unseren Weg zwischen den bis zur Unkenntlichkeit entstellten Leichen bahnen.

Ein Verwundeter umklammerte mein Bein, als wir vorbeigingen, und hob sein totenhaftes Gesicht empor, aus dessen Ohr das Blut rann, das von einem blutigen Kragen umgeben war. Seine Augen flehten uns an, stehen zu bleiben, und mit leiser Stimme in tiefem Flehen murmelte er:

„Um Gottes Willen, lass mich nicht hier zurück!“

Aber wir konnten nicht zwei Männer gleichzeitig tragen. Ich bückte mich ein wenig:

„Die anderen werden in ein oder zwei Minuten mit der anderen Bahre kommen. Sie werden dich mitnehmen. Komm jetzt, lass meinen Fuß los! ...“

Wir verließen das Chaos und begannen wieder zu atmen ...

Das engmaschige Tuch der Bahre hielt das Blut des Verwundeten zurück, dessen Fuß in einer roten Lache schwamm. Er litt entsetzlich, verschränkte die Arme und stöhnte:

„Oh, mein Fuß! ... Du schüttelst mich ... Oh, wie du mich schüttelst!"

Und dann:

„Um Gottes Willen, gehen Sie langsam!"

Trotz aller Bemühungen konnten wir das Zittern, das ihm große Schmerzen bereitete, nicht verhindern, und er murmelte mit immer schwächer werdender Stimme weiter:

„Geh, geh ... langsam! ..."

Seine Lippen wiederholten stumm „Gehen", bis ihn ein erneuter Ruck aufschreien ließ.

Vor dem Feldlazarett hatten einige Sanitätsoffiziere an einem schattigen Teil der Straße einen improvisierten Operationstisch aufgebaut. Die Verwundeten lagen in Reihen am Rand des Grabens. Ein dicker Arzt mit vier Striemen am Arm lief schreiend hin und her.

Die Verwundeten kamen auf Tragen oder hinkend zu Fuß an, entweder allein oder mit Hilfe ihrer Kameraden. Das Kinn eines Mannes war nicht mehr als eine blutige Masse; eines seiner Augen war geschlossen, das andere weit geöffnet.

Das Pferd des Tierarztes, von einem Granatsplitter durchbohrt, war dem Verwundeten bis zum Krankenwagen gefolgt, aber sobald es anhielt, sank es am Straßenrand auf die Knie. Die Augen des Tieres waren voll von fast menschlichem Leiden, und als es seinen Kopf zu mir drehte, feuerte ich ihm mit meinem Revolver ins Ohr. Mit einem dumpfen, schweren Schlag, wie wenn eine Axt tief in einen Baumstamm eindringt, fiel das Tier auf die Flanke und überschlug sich von der Spitze des Abhangs, der an die Straße grenzte, zweimal in das darunterliegende Feld.

Wir mussten sofort zum Ort des Gemetzels zurückkehren, wo wir dringend gebraucht wurden. Sobald ich die frische Luft und den Sonnenschein hinter mir ließ und wieder in den Wald kam, war ich fast gelähmt bei dem Gedanken an das, was ich sehen würde, und die Schatten der Bäume, die mit abnehmendem Tageslicht immer dunkler wurden, verstärkten meine Angst noch.

"Aufleuchten!..."

Zwei Reitpferde mit blutenden Wunden verließen instinktiv das Schlachthaus. Mit schwankenden Schritten liefen sie langsam die Straße hinunter, der Sonne entgegen. Die toten Pferde waren ausgespannt und an den Straßenrand geschleift worden, aber zwei Artilleristen waren mitten auf der Straße liegen geblieben, und jemand hatte, entweder aus Gewohnheit oder aus Mitleid mit den Toten, zwei Äste von einer der Buchen abgebrochen und ihre Gesichter mit Blättern bedeckt.

In den Rinnen waren die Ströme aus Blut geronnen. Der heiße, faulige Geruch, gefangen unter dem Gewölbe der Bäume, schwebte noch immer in der Luft, ekelerregender und furchterregender denn je. Die Anstrengungen der Männer, die Pferde auszuspannen und die Straße freizumachen, hatten dazu geführt, dass die Eingeweide rissen und zerbrachen, und sie lagen nun überall herum, bedeckt mit Staub, mehrere Meter von den klaffenden, leeren Körpern entfernt, aus denen sie gerissen worden waren.

Zwei Gefangene, große Männer, deren Größe durch ihre langen grauen Mäntel und spitzen Helme noch verstärkt wurde, kamen vom Plateau herunter. Die sie begleitenden Fußsoldaten hatten ihnen die Augen verbunden, weil sie befürchteten, dass dieser Anblick des Todes ihren Feinden zu viel Vergnügen bereiten könnte, und führten sie an der Hand zwischen den Leichen hindurch und wieder hinaus. Aber die Deutschen hatten den Geruch von Blut erkannt. Eine Falte des Unbehagens verzog ihre Stirn, und sie schnüffelten unaufhörlich die verpestete Luft.

Montag, 14. September

In Attichy verbrachten wir die Nacht in einigen prächtigen, gut verschlossenen Scheunen, in denen das Heu tief lag, doch unsere Ruhe wurde durch schreckliche Albträume gestört. Ich träumte, dass ich mich zwischen verstümmelten Leichen in Flüssen aus Blut wälzte. Als ich aufwachte, regnete es.

Ein Landsmann mit hängendem weißen Schnurrbart brachte uns Bier und Wein in Eimern. Er lebte in einem abgelegenen Haus, das von unserer Scheune aus gut sichtbar in einem Wäldchen am Hang des Hügels lag. Während der deutschen Besatzung hatte er sein Haus verlassen, weil es ihm zu einsam war, und sich im Dorf niedergelassen. Als der Feind vorgestern abzog, war er in Begleitung eines Fußsoldaten in sein Haus zurückgekehrt. Er ging gerade weiter, als er durch die aufgebrochene Haustür im Flur einen behelmten Deutschen sah, der gerade auf ihn zielte. Er sprang zur Seite und entblößte den französischen Soldaten hinter ihm, worauf dieser sofort sein Gewehr fallen ließ und die Hände hochriss. Die beiden Franzosen packten ihn, setzten ihn auf einen Stuhl in der Küche und schossen ihm durch den Kopf. Dort ließen sie ihn sitzen, den Kopf auf der Brust, und das Blut tropfte von seiner Stirn zwischen seinen Knien auf den gefliesten Boden. Dann gingen sie los, um die Umgebung des Hauses und des Gartens zu erkunden. Sie konnten nichts Verdächtiges entdecken, aber als sie in die Küche zurückkehrten, fanden sie sie leer vor. Von dem Deutschen war nichts übrig außer einer Blutlache vor dem Stuhl. Aber neben der Tür und auf der Treppe waren rote Flecken und sie hörten Stöhnen aus dem Dachboden.

Wir fragten den Bauern:

"Und, was hast du mit deinem Boche gemacht?"

„Oh, er ist immer noch in meiner Dachkammer", antwortete er gelassen.

„Aber da musst du ihn rausholen. Er fängt gleich an zu stinken!"

„Ja, ich werde ihm heute Nacht in der Nähe des Misthaufens ein Loch graben."

Und da ich zu behaupten wagte, dass sie den Mann, anstatt ihn heimtückisch zu töten, auch gefangen hätten nehmen können, da er sich ergeben hatte:

"Warum?", fragte der Bauer. "Hätte er mich nicht getötet, wenn ich ganz allein gewesen wäre? Dabei bin ich doch ein Zivilist!"

„Nein!", fügte er hinzu, „wir werden nie genug von diesen Schweinen töten!"

Der Wind war aufgekommen und der Regen hatte aufgehört. Unsere Gruppe rückte die Straße nach Compiègne entlang, die am Fluss entlangführt. Aber wir waren kaum eine Meile gegangen, als das Kommando zum Anhalten kam. Wir wollten unsere Suppe kochen, aber es gab kein Wasser, und ich suchte vergeblich nach einer Quelle oder einem Brunnen. Schließlich beschlossen wir, Wasser aus der Aisne zu schöpfen. Am gegenüberliegenden Ufer lag ein toter Deutscher zwischen den Binsen, sein halber Körper war im Fluss versunken. Nun, wir würden das Wasser abkochen, das war alles! Man musste essen!

Bei Einbruch der Dunkelheit traf ein Reiter mit Befehlen ein. Wir trabten los.

Im Windschatten einer hohen Mauer ruhten sich einige Spahis aus, deren Burnus in der Dämmerung rote Flecken bildete. Neben ihnen standen ihre kleinen Pferde regungslos unter ihrem komplizierten Geschirr. An einem Apfelbaum lehnte ein Araber mit prächtig geschnittenen Gesichtszügen, so regelmäßig wie die einer Statue. Unter der purpurnen Wollkapuze zeigte sein braunes Gesicht einen Ausdruck jener resignierten Melancholie, die zugleich so mitleiderregend und so edel ist, wie Männer seiner Rasse immer schmachten, wenn sie weit weg von der Wüste sind. Seine großen, apathischen schwarzen Augen, die auf etwas in der Ferne gerichtet zu sein schienen, hatten einen mystischen Ausdruck in sich. Ihm schien zu frieren. Die Kanoniere begrüßten ihn lächelnd:

„Hallo, alter Sidi!"

Doch der Araber antwortete regungslos nur mit einem herablassenden Augenzwinkern.

Die Batterien bezogen ihre Stellung, die erste Wagenreihe blieb hinter einem Schutzwall aus Akazien stehen. Die Stille der Nacht wurde kaum durch das wirre Gemurmel der fernen Schlacht unterbrochen, als plötzlich, wie auf ein gegebenes Signal, mehr als vierzig französische Feldgeschütze fast im Gleichtakt eine gewaltige Salve über das Plateau abfeuerten.

Die grellen Blitze aus den Mündungen zerrissen die Dämmerung wie rote Blitze. Die Luft vibrierte weiter. Es war, als wäre die Atmosphäre erfüllt von riesigen Schallwellen, die aufeinanderprallten und sich gegenseitig zerteilten wie die Wellen des Ozeans bei einem Sturm. Die Erde bebte als Reaktion auf die zischende Luft. Allmählich wurde die Nacht dunkler.

Unsere Batterien feuerten mit Sicherheit auf die registrierten Zielpunkte. Der Feind antwortete nur ab und zu und dann wieder aufs Geratewohl.

Plötzlich machte ein Gerücht die Runde:

„Die Deutschen besteigen Züge! Dieser Bahnhof wird bombardiert! …"

"Na ja, ich würde sie nicht daran hindern, ihre Fahrkarten zu nehmen", sagte ein unerschütterlich wirkender Reservist. "Ich würde sie nicht daran hindern. Lassen Sie sie verschwinden und lassen Sie uns nach Hause gehen. Ich habe eine Frau und zwei Kinder. Krieg ist kein Witz!..."

Es war stockfinster, als die Kanonen nach und nach verstummten. Nach wenigen Augenblicken herrschte völlige Stille, eine Stille, die nach dem ohrenbetäubenden Kanonendonner fast überraschend, ja geradezu beunruhigend wirkte.

Wir kehrten zu den Batterien zurück. Lautlos, einer hinter dem anderen, tauchten die Wagen wie Phantome in die Dunkelheit ein, das weiche Feld, das unter den Rädern nachgab, machte einen seltsamen Eindruck von Watte. Die nächtliche Klarheit, diffus und wie schwebend, erlaubte uns nicht zu erkennen, was für ein Feld es war, das die lange Kolonne ohne Rütteln und Klirren überquerte, nur gelegentlich knarrten schlecht geölte Räder.

Die ganze Gegend roch nach Tod, und das war keine Einbildung. In der Ferne ragte ein brennendes Gebäude wie ein fester Lichtpunkt hervor. Die riesigen Bäume eines benachbarten Parks erfüllten uns mit namenlosen Ängsten.

Das Rad der Protze fuhr über etwas Weiches und Elastisches, das unter der Last nachgab. Ich war überzeugt, dass es ein Toter war, und blickte ängstlich hinter mich. Aber ich konnte nichts sehen.

Wir hielten am Rande eines Dorfes namens Tracy-le-Mont an, wo der Versorgungszug auf uns wartete. Die Rationen wurden ausgegeben, und die Männer in ihren Mänteln standen in einem schwarzen Kreis um den Proviantwagen, der von einer einzigen Laterne beleuchtet wurde. Hutin und Déprez waren unter ihnen. Jemand rief aus den Gewehren:

"Dritter vierter!..."

„Erster!" rief Hutin.

„Du hast deinen Zug verpasst. Du musst jetzt als Letzter kommen."

Wir unterhielten uns, während wir warteten. Hutin war sehr müde und hungrig.

„Es gibt gutes Essen", sagte er. „Wir werden frisches Fleisch besorgen."

„Ja, aber Feuer werden verboten sein."

„Ich nehme an, Sie haben den Postmeister nicht gesehen?", fragte er plötzlich.

"Nein, warum?"

„Denn in der ersten Reihe sieht man ihn häufiger als wir."

„Also, ich fange an zu zweifeln, ob es so eine Person gibt."

„Es stimmt... Das Biest taucht nie auf! Verdammt noch mal! Wenn wir nur manchmal Briefe bekämen, würde die Zeit schneller vergehen. Der letzte, den ich bekam, war nur die Mitteilung, dass sie keine Neuigkeiten von mir hätten. Es scheint wirklich hart zu sein!"

"Erste Waffe!"

„Endlich", sagte Hutin. „Auf Wiedersehen, alter Junge! Ich muss jetzt Essen holen. Versuch, bald wieder bei uns zu sein."

Dienstag, 15. September

Als wir aufwachten, war herrliches Wetter. In der Nacht hatte es ein wenig geregnet, aber wir hatten unsere Gewehre mit Heuhaufen umgeben, die wir von einigen großen Heuhaufen in der Nähe gesammelt hatten. Ich schlief unter dem Munitionswagen, der mir bis zu den Knien Schutz bot, und hatte meine Füße mit ein paar Garben bedeckt. Der Boden war nicht sehr feucht und ich schlief trotz des Regenschauers gut.

Mit der Morgendämmerung klarte der Himmel auf. Die Luft war weich und warm, und die hohen Bäume in ihrer unendlichen Vielfalt an Grüntönen zeichneten sich in klaren Silhouetten vom blassen Blau des Himmels ab. Das Gras, obwohl kurz geschnitten, hatte jetzt, da der Sommer zu Ende ging, etwas von seiner verlorenen Frische zurückgewonnen.

Hier und da fielen auf den Feldern dunkle Haufen ins Auge. Es waren die Leichen gefallener Deutscher. Hat man drei oder vier gesehen, sucht man instinktiv überall nach ihnen, und eine vergessene Weizengarbe in der Ferne sieht aus wie eine Leiche.

Wir fuhren los, die Räder der vorderen Wagen hinterließen eine deutliche Spur über die Felder. Auf einer Seite lag ein toter Deutscher. Die Fahrzeuge hatten ihn beim Vorbeifahren gestreift und hätten seine Füße zerquetscht, wenn die Fahrer ihn nicht rechtzeitig gesehen hätten. Sein Gesicht war noch immer wächsern und nur die Augenhöhlen hatten begonnen, grün zu werden. Den ernsten, regelmäßigen Zügen fehlte es nicht an einer gewissen männlichen Schönheit.

Der Mann, der neben mir auf dem Wagen saß, blickte lange auf das Gesicht des Toten, als versuchte er, seinen letzten Gesichtsausdruck einzufangen.

„Armer Teufel!", sagte er achselzuckend.

Selbst ein wenig bewegt wiederholte ich:

„Ja, der arme Teufel!"

Aber der Radfahrer, der Frau und Kinder zurückgelassen hatte und sich fragte, wie es ihnen erging, drehte sich im Sattel um:

„Dreckiges Schwein!", knurrte er.

Heute Morgen begann die Schlacht früh und mit ungewöhnlicher Heftigkeit an einer Front, die sich scheinbar von Ost nach West erstreckte. So weit das Auge reichte, war der Himmel von Granatrauch flauschig.

„Da! ... Und sie sagten, die Deutschen würden Züge besteigen! Sehen Sie sie dort drüben? ... Bestien!"

„Ja. Sie sind ausgestiegen!"

Die Männer verfluchten bitter ihre frühere Leichtgläubigkeit. Trotzdem wusste ich, dass sie heute Abend bereit sein würden, die Nachricht zu glauben, dass die Russen Berlin erreicht hatten, vorausgesetzt, sie wurde energisch genug bestätigt.

Von einigen vorbeikommenden Fußsoldaten erfuhren wir die Wahrheit. Die Deutschen hatten sich in den bewaldeten Hügeln und Steinbrüchen fest verschanzt. Die Verfolgung wurde aufgehalten und eine neue Schlacht stand unmittelbar bevor.

Ich fragte einen Sergeant:

„Aber das sind doch nicht die Deutschen, denen wir gestern und vorgestern auf den Fersen waren, oder?"

„Nein", antwortete er, „das müssen Truppen sein, die hinter ihnen in Belgien waren."

Die erste Linie, die in einem engen Tal installiert war, füllte jede halbe Stunde die Batterie auf, die in der Nähe eines großen Bauernhofs einen Wagen nach dem anderen mit Granaten leerte. Die deutsche Artillerie fegte über die Ebene, und einige 6-Zoll-Haubitzen, deren Ziel die Biegung einer benachbarten Straße zu sein schien, zielten zu hoch und drohten uns jeden Moment ins Flankenfeuer zu nehmen. Andererseits hatte eine ihrer 77-mm-Batterien das Feuer auf einen Wald eröffnet, der das andere Ende des Tals beherrschte. Es war nicht anzunehmen, dass wir über die Ebene aus dieser unbequemen Lage herauskommen wollten. Der Feind würde uns sehen und seine Haubitzen würden uns mit Leichtigkeit erreichen. Der Offizier, der den Zug befehligte, Leutnant Boutroux, war ratlos. Schließlich beschloss er, sich den 77-mm-Geschützen entgegenzustellen, und wir begannen, uns um den Waldrand herumzuarbeiten, während über unseren Köpfen Granatsplitter explodierten. Bald krümmte sich das Tal nach innen. Die Gefahrenzone war passiert. Unbeschadet und gut vor dem Feind geschützt nahmen wir eine neue Position in einer anderen Schlucht ein, die fast genau der ähnelte, die wir gerade verlassen hatten.

Wir hatten keinen Wasservorrat und um Wasser zu finden, mussten wir einem Pfad folgen, der über das Feld zu einigen Scheunen führte, von deren Dächern Rohre in ein paar Wassertanks führten. An einem der letzteren lehnte eine Leiter, und ich kletterte aus Neugier hinauf. Die Metallverkleidung im Inneren war mit Rost bedeckt, und aus dem trüben Wasser, das langsam sank, tauchten ein alter Stiefel, eine Filzmütze und allerlei formlose Gegenstände aus Stoff oder Metall auf, die mit grünem Schleim bedeckt waren. Trotzdem mussten wir uns mit diesem Wasser begnügen!...

Der Kampflärm ließ keine Entscheidung erkennen; er kam weder näher noch wurde er schwächer. Die Verwundeten, die vorbeikamen, erzählten uns, dass die Infanterie seit dem Morgen ununterbrochen gegen die starken

Verschanzungen vorgegangen sei, ohne sie durchbrechen zu können. Das Feuer ließ erst nach Einbruch der Nacht nach.

Wir kehrten zu den Batterien zurück und durchquerten die Ebene, die durch die hereinbrechende Dunkelheit nun vor dem Feind verborgen war. Irgendwo knallte noch immer ein Maschinengewehr. Ein leichter Regen wehte durch die Luft und wir wurden schnell durchnässt. Wir mussten im Freien zwischen den Mangoldpflanzen liegen und die Pferde wurden nicht aus den Fahrzeugen geholt.

Es war fast unmöglich zu schlafen. Sobald wir still lagen, begannen wir zu zittern und unsere Zähne klapperten. Ich hatte die vage Angst, dass die Kälte, die mir in langen Schauern den Rücken hinunterlief, mich unerwartet töten könnte, wenn ich einschlief.

Ich stützte meine Füße auf das Rad und rollte mich auf dem Dach des Munitionswagens zusammen. Ich zog den eisigen Kontakt des Stahls der Feuchtigkeit des Bodens vor. Der Regen begann heftiger zu fallen.

Mittwoch, 16. September

Schon ganz früh am Morgen ertönte aus weiter Ferne der dumpfe Knall einer Haubitze, und gleich danach begannen sämtliche Kanonen auf dem Plateau zu dröhnen, als ob sie von einer Pulversalve abgefeuert worden wären.

Astruc kam zu dem Schluss:

"Herrgott!", sagte er, "ich hatte letzte Nacht ein komisches Erlebnis! Stell dir nur vor ... die anderen hatten alle Plätze unter den Wagen vollgestopft, und als ich mich umsah, sah ich einen großen Kerl, mindestens sechs Fuß lang, mitten auf dem Feld mit einer Decke zugedeckt. 'Na ja', sagte ich mir, 'wenn Platz für einen ist, ist auch Platz für zwei', und ich hob die Decke hoch und kuschelte mich neben ihn. Aber als ich einschlief, zog ich sie Stück für Stück an meine Seite. Plötzlich setzt sich der Lange auf, ist hellwach und fängt an, mich zu schütteln! ... Zuerst sagte ich nichts – tat so, als ob ich schliefe. Ich war so müde! Aber er schüttelte mich weiter und schrie dann: 'Was zum Teufel denkst du, was du da tust?' Schließlich grunzte ich: ‚Na gut! Kein Grund, so einen Aufruhr zu machen ...' Und dann rieb ich mir die Augen und stand auf ... Wissen Sie, wer es war? ... Es war der Major! Ich hatte ihm die Decke weggezogen! Ich verlor nicht den Kopf. Ich sagte ihm, dass ich mich furchtbar krank fühlte – dem Tode nahe – und dass unter dem Wagen kein Platz mehr war ... Dann murmelte er etwas, ich weiß nicht was, und ließ sich wieder nieder. Ich zögerte keinen Augenblick, sondern legte mich neben ihn. Dann sagte er: ‚Also, um Gottes Willen, nimm auf keinen Fall die ganze Decke!'"

Die Batterie ging in Stellung und die erste Wagenreihe kehrte in die Schlucht zurück, in der wir gestern Schutz gesucht hatten.

Mein Handgelenk tat weh. Trotz des Verbandes war die Wunde durch das Blut der Verwundeten und Toten von Attichy vergiftet.

Der Postmeister kam mit einem Sack voller Briefe.

„Zuhause scheint man zu glauben, der Krieg würde bis Neujahr dauern“, sagte jemand.

„Aber die Russen?“

„Oh! Die Russen...“

„Na, mal sehen … Oktober, November, Dezember … Das macht noch dreieinhalb Monate … Aber vorher werden wir alle den Unterkühlungstod erleiden!“

Kaum fünfhundert Meter von unserem Park entfernt gingen plötzlich einige große Bauerngebäude in Flammen auf. Die Mauern, die den Hof umgaben, tauchten auf den kahlen Feldern wie ein riesiges Quadrat aus leuchtendem Mauerwerk auf. Der Rauch stieg zunächst in schweren, dunklen Spiralen auf, hier und da von gelben Blitzen durchbrochen, und schoss dann in einer hohen Säule senkrecht in den klaren Himmel.

Wir wussten, dass es auf der Farm Schafe gab. Der Beschuss hatte aufgehört, und ich beschloss, ein oder zwei Tiere zu retten, um unsere normalen Rationen aufzubessern. Zwei Kanonenschützen der 12. Batterie, deren Lafetten in der Nähe unserer standen, hatten dieselbe Idee.

Wir machten uns so schnell wie möglich auf den Weg zum Bauernhof. Das Feld, das wir überqueren mussten, war gestern von den deutschen Haubitzen umgepflügt worden. Der Feind dachte zweifellos, dass hinter den Gebäuden Infanterie versteckt war, und den ganzen Tag lang hatten seine schweren Geschütze die Mangoldpflanzen vergeblich niedergemäht.

„Sie haben sich an die Arbeit gemacht, als wollten sie Bäume in Fünfergruppen pflanzen“, bemerkte einer meiner Begleiter. Und er fügte hinzu:

„Und sie haben ihre Arbeit sehr gut gemacht! Ich verstehe einiges davon, denn ich bin Gärtner.“

Am Rande eines Granattrichters lagen zwei Gendarmen nebeneinander zwischen verstreuten Erdklumpen. Einer von ihnen, ein großer, rothaariger Mann, hatte eine große klaffende Wunde in der Brust, und sein rechter Arm, der in einer seltsamen Haltung zusammengekrümmt war, sah aus, als hätte er zwei Ellbogen. Der Körper des anderen, eines grauhaarigen Korporals, schien unverletzt, aber in einer seiner Augenhöhlen befand sich nichts als ein Blutgerinnsel, und das Auge selbst hing am Ende einer weißen Sehne an seiner Schläfe.

„Armer alter Kerl!“, sagte der Gärtner.

Er beugte sich über die Leiche, deren grässliches, einäugiges Gesicht zum Himmel starrte, und bedeckte sie ehrfürchtig mit der mit dem silbernen Abzeichen versehenen Mütze, die neben die Seite des Toten gefallen war.

Hinter einem der noch intakten blauen Schieferdächer loderten jetzt lebhafte Flammen, die jedoch sofort von den Rauchwolken erstickt wurden. Eine prächtige kegelförmige Tanne mit einem düsteren Aussehen bewachte das Feuer wie ein einsamer Wachposten.

Wir näherten uns dem Gebäude. Nahe der Hofmauer lagen zwei Kanonenschützen und ein paar Pferde. Sie waren gerade getötet worden, und das Blut auf dem Boden war noch rot. Ich erkannte einen der Männer als Ordonnanz eines unserer Offiziere. Der andere war mit dem Gesicht nach unten zusammengebrochen und hatte die Arme unter der Brust verschränkt.

Eine Granate hatte ein großes Loch in den Hof gebohrt. Drei Enten plantschten trotz der Hitze der Flammen in einem kleinen grünen Teich neben einem quadratischen Misthaufen. Eine andere, deren Kopf von einem Granatsplitter abgerissen worden war, lag auf der Seite am Rand des Wassers.

Vor dem Hintergrund des großen dunklen Rauchvorhangs, der von unserem Standort aus den halben Himmel verbarg, ragte das Skelett einer Scheune wie ein faszinierendes Gerüst aus geschmolzenem Metall hervor. Lange Flammen schossen aus der Tür und leckten an einem Pflug und einer Egge, die dort zurückgelassen worden waren. Über der Heuhalle glühte ein in einer Nische an der Vorderseite des Gebäudes angebrachtes Flaschenzugrad zum Heben von Futter. Das Dröhnen der Gewehre war nicht mehr zu hören, es wurde vom Knistern des Feuers und dem scharfen Zischen der Funken übertönt, die in den Teich fielen. Eine der Enten, von einem glühenden Splitter gestochen, schüttelte ihr Gefieder.

„Wir sind nicht zu früh dran“, sagte der Gärtner. „Das Hammelfleisch ist bestimmt schon halb gar.“

Der Schafstall war nur durch eine Backstube von dem jetzt brennenden Stall getrennt und bereits voller Rauch, durch den die wolligen Rücken der Tiere wie noch dichtere Wolken hervorschauten. Die Tür stand offen, aber die dummen Tiere waren nicht geflohen und hatten sich an der Stirnwand unter dem Fenster zusammengedrängt, das mit der Backstube verbunden war, durch das der Rauch drang, der sie allmählich erstickte. Zusammengedrängt drängten sie vorwärts, als wollten sie die Wand mit ihren Stirnen einreißen.

„Komm", sagte der Gärtner. „Du, Lintier, stehst da … an der Tür. So werden wir es machen. Wir stürmen beide hinein und ziehen jeder einen von ihnen heraus, und du jagst ihnen eine Kugel durch den Kopf, wenn sie herauskommen. Verstanden?"

"In Ordnung!"

Ich sah kurz die Schatten der beiden Männer, die im Rauch umherhuschten. Dann hörte ich das Kratzen harter Hufe auf dem Boden, und einer der Kanonenschützen kam wieder zum Vorschein. Er packte mit beiden Händen den Schwanz eines fetten Schafes und zog es nach hinten heraus. Ich erlegte das Tier auf der Schwelle und gleich darauf ein zweites. Der Gärtner ging noch einmal hinein, um ein drittes zu holen.

Ich steckte meinen Revolver wieder in das Halfter und jeder von uns hievte ein Schaf auf die Schulter. Sie umschlossen unsere Hälse wie schwere Pelze, die wir festhielten, indem wir die spitzen Füße festhielten, die vorn zu zweit zusammengedrängt standen. Von ihren nach hinten herabhängenden Köpfen tropfte uns das Blut den Rücken hinunter. Wir machten uns auf den Weg über das Mangoldfeld.

Plötzlich rief der Gärtner:

"Hören!"

Wir stoppten.

"Runter!"

"Wurden gesehen!"

Wir hörten das Kreischen einer schweren Granate näher kommen und warfen uns sofort flach auf den Boden hinter die Schafe, die eine Art Wall bildeten. Die Granaten schlugen zwischen uns und dem Bauernhof ein. Wir sprangen auf und rannten trotz unserer schweren Last, bis wir aus der Schusslinie waren. Wir kamen an den toten Gendarmen vorbei und hielten nicht an, bis wir eine Reihe Pappeln erreicht hatten, die uns vor unseren Blicken verbargen. Drei Geschosse schlugen auf die Stelle ein, die wir gerade verlassen hatten.

Wir schlängelten uns durch die Wäldchen und Senken des Plateaus und erreichten den Park sicher wieder.

Ich nahm wieder auf einem Bündel Holz neben dem Feuer Platz, während ein Schütze, der von Beruf Metzger war, sorgfältig eines der am Fuß aufgehängten Schafe am Vorratswagen zerlegte.

Als ich die Pferde zu den Tränken führte, nahm ich eine Abkürzung über die Felder in der Hoffnung, Kartoffeln, Rote Bete oder vielleicht Zwiebeln zu finden. Wir brauchten vor allem Zwiebeln, denn manches von unserem Essen war sehr fad und wir kannten kein anderes Gewürz.

Ich fand weder Zwiebeln noch Kartoffeln, aber auf der anderen Seite eines Hügels sah ich einige Fußsoldaten, die auf losen Weizengarben lagen. Ihre roten Hosen waren schon von weitem zu sehen. Offenbar einige von denen, die bei den Gefechten am 12. gefallen waren.

Etwas weiter hinten in einer Senke stieß ich auch auf einige deutsche Leichen. Dreizehn Franzosen und siebzehn Deutsche waren dort fast nebeneinander gefallen. Und doch schienen die Franzosen zahlreicher zu sein. Als rote Flecken auf dem Gelb des Stoppelfeldes fielen sie ins Auge, während die Deutschen kaum zu erkennen waren.

Die Waffen und Rucksäcke der Toten waren weggenommen worden, und Mäntel, Tuniken und Hemden waren aufgeknöpft worden, damit die Medaillen abgesteckt werden konnten. Ihre Hälse, entblößten Brustkörbe und Augenlider hatten bereits eine grünlich-graue Farbe angenommen. Ein kleiner Sergeant, der rücklings auf einige Garben gefallen war, die nun seinen Kopf betteten, hielt seinen rechten Arm noch immer starr in die Luft. Die steifen Finger seiner ausgestreckten Hand schienen in einem qualvollen Griff geklammert zu sein. Auf seinem Ärmel glänzte der Goldbarren in der Sonne.

Als ich weiterging, glitten einige Schwalben, deren niedriger Flug Regen ankündigte, über den Hügel und berührten mit ihren spitzen Flügeln leicht die toten Männer.

Donnerstag, 17. September

Unsere Wagenkolonne liegt noch immer in derselben Senke, und auch die Batterie hat ihre Position nicht verändert. Obwohl sie in den letzten zwei Tagen über fünfhundert Granaten abgefeuert hat, konnte der Feind ihren Standort nicht ausfindig machen.

Die Kämpfe gingen weiter und wurden immer heftiger, in der Nähe von Tracy-le-Mont, Tracy-le-Val, Carlepont vor uns, Compiègne im Westen und im Osten, parallel zur Aisne, in Richtung Soissons.

Wir sind weder vorgerückt noch zurückgegangen, und das war alles, was wir über das Gefecht wussten. Wir haben begonnen, hier regelmäßige Gewohnheiten zu entwickeln; jeden Tag wird zur gleichen Zeit Suppe serviert und die Pferde werden getränkt.

Auf meinem Weg zu den Wassertanks heute Morgen sah ich einen seltsam aussehenden Priester. Er saß rittlings auf seinem Pferd mitten auf der Straße und unterhielt sich mit einer ihn umringenden Gruppe von Kanonenschützen und Fußsoldaten. Er trug Stiefel und Sporen, und ein langer, unter seinem Kinn festgebundener, wasserdichter Umhang schwebte über dem Schweif seines Pferdes. Ein großes Holzkreuz hing von seinem Hals am lackierten Riemen seines Revolverholsters, und in seinen breiten schwarzen Gürtel steckte ein deutsches Bajonett.

Wie er in den Steigbügeln stand und den Hals seines Pferdes streichelte, sah er aus wie ein seltsamer militanter Mönch.

„Ja", sagte er, „er ist ein nettes Tier. Er gehörte einem Ulanen, den ich letzte Woche nach der Schlacht in der Nähe von Nanteuil fand, wo ich Beichten hören wollte. Er war ausgesetzt worden, also nahm ich ihn mit. Das ist viel besser als zu Fuß zu gehen."

Und er fügte hinzu:

"Er hat mir gestern das Leben gerettet... Ich war auf dem Weg zu den Außenposten, wo es einige Kämpfe gegeben hatte und wo ich gehört hatte, dass ich gesucht wurde. Ich war ganz allein und traf plötzlich auf eine Patrouille Ulanen. Sie schossen auf mich, verfehlten mich aber. Ich war wütend, weil ich nicht dorthin gehen konnte, wo ich hinwollte, und als ich mich umdrehte, ließ ich sie mit dem Revolver schießen. Als Priester hätte ich das nicht tun sollen, oder? Aber ich konnte nicht anders. Ich sah, wie einer umfiel. Die anderen verfolgten mich, aber mein Pferd raste wie der Wind, und nach einiger Zeit gaben sie die Verfolgung auf. Also drehte ich mich wieder um und folgte ihnen. Ich fand den Mann, den ich erschossen hatte. Er verstand kein Wort Französisch. Ich konnte ihm die Absolution erteilen, bevor er starb, aber es war knapp!"

Als wir zur Batterie zurückkehrten, brach bereits die Nacht herein. Es regnete und wir fragten uns, ob wir wieder im Schlamm schlafen müssten.

Ich fand meine Kameraden des ersten Geschützes – Hutin, Millon und Déprez – mit Schlamm bedeckt und schwarz vom Pulver, ihre Gesichter hager vor Müdigkeit.

"Hallo!"

„Ach, Lintier!" sagte Hutin. „Wir haben heute eine schlimme Zeit hinter uns! Ich weiß wirklich nicht, wie es sein kann, dass wir noch hier sind! ... Ich weiß nicht ... Frag Millon ..."

Millon nickte. Er schien am Ende seiner Kräfte zu sein.

„Gratien ist tot."

"Oh!"

„Als er auf sein Pferd stieg, wurde er getötet ... ein kleiner Splitter in der Wirbelsäule. Er bewegte sich nicht ... Eine Granate durchschlug den Schild des dritten Geschützes, ohne zu explodieren ... Und eine weitere fiel keine zwei Meter von unserem Schützengraben entfernt!"

„Ah! Der ist geplatzt. Wir wurden heftig geschüttelt... Meine Haare und mein Bart wurden versengt."

„Niemand verletzt?"

„Niemand in der Batterie, außer Gratien, der getötet wurde... Aber ja! Pelletier hat sich die Stirn von einem Splitter streift. Kommen Sie und sehen Sie sich den Munitionswagen an – er sieht aus wie eine Muskatreibe. Er hat auf einmal angefangen zu rauchen. Nehmen wir an, er wäre explodiert!... Er war voll... mit sechsunddreißig Sprenggranaten!..."

Es war inzwischen ziemlich dunkel, also zündeten wir die Sturmlaternen an. Jemand rief:

„Elftens, in Ihr Quartier!"

"Rechts!"

„Erste Waffe ... fünfte Waffe ..."

"Fünfte!"

„Zu deinem Quartier, Elfter!"

Wir folgten einem Mann, der eine Sturmlaterne trug, und stellten fest, dass wir unsere Quartiere mit einigen Fußsoldaten aus dem Süden teilen mussten, deren Akzent sozusagen nach Knoblauch roch.

Die Männer der Feuerbatterie ließen sich wie rebellische Pferde ins Stroh fallen, und nachdem ich mir ein warmes Plätzchen besorgt hatte, machte ich mich mit ein paar Kameraden aus der vordersten Reihe auf den Weg, um etwas zu essen und zu trinken zu finden.

In den engen, schlecht gepflasterten Straßen wimmelte es vom schattenhaften Gedränge der Männer, dem undeutlichen Kommen und

Gehen der Reiter und Wagen, dem Lärm vieler durch den Schlamm stapfender Füße und dem undeutlichen Klang von Stimmen und Atem.

Ein kleines Café, in dessen Nähe am Nachmittag der Bürgersteig durch eine Granate aufgerissen worden war, war voller Fußsoldaten, ASC-Männer und Zuaven.

Die Flaschen, Krüge und Gläser auf dem Tresen verdeckten zur Hälfte die schirmlose Messinglampe, die den Raum erhellte, und warfen riesige, unförmige Schatten auf die Wände des engen, raucherfüllten Raumes.

Es herrschte Stimmengewirr und Gelächter. Alle tranken, und der Wirt hatte noch Liköre und Rum übrig. Die erschöpften Soldaten waren bald betrunken von Alkohol, Tabak und Kriegsgeschichten.

Dieses winzige Café, in dem es ein wenig Licht, ein wenig Wärme und eine ganze Welt des Vergessens gab, war ein wahrer Zufluchtsort in der unermesslichen Müdigkeit der Nacht, inmitten der Tausenden von Soldaten, die überall um uns herum ausgestreckt lagen, im Freien oder in Scheunen, und so fest schliefen wie die Toten, die gerade auf den Feldern von Granatsplittern niedergestreckt worden waren.

Es gelang uns, eine Flasche Champagner zu finden. Noch nie hatte mir das Prickeln des Weins so köstlich vorgekommen.

Als wir in unsere Unterkünfte zurückkehrten, schlief niemand. Trotz der Beschwerden der Kanonenschützen redeten und fluchten die Südinfanteristen weiter und ließen die Tür offen …

„Werdet ihr Jungs denn nie schlafen gehen?", donnerte ein Schütze aus der Tiefe der Dunkelheit.

„Halt die Klappe!"

„Hier! Mach die Tür zu, kannst du nicht?"

Die Männer traten uns ständig auf die Füße und auf die Brust und ließen ihre Gewehre und Rucksäcke auf uns fallen. Die Luft war voller Murren und Beschimpfungen. Es war fast Mitternacht, und Moratin verlor die Fassung:

„Jetzt halt doch endlich die Klappe, du …! Wenn nicht, dann hole ich den Major!"

Aus dem Stroh erhob sich eine Breitseite voller Flüche. Die Kanonenschützen antworteten. Dösende Männer wachten auf und schrien:

„Haltet den Mund! *Halt den Mund* , hörst du?"

Freitag, 18. September

Es war gerade Tag, als wir langsam die Straßen über die Ebene entlangzogen und unsere Pferde bis zu den Fesseln im lehmigen Schlamm versanken.

Wir trafen auf große Trupps Verwundeter – Tirailleure, Zuaven und vor allem Liniensoldaten. Sie säumten die Straße zu beiden Seiten, während sie mit schweren Schritten weiterstapften, die durch die Rinnsteine und Pfützen schleiften.

Die Morgendämmerung war neblig. Es war halb fünf, aber wir konnten die Gesichter der Verwundeten erst sehen, als sie tatsächlich an unserem Wagen vorbeigingen. Dann sahen wir weiße Verbände und andere, die blutrot waren. Aber als die Truppen im vagen, unsicheren Licht vorbeigefahren waren, konnten wir nur ein langsam dahinrollendes Meer aus Köpfen und Schultern wahrnehmen.

In den Augen einiger meiner Kameraden, die gestern noch dem Tode nahe waren und heute noch steif, müde und niedergeschlagen wirkten, sah ich neidische Blicke. Sie wussten von dem Befehl, der in der Nacht eingetroffen war und uns auf unsere gestrigen Positionen zurückführen sollte.

Sie hatten keine Angst, aber die Vertrautheit mit der Gefahr, die sie mutig gemacht hatte, hatte ihre Liebe zum Leben in keiner Weise beeinträchtigt – das Leben, das sie in ihren Adern sprudeln fühlten und das sie in wenigen Augenblicken vielleicht mit all ihrem roten Blut auf dem Feld der Mangolds vergeuden würden. Sie dachten an diejenigen, die gestern gestorben waren, an Corporal Gratien, an Captain Legoff – einen von seinen Männern verehrten Offizier –, an die sechs Mann der 6. Batterie, die zu einem formlosen, blutenden Brei auf dem Boden ihres Schützengrabens reduziert waren.

In Momenten wie diesen, die zugleich melancholisch und feierlich sind, wenn das regelmäßige Knarren und Stottern der Wagen und der gemessene Hufschlag der Pferde die Sinne betäuben und schläfrig machen, wenden sich die Gedanken mit größter Bitterkeit der Zukunft vergangener Träume zu, allen versprochenen Freuden und Vergnügen, all dem Glück, für das die Vergangenheit den Weg geebnet hat und das möglicherweise ohne Schwierigkeiten hätte verwirklicht werden können …

Der Morgen ist – ich weiß nicht warum – immer eine traurige Stunde. Und an den Morgenstunden der Schlacht wird diese inhärente Traurigkeit noch schmerzlicher durch die Furcht vor den schrecklichen und vielleicht letzten Erfahrungen, die der gerade begonnene Tag bereithalten könnte. Bedauern und Ängste verflechten sich zu einem Teufelskreis der Gedanken, aus dem es kein Entkommen gibt.

Der einzige Wunsch ist, zu leben – am Abend lebend zurückzukehren –, aber zuerst muss man siegen, den Feind daran hindern, unsere Heimat zu erreichen, und vor allem die Schwachen und Lieben hinter uns in Frankreich beschützen, deren Leben uns noch mehr bedeutet als unser eigenes. Siegen! Und heute Nacht noch leben!

Die Batterie bezog erneut Stellung in der Nähe des Brandherdes auf dem immer noch brennenden Bauernhof, und die Wagen kehrten in ihre Schlucht zurück.

Ich hatte starke Schmerzen in meinem Handgelenk und der Sanitätsoffizier wollte mich in den Rücken der Front schicken und krankschreiben lassen, aber ich wollte lieber noch ein paar Tage bei den Wagen bleiben und dann zu meinem Gewehr zurückkehren.

Es begann in Strömen zu regnen. Am Rande eines Luzernenfeldes wälzte sich eines unserer Pferde, das wir gestern zurücklassen mussten, in Todesangst. Das mitgebrachte Stroh, zerfetzt von den Rädern der Wagen und den Hufen der Pferde, vermischt mit dem Wasser und Schlamm, der sich in der lehmigen Senke angesammelt hatte, bildete eine Art widerwärtigen Treibsand, in den wir knöcheltief einsanken.

Die Männer sprachen nichts, außer um zu fluchen oder sich zu beschweren. In den Wäldchen war kein totes Holz mehr zu finden; gestern und vorgestern war alles verbrannt worden. Wir konnten kein Feuer anzünden. Einige vorbeikommende Kanonenschützen erzählten uns, dass auf einem Bauernhof in der Nähe der Wassertanks noch Reisigbündel lägen, und wir eilten sofort dorthin. Auf der Ebene lagen die Leichen nicht mehr zwischen den losen Garben. Auf einer Seite der Straße nach Tracy, die jetzt nichts weiter als ein Sumpf war, war die Erde mitten im Feld mit den Mangoldwurzeln umgegraben worden, und zwei grob aus Brettern gezimmerte Kreuze markierten das Grab.

Der Bauernhof, zu dem wir auf unserer Suche nach Holz gekommen waren, war als Erste-Hilfe-Station eingerichtet. Die Gebäude umgaben einen Hof, in dessen Mitte, in der Nähe des Misthaufens, mehrere grün gekippte Karren standen, die mit dem roten Kreuz gekennzeichnet waren. In einer Ecke brannten langsam ein Haufen Watte und einige blutbefleckte Verbände und Kompressen.

In den Ställen und Kuhställen konnte man durch die halb geöffneten Türen die liegenden Kranken und Verwundeten sehen, die auf dem Stroh unter den leeren Trögen und Futterkrippen aufgereiht waren. Einige Sanitäter in Segeltuch waren damit beschäftigt, Suppe zu kochen. Ein Sanitätsoffizier schritt steif in seinem weißen Kittel vorbei. Kein Schmerzensschrei war zu hören.

Im Holzschuppen lagen einige Kranke – neun oder zehn blasse und hagere Fußsoldaten – auf Heubündeln, die sie noch nicht einmal losgebunden hatten. Ein Mann, den wir wegen der Dunkelheit nicht sehen konnten, atmete röchelnd und mit einem Geräusch wie von einem Motor.

Das Feuer war weniger heftig als gestern. Ein paar hundert Meter von unserer Senke entfernt, hinter den Bauernhäusern, in denen der Stab für den Tag Quartier bezogen hatte, war ein Flugplatz eingerichtet worden. Diese Nähe machte unsere Position zunehmend unsicherer. Die Haubitzen des Feindes versuchten, die auf dem Feld stehenden Flugzeuge zu erreichen, und obwohl sie scheinbar planlos feuerten, fielen immer wieder Granaten hier und da am Rand unseres Parks.

Der Tag neigte sich seinem Ende zu, ohne dass es einen Hinweis auf den Ausgang der Schlacht gab, die bereits seit fünf Tagen im Gange war.

Doch gegen Abend kam ein langer Konvoi marokkanischer *Carabas* auf der Straße in der Nähe vorbei, die nach Süden in Richtung Aisne marschierte. Ihnen folgte Infanterie. Was konnte das bedeuten? Wir fühlten uns unwohl.

Die Dämmerung wurde immer dunkler und die langen goldenen Strahlen der Suchscheinwerfer begannen, die Ebene abzusuchen. Unter dem harten, unnachgiebigen Licht warfen die kleinsten Gegenstände – ein Heuhaufen, ein Schuppen – riesige tintenschwarze Schatten auf das Feld.

Als nächstes kam Artillerie vorbei, ebenfalls in Richtung Aisne. Wir konnten die Wagen nicht sehen, erkannten sie aber am vertrauten Knarren und Klappern. Gelegentlich hielten sie einen Moment oder zwei an, und dann wurde ein anderes Geräusch hörbar – ein Geräusch wie ein weit entfernter Sturzbach – verursacht von Infanterie, die auf einer anderen Straße über die Ebene marschierte.

Es begann wieder zu regnen.

Wir kehrten zu unseren Batterien an den Wassertanks zurück. Eine unaufhörliche Flut von Männern streifte unsere Wagen, ihre schattenhaften Gestalten tauchten auf und ab, als sie in der Dunkelheit vorbeizogen.

„Was für ein Regiment ist das?", fragte ich. Niemand antwortete.

"Welches Regiment ist das?"

Offenbar ein Regiment Stumme. Sie marschierten in der Dunkelheit weiter, ohne zu antworten.

„An welchem Regiment geht das vorbei? Können Sie kein Französisch?"

"Hundertdrei."

„Wohin gehst du?"

„Das wissen wir nicht."

„Wohin gehst du?", wiederholte ich.

„Das wissen wir nicht", kam erneut die Antwort.

Auf den Rübenfeldern entlang der Straße konnten wir Massen bewegungsloser Artillerie sehen. War das Armeekorps auf dem Rückzug? Und doch waren wir diesmal nicht überflügelt worden... Plötzlich packte mich die Angst.

Es begann stärker zu regnen. Im wandernden Strahl eines Suchscheinwerfers erhaschte ich einen flüchtigen Blick auf eine lange Straße, die schwarz von Männern und Pferden war.

Meine Lafette war dicht an die Wagen der ersten Kanone herangekommen.

„Hutin!"

"Hier! Ja? Hallo, du bist es!"

„Ja…. Also, gehen wir in den Ruhestand?"

"NEIN."

„Was? Die ganze Division zieht sich zurück!..."

"Wir werden ersetzt."

"Denke schon?"

„Ja. Ich habe einige Kanonenschützen des Korps gesehen, das uns ablöst."

„In diesem Fall werden wir uns etwas ausruhen."

„Nein, das glaube ich nicht. Ich habe gehört, dass sie mit der marokkanischen Division eine Umgehungsbewegung durch den Wald von Compiègne und den Wald von Laigle durchführen wollen."

Regen ... Dunkelheit ... Rauchen verboten. Die umgebende Dunkelheit war erfüllt von fernen Schritten, dem gedämpften Rumpeln von Rädern, dem Klingeln von Waffen und dem schweren Atmen von Menschen und Tieren.

Hinter den Infanterieregimentern der Division begannen wir einen langsamen Marsch, der durch Stopps der vor uns liegenden Fußsoldaten und andere unbekannte Hindernisse unterbrochen wurde.

Gegen Mitternacht überquerten wir die Aisne. Es regnete immer noch. Zwei Sturmlaternen wiesen auf die Einfahrt der von den Ingenieuren errichteten Pontonbrücke hin. Die Planken gaben unter dem Gewicht der Säule nach, und man hörte das Wasser gegen die Metallböden der Boote plätschern.

Die Straße war nun frei, und die Batterien vor uns verfielen in einen Trab. Ein Pferd, das sich in den Leinen verfangen hatte, hielt unsere Wagen für einen Moment an, und bevor wir die Spitze der Kolonne einholen konnten, brachte uns eine Kreuzung plötzlich erneut zum Stehen. In der dichten Dunkelheit gab es keine Hinweise darauf, welchen Weg die führenden Fahrzeuge genommen hatten. Wir lauschten ... Ein fernes Grollen schien von rechts zu kommen, und wir drehten uns in die Richtung des Geräusches. Die Fahrer trieben ihre Pferde vorwärts. Wir strengten unsere Augen an, um die Dunkelheit zu durchdringen, immer in der Hoffnung, die massige Gestalt eines Munitionswagens oder einer Kanone aus der Dunkelheit vor uns auftauchen zu sehen. Aber unsere Hoffnung war vergebens. Die Straße wurde schmaler, und jeden Moment liefen wir Gefahr, in den Graben zu fallen. Schließlich mussten wir uns eingestehen, dass wir uns verirrt hatten.

Der Leutnant gab das Kommando zum Anhalten. Wir bereiteten uns darauf vor, den Tagesanbruch abzuwarten, bevor wir unseren Marsch fortsetzen konnten. Der Regen nahm an Stärke zu, und es war unmöglich, Schutz zu finden. Die Kanonenschützen drängten sich auf den Protzenkästen zusammen und verharrten reglos, während die Fahrer an der Spitze ihrer Gespanne im Schlamm auf und ab stampften.

Von Müdigkeit überwältigt, begann ich schläfrig zu werden, trotz der Kälte und der Nässe meiner Kleidung, die wie eisige Umschläge an meiner Haut klebte und alle Wärme aus meinem Körper zu saugen schien. Plötzlich hörte ich Schritte in den Rinnen am Straßenrand platschen. Männer gingen am Wagen vorbei. Ich dachte, vielleicht hatte jemand eine Scheune entdeckt und führte sie dorthin. Ich folgte ihnen.

Und tatsächlich kamen wir nach ein paar Minuten Fußmarsch zu einem Haus, dessen schwarze Masse sich plötzlich vor mir erhob, dunkler als die umgebende Dunkelheit.

Mein Fuß stieß gegen eine Leiter. Vielleicht führte sie zu einem Fenster? Ich kletterte hinauf und befand mich auf einem Dachboden, dessen Boden morsch war und unter meinen Schritten nachgab. Ich klammerte mich an das niedrige Dachgerüst und ging vorsichtig weiter. Dort schlief bereits jemand; ich hörte sein Atmen. Ich streckte mich vorsichtig über die Balken und legte meinen Kopf auf ein Bündel Holz, um mich zum Schlafen zu bereiten. Auf dem Dachboden war es fast heiß.

Samstag, 19. September

Im Morgengrauen brachen wir bei Nieselregen wieder auf. Die Straße, die in Abständen mit Leichen toter Pferde übersät war, schlängelte sich durch endlose Wälder aus hohen Buchen, aus denen der Regen schwer tropfte. Endlose Reihen überschwemmter und verlassener Schützengräben erstreckten sich zu beiden Seiten und verloren sich schließlich im Unterholz. Hohe, schwere Bäume waren gefällt und quer über die Straße gelegt worden, die unter ihrem Gewicht eingesunken war. Und als sie in die Gräben gezerrt worden waren, um den Weg für die Truppen freizumachen, hatten ihre kräftigen Äste tiefe Kratzer in die Straße gerissen, die der Regen bald in einen Sumpf verwandelt hatte.

Wir fuhren durch Pierrefonds, wo sich unter dem bleiernen Himmel die prächtigen Umrisse des Schlosses aus dem vom Regen verdunkelten Grün erhoben, und betraten dann den Wald von Compiègne mit seinen hohen, in Säulengängen stehenden Buchen, unter denen sich lange Reihen überschwemmter Gräben im Zickzack zwischen den Bäumen verliefen. Hier und da stand eine primitive Hütte aus Zweigen und Farnen und immer mehr tote Pferde.

Die Sonne brach zwischen zwei Wolken hervor und durchbohrte die Blätter. Sie warf smaragdgrüne Lichter auf das nasse Moos. Zwischen den dunklen Tönen blitzten ab und zu die hellen Stämme der Birken auf.

Compiègne! Die Stadt, die nur wenige Tage vom Feind besetzt war, schien nicht viel Schaden erlitten zu haben. Von weitem, aus dem Nordosten, hörte man Schüsse.

Wir überquerten die Oise und trafen wieder auf unsere Batterien in Venette, einem Vorort.

In der großen Halle eines Bauernhofes, zu dem ich auf der Suche nach Proviant gegangen war, schilderte die Bäuerin, eine Matrone mit über fünfzig Sommern Berufserfahrung, vier Kanonenschützen die Schrecken der deutschen Besatzung.

Sie brach ab, als ich hereinkam.

„Milch und Eier? Die willst du kaufen? Nein! Die verkaufe ich nicht, aber ich gebe sie dir... Bitte warte einen Moment."

Und sie fuhr mit ihrer Geschichte fort.

„Ja, wie gesagt, so war es ... vor den Augen des Vaters. Sie haben ihn mit dem Rücken zum Kleiderschrank gefesselt, damit er alles mitbekam. Es waren fünf oder sechs und ein Offizier. Sie haben die beiden Mädchen vergewaltigt - erst achtzehn und zwanzig, und noch dazu so nette, ehrliche Mädchen! ... Ja, alle sechs, eins nach dem anderen! Die armen Dinger haben die ganze Zeit geschrien! ... Ach, das sind keine Männer! ... Das sind einfach Bestien! ..."

Und mit etwas gesenkter Stimme, aber ohne Verlegenheit, fuhr sie fort:

"Mehr als eine Frau hat das Gleiche durchgemacht. Ich habe es getan ... ja! ... Und doch bin ich kein junges Mädchen mehr ... Ich habe einen Sohn, der Soldat ist wie Sie ... Oh Gott, es ist schrecklich! ... Es geschah eines Abends, ungefähr um diese Zeit ... vier von ihnen waren hierher gekommen, um zu schlafen. Wie sollte ich mich verteidigen? ... Das Beste war, nichts zu sagen. Es gab Frauen, die versucht haben, sich zu verteidigen, und die einfach zerfetzt wurden ... das ist alles! Mein Mann war draußen und holte ihre Sachen. Ich dachte mir: ‚Wenn er reinkommt, was wird passieren? ... Er wird einige von ihnen töten ...'"

„Ja, das hätte ich auch! Ich hätte sie getötet!", unterbrach ihn eine Stimme aus der Dunkelheit am Ende des Raumes.

Ich hatte den Mann nicht gesehen, als er in einer Ecke des Kamins saß und seine Pfeife rauchte.

Seine Frau drehte sich zu ihm um.

„Arme Alte! Du hättest vielleicht einen von ihnen umgebracht, aber die anderen hätten uns beide umgebracht... Außerdem, was mich betrifft – nun ja – ich weiß, ich bin zu alt!... Das hat mein Mann gesagt – hinterher... Das wird keine Konsequenzen haben!"

Sonntag, 20. September

Ein langer Marsch in einem beißenden Hagelsturm, zuerst nach Westen und dann nach Norden. Wir versuchen offensichtlich eine Wendebewegung gegen den deutschen rechten Flügel.

Montag, 21. September

Der Tag brach mit der ruhigen Helligkeit des Frühherbstes an. Wir setzten unsere umhüllende Bewegung fort.

Gegen Mittag begann plötzlich eine schwere französische Batterie in Stellung nahe der Straße zu feuern. Unsere Offiziere galoppierten los, um die Lage zu erkunden. Wir dachten, wir würden in Aktion treten, aber schließlich wurde uns gesagt, dass wir heute nicht gebraucht würden, und wir wurden in ein Lager in einem Park in der Nähe von Ribécourt geschickt. Wir stellten die Kanonen auf einer Wiese auf, die von einem prächtigen Buchenwald mit Rhododendren gesäumt war.

Auf der einen Seite von uns erstreckte sich eine ruhige Wasserfläche, die im strahlenden Sonnenuntergang rot wurde, und auf der anderen Seite, zwischen den Baumgruppen, unter denen Blumenbeete mit blutrotem Salbei lagen, erhob sich ein schönes modernes Schloss. Unter dem üppigen Laubwerk erweckte eine kleine rustikale Brücke, die den Fluss überspannte, einen seltsam venezianischen Eindruck.

***

Der Abend war schwül, aber trotzdem machten wir unsere Biwakfeuer unter den Kastanien am Flussufer. In der Dunkelheit der inzwischen hereingebrochenen Nacht sah der Teich aus wie ein riesiger Tintenklecks. Wir waren vom gelben Schein unserer Feuer fast geblendet und konnten das Flussufer nicht mehr erkennen, so dass wir bei jedem Schritt Gefahr liefen, ins Wasser zu fallen.

Dienstag, 22. September

Die Nacht verbrachten wir auf Stroh im Nebengebäude.

Mein Handgelenk ist jetzt verheilt und ich werde mit der ersten Waffe zu meinem Posten zurückkehren.

In der Morgensonne glänzte der Teich wie ein silberner Spiegel, und die kleine venezianische Brücke strahlte hell zwischen den dunklen Tönen der Bäume, während das Wasser, das darunter über den Schleim und die faulen Blätter floss, tiefschwarz war. Das Schloss hob sich scharf vom blassblauen Himmel ab, und der gelbe Kies der Wege und der zinnoberrote Salbei bildeten einen hellen Kontrast zum einheitlichen Grün der Rasenflächen.

Die Batterie rückte weiter. Das Knattern von Gewehr- und Maschinengewehrfeuer begleitete das Dröhnen der Artillerie. Der Feind leistete offensichtlich Widerstand gegen unsere Einkesselungsbewegung, die die französischen Kommandeure zweifellos noch verstärken wollten. Wir setzten unseren Marsch nach Norden fort und steuerten auf Roye zu. Der Erfolg des Manövers hing von der Anzahl der Männer ab, und ich fragte mich, ob wir genügend Männer zur Verfügung hatten.

Auf einem Feld am Wegesrand kochten einige senegalesische Tirailleurs, gut aussehende, ebenholzfarbene Männer in marineblauen Uniformen, Kaffee mit der einfachen Geste und der bewundernswerten Haltung von Menschen, die von der Zivilisation unberührt geblieben sind.

Die Offiziere waren auf Erkundungstour gegangen. Wir blieben am Fuße eines langen Abhangs inmitten einiger großer Mangoldfelder stehen, die eine Art Kessel bildeten, in der Nähe des Dorfes Fresnières, wo schwere Granaten einschlugen.

Die Schusslinie, die einen Winkel in Richtung Compiègne bildete, erstreckte sich von Norden nach Süden. Wir konnten nicht mehr als ein oder zwei Meilen Luftlinie von der Ebene entfernt sein, die wir in den letzten Tagen am Ufer der Aisne in der Nähe von Tracy-le-Mont besetzt hatten.

Ich weiß nicht, welches Echo oder welche Geräusche uns daran hinderten, den genauen Ort der Schlacht zu bestimmen. In Richtung Ribécourt und Lassigny wurde weiter gekämpft, aber die schwere Batterie, die Fresnières bombardiert hatte, war jetzt still. Hinter den Wäldern stiegen schwarze Rauchsäulen auf. Feuer oder explodierende Granaten? Das war unmöglich zu sagen.

Unsere größte Sorge galt jedoch dem nördlichen Horizont, der durch eine Reihe Pappeln verdeckt war und von dem aus gelegentliches und nicht anhaltendes Gewehrfeuer die Anwesenheit des Feindes verriet. Die Deutschen könnten auf unsere Einkesselungsbewegung mit einem ähnlichen Manöver reagieren.

Am Rande des Waldes im Nordosten sah man große Truppen in Bewegung. Eine lange schwarze Artilleriekolonne schlängelte sich durch das Land. Der Hufschlag einer weit entfernten Schwadron klang wie das Geschrei einer riesigen Schlange. Die ganze Gegend war lebendig. Von unserem Standort aus hätte man meinen können, es seien nur die Blätter der Mangoldpflanze, die sich im Wind bewegten, aber in Wirklichkeit war es Infanterie, die sich in Gefechtsaufstellung aufstellte.

Wir bezogen Stellung auf einem Feld. Der Boden unter meinem Geschütz war extrem weich, und es schien eine ausgemachte Sache, dass die Lafette weiter zurückschlagen würde, mit der Folge, dass ein fortwährender Fehler beim Richten unsere Feuergeschwindigkeit verlangsamen würde. Das zweite Geschütz war nicht besser aufgestellt als unseres, aber der andere Abschnitt, der auf einem Stoppelfeld aufgestellt war, stand auf viel festerem Boden. Die Batterie würde dadurch jeglichen Zusammenhalt verlieren, aber dagegen war nichts zu machen. Es war unmöglich, die uns zugewiesene Stellung besser auszunutzen.

Vor uns fegten einige 77-mm-Geschütze über die Felder, aber das bereitete uns keine große Sorge. Im Verhältnis zu der Stellung, die sie nach ihrem Feuer zu urteilen irgendwo im Nordosten einnahmen, waren wir gut gedeckt. Doch jenseits von Lassigny erhob sich aus dem Grün eine Reihe hoher, bewaldeter Hügel, die die gesamte Ebene beherrschten und von deren Gipfel aus unsere Batterie gut zu sehen war. Wir konnten unsere Augen nicht von ihren bedrohlichen Gipfeln abwenden. Was lag in ihren düsteren Wäldern verborgen?

Wir befanden uns in Reichweite schwerer Artillerie, falls der Feind an dieser Stelle eine Batterie installieren sollte.

„Komm", sagte Bréjard, „wir müssen ein Loch graben und uns schnell an die Arbeit machen."

In fieberhafter Eile gruben wir hinter dem Munitionswagen einen Graben. Eine weitere Gruppe von 75ern, die eine parallele Stellung zu uns einnahm, eröffnete das Feuer auf Lassigny.

Die Reichweite der ·77er wurde nun erhöht und jede Runde wurde bedrohlicher.

„An die Geschütze ... rechts, alle Batterien!", befahl der Captain.

„Welche Reichweite? Wir haben die Reichweite nicht gehört", rief Millon.

"Elf hundert!"

"Wie viel?"

"Elf hundert!"

"Oh, sie sind nicht weit weg!"

„Das hört sich schlimm an", knurrte Hutin.

Das Geschütz bäumte sich auf und schoss sofort mehr als zwei Meter zurück. Wir mussten es in Position bringen, aber die Schaufel und die Räder waren so tief in den Boden eingesunken, dass wir sechs es, so sehr wir uns auch bemühten, nicht bewegen konnten. Mit den Schultern an den Rädern, zappelnd und schwitzend, wurden wir langsam nervös und wütend. Schließlich mussten wir die Abteilung des zweiten Geschützes rufen, damit sie uns zu Hilfe kam.

Vor der Batterie hatten einige Infanteristen Stellung bezogen. Wir gaben ihnen das Zeichen, nach links vorzurücken.

"Die werden in zwei Hälften geschnitten, die Idioten!"

"Nach links!"

„Was für Idioten!“

"Nach links!"

Der Leutnant wedelte mit erschöpften Lungen mit seinen langen Armen.

„Herrgott, sind die nicht dumm, diese Kerle!“, riefen wir im Chor:

"Nach links, *nach links* !"

Endlich zogen sie los und wir konnten feuern.

"Acht hundert!"

Wir dachten, wir hätten uns verhört.

"Acht hundert!"

Der Feind war also dort, hinter den Kämmen, und rückte vor …

Worauf wartete die französische Führung? Warum ließ sie die Truppen, die sich in Richtung Fresnières auf den Mangoldfeldern drängten, nicht vorrücken?

Moratin, der auf dem Füllwagen stand, rief:

„Los, gib ihnen die volle Ladung! Die Granate aus dem ersten Geschütz hat einen Haufen von ihnen niedergemäht. Da! Sie können sie sehen, die Bestien! … Sie können sie sehen! …“

Seine Worte gaben uns die Kraft, das Geschütz, dessen Räder sich immer wieder rückwärts drehten, wieder nach vorne in Position zu schieben.

„Hutin!“

"Was?"

"Hast du gehört?"

"Höre was?"

„Da ist es wieder.“

"Kugeln ..."

"Ja."

„Zu dritt, doppelte Überquerung!“

Der Kapitän war in einen Apfelbaum in der Nähe des vierten Geschützes geklettert. Die Kugeln, die über den Kamm streiften, waren zu hoch, um uns zu treffen, aber sie rissen ständig Blätter um den Kapitän herum ab. Wir baten ihn, herunterzukommen. Zum zehnten Mal beharrte einer der Kanoniere darauf:

„Sie dürfen dort nicht bleiben, Sir!"

Der Major mischte sich ein:

„Kommen Sie herunter, De Brisoult!"

Doch der Kapitän, die Brille vor den Augen, suchte weiter den nördlichen Horizont ab und antwortete nur leise:

„Aber ich kann sehr gut sehen, Sir ... sehr gut. Neunhundert! ..."

"Neun hundert!"

„Neunhundert!", wiederholten die Kanonenschützen.

Unsere Infanterie hatte Lassigny zweifellos zurückerobert. Über der Stadt explodierten nun deutsche Granaten und gaben gelbe Rauchwolken ab.

"Eintausend!"

Endlich hatten wir eine mehr oder weniger feste Position für unser Geschütz gefunden und unser Feuer wurde intensiver, als der Feind zurückwich.

"Elf hundert!"

„Zwölfhundert! ... Feuer einstellen!"

Die Abteilungen häuften vor den Schützengräben die ausgeworfenen Patronenhülsen an, die das Feld übersäten. Über unseren Köpfen dröhnten noch immer Kugeln, aber die 77-mm-Granaten gingen jetzt am Ziel vorbei. Wir blieben regungslos auf dem Boden unserer Schützengräben liegen. Alle paar Minuten fragte mich Hutin:

"Wie spät ist es?"

Als ich es ihm sagte, wurde er ungeduldig:

„Verdammt!", sagte er, „wir kommen offenbar nicht voran!"

Am Nachmittag befahl der Major auf Befehl der Division, die Protzen herbeizuschaffen.

Die Fahrer kamen im Trab zu Pferd an.

„Absteigen!", rief der Kapitän.

Sie hörten es nicht. Die Kugeln pfiffen noch immer über den Kamm. Sie
würden unweigerlich getötet werden.

„Nun denn, alle zusammen", sagte der ranghöchste Unteroffizier … „Eins
… zwei … drei … Absteigen! …"

Zwanzig Stimmen erhoben sich zu einem einzigen Schrei. Diesmal hörten
sie es, und ohne die Protzen anzuhalten, sprangen die Kutscher hastig von
ihren Pferden.

Wir bezogen eine neue Position, noch näher am Feind, zwischen zwei
Pappelreihen auf einer mit hohem Gras bewachsenen Wiese. Fast sofort
begannen die 77-mm-Geschütze, die uns seit dem Morgen erfolglos gesucht
hatten, unsere Batterie zu bedrohen. Der Feind konnte unsere Bewegungen
nicht sehen, und in der Luft war kein Flugzeug zu sehen. Hatte ein Spion
unsere Position signalisiert?

Ein Fußsoldat kam vorbei, hielt sich mit beiden Händen den Bauch und trat
in den Qualen größten Leidens von einem Fuß auf den anderen.

"Ist da drüben ein Krankenwagen?"

„Hatten Sie eine Kugel im Bauch?"

„Nein, hier... zwischen den Beinen. Das brennt, das brennt fürchterlich!"

„Hören Sie", sagte Millon, „gehen Sie zu unseren Protzen – dort links, hinter
den Bäumen. Sie haben nichts zu tun und können Ihnen vielleicht helfen."

„Danke! Ich werde zu ihnen gehen."

„Aber sei vorsichtig zwischen den Bäumen auf der Wiese. Dort regnet es in
großen Mengen!"

Der unglückliche Soldat bewegte sich langsam davon und krümmte sich vor
Schmerzen.

Der Captain stand am Fuße der ersten Pappel einer der beiden Linien und
war darauf konzentriert, Beobachtungen anzustellen. Auf dem freien Boden
zwischen der Batterie und dem Beobachtungsposten lagen in regelmäßigen
Abständen Männer, die bereit waren, mündlich Befehle weiterzugeben.

Die 77-mm-Granaten explodierten jetzt direkt über uns. Wir gingen in
Deckung. Alle paar Sekunden übersäten die Granatsplitter des Feindes die
Stellung mit Kugeln, deren Blei an der Stahlpanzerung des Munitionswagens
klirrte. Niemand rührte sich, und niemand wurde verwundet.

Dann sah ich, wie Hutin, der auf dem Sitz des Schichtarbeiters saß und sich
hinter dem Waffenschild versteckte, plötzlich aufsprang:

„Guter Gott!", rief er, „der Kapitän!"

„Treffer?", fragten wir besorgt.

"Es platzte direkt über dem Baum, an den er sich lehnte!"

Trotz der Gefahr stand die gesamte Abteilung sofort wie ein Mann auf.

„Kannst du ihn sehen, Hutin?"

"NEIN...."

Leutnant Homolle, der kleine Adjutant des Majors, der ungeschützt vom Beobachtungsposten heraufkam, rief uns aus der Ferne zu:

„Wollt ihr in Deckung gehen, ihr Idioten!"

"Der Kapitän?"

„Er ist nicht verletzt."

Und als er uns erreicht hatte und hinter dem Munitionswagen Schutz gesucht hatte, fügte er hinzu:

„Ich habe zwei im Oberschenkel … Das ist nichts – sie sind nicht reingegangen … ein paar Prellungen, das ist alles. Die Granate muss schon ziemlich nah explodieren, um Schaden anzurichten. Das Ärgerlichste daran ist, dass der Captain die Deutschen nicht sehen kann. Wir können nicht schießen!"

Das feindliche Feuer wurde heftiger, und die Granatsplitter durchlöcherten die Pappeln mit einem Geräusch wie fallender Hagel. Abgerissene Blätter, die der Wind davontrug, wurden um die Kanonen herum verstreut.

Einer der Verbindungsoffiziere, einer der sogenannten „ *Hurleurs* " [3] , wurde an der Seite verletzt und verließ eilig die Stellung. Auch Astruc, der an der Brust verletzt war und Blut erbrach, verließ, auf den Arm eines Kameraden gestützt, das Schlachtfeld.

Wieder blieben wir unter dem Artilleriefeuer bewegungslos.

Seit einer Weile spürte ich ein ungewohntes Jucken in meinem Bart. Hatte ich mir die Grabenpest eingefangen? Hutin lieh mir seinen Spiegel, doch während ich mich sorgfältig kämmte, spürte ich plötzlich ein Brennen in meiner rechten Hand, in der ich den Spiegel hielt und die ich über den schützenden Kasten des Munitionswagens hinausgestreckt hatte. Gleichzeitig traf mich etwas in die Brust. Fieberhaft betastete ich mit der linken Hand den Stoff meiner Uniform und fand einen Riss in Brusthöhe. Ich fühlte, wie ich plötzlich schwach wurde. Ich riss meine Tunika und mein Hemd auf … nichts … ich konnte nichts sehen. Meine Haut war unversehrt.

Meine Brieftasche, meine Briefe und mein Briefkasten, den ich in meiner Hemdtasche trage, hatten die Kugel aufgehalten. Das Blut spritzte aus meiner verletzten Hand. Das war nichts. Instinktiv hatte ich den Spiegel eingesteckt. Ich weiß nicht, wie er zwischen meinen Fingern stecken geblieben war, denn mein Daumen war jetzt nicht mehr als ein herabhängendes Stück zerfetzten Fleisches.

„Sie müssen verschwinden", sagte Leutnant Hély d'Oissel, der sich neben mich hockte.

Hutin stand auf:

„Lintier!", rief er mit vor Entsetzen bebender Stimme, die mir mitten ins Herz ging.

„Es ist nichts, alter Junge … nur meine Hand."

"Ich werde es für dich anziehen!"

Aber es fielen unaufhörlich Granaten und ich ließ ihn nicht aus der Deckung hervorkommen.

„Laufen Sie schnell!", sagte der Leutnant.

Ich rannte über die Wiese und duckte mich so tief wie möglich, um der Bedrohung durch die Granatsplitter standzuhalten. Blut tropfte auf meine Beinkleider und Oberschenkel und klebte den Stoff meiner Kniehose an meinen Knien fest. Aus meiner Hand hatte die Kugel ein rotes, sternförmiges Stück Fleisch und Sehnen auf meine Brust geschleudert.

Plötzlich ertönte das Pfeifen näher kommender Granaten.

Am Fuße einer der Pappeln waren gerade zwei Pferde getötet worden. Ich warf mich zwischen ihnen in das lange, blutbefleckte Gras. Die Granaten platzten. Mit einem dumpfen Geräusch zerfetzte ein großer Splitter einen der reglosen Körper, die mich schützten.

Ich machte mich sofort wieder auf den Weg und entkam rasch der Feuerlinie der 77-mm-Haubitzen. Meine verwundete Hand war mit Erde und Pferdeblut bedeckt. Als ich eine Straße oder einen Damm überquerte, sah ich mich plötzlich den bedrohlichen Mündungen von zwanzig französischen Feldgeschützen gegenüber, die auf dem Feld aufgereiht waren. Mir blieb nichts anderes übrig, als umzukehren.

Hinter der reglosen Artillerie lagen einige marokkanische Tirailleurs zwischen den Rüben. Ich wäre beinahe auf sie getreten, bevor ich sie bemerkte.

Ein Kapitän stand auf und winkte mir zu:

„Kommen Sie her, Schütze, ich verbinde Sie. Haben Sie Ihren Verbandsstoff? ... In der Innentasche Ihrer Uniformjacke? ... Hallo, der ist ganz zerrissen! Eine Brustverletzung? Nein? ... Na, da haben Sie ja Glück gehabt! ..."

Er untersuchte meine Hand.

"Hm... eklig!... da ist viel Erde und Schießfett reingekommen... Das müssen wir so schnell wie möglich sauber machen und die Wunde desinfizieren... Das Schlimmste werde ich mit etwas Watte entfernen."

Ich war außer Atem vom Laufen, das Blut pochte in meinen Schläfen und dröhnte in meinen Ohren. Mein Selbsterhaltungstrieb verließ mich plötzlich, und als ich reglos dastand, wurde mir schwindlig. Meine Beine zitterten und gaben nach, als wären sie an den Knien gebrochen. Die Gestalt des Offiziers, der neben mir stand, schien sich ständig im Kreis zu drehen.

„Hallo! Immer mit der Ruhe!", rief er.

Er drückte mir den Hals einer Flasche zwischen die Lippen und schüttete mir einen Schluck Rum in die Kehle. Ich fühlte mich sofort von Kopf bis Fuß gestärkt und lachte, während ich ihm dankte.

„Das ist alles in Ordnung!", sagte er, als er mit dem Verbinden meiner Hand fertig war.

Die Feldlazarette der Division befanden sich in Fresnières, und ich machte mich in diese Richtung auf. Meine Hand fühlte sich an, als ob sie sich in Blei verwandelt hätte, und während ich querfeldein ging, mich steif aufrecht haltend, um einem weiteren Ohnmachtsanfall zu widerstehen, getragen von dem Gedanken, dass ich bald in Deckung sein würde, weit weg von den Granaten und dem Kampf, überkam mich plötzlich eine ungewohnte Mattigkeit, ein Verlangen nach Schlaf und Ruhe, eine Schwächung meiner Willenskraft, die bis ins Mark meiner Knochen vorzudringen schien. Es kam mir vor, als würde ich, wenn ich im Lazarett ankäme, tagelang schlafen.

Schlafen – schlafen – und vor allem die Gewehrschüsse nicht mehr hören, nichts mehr hören. Ohne nachzudenken und in absoluter Stille leben; leben, nachdem ich so oft nur knapp dem Tod entgangen war. Plötzlich erinnerte ich mich an das, was der Kapitän der Tirailleurs gesagt hatte – dass meine Wunde schmutzig war, mit Erde und Pferdeblut infiziert. Die Angst vor Wundbrand, Wundstarrkrampf und allen anderen Formen der Krankenhausfäule packte mich am Hals.

In Fresnières hatte eine riesige Granate vor der Tür des Krankenhauses gerade einen Sanitätsoffizier, eine Nonne und vier Verwundete getötet. Die Leichen lagen nebeneinander auf dem Bürgersteig, aber die Leiche eines Tirailleur, eines großen, dunkelhäutigen Riesen, dessen ausgestreckte Arme eine außergewöhnliche Weite abdeckten, lag noch immer auf der zerfurchten Straße. Die Luft war erfüllt vom fernen Pfeifen der Granaten. Angesichts dieser Bedrohung, die weiterhin über meinem Kopf schwebte, jetzt, da ich nicht mehr kämpfen konnte, überkam mich ein instinktives und kindisches Gefühl der Empörung. Ich war kein Freiwild mehr.

Im Hof vor dem Krankenhaus, zwischen den Tragen mit den verwundeten, blutbefleckten Männern, legten einige Sanitäter die Schwerstkranken auf einen großen Tisch, der mit einem geblümten Wachstuch bedeckt war. Zwei Sanitätsoffiziere waren eilig damit beschäftigt, sie zu verbinden.

Einer von ihnen, ein großer, braunhaariger Mann mit einer goldumrandeten Brille, winkte mir zu. Ich ging auf ihn zu.

„Also, was ist los mit dir?“

"Schrapnell...."

"Werfen wir einen Blick!"

Er wickelte den Verband ab, und kaum dass er die Kompresse abgenommen hatte, begann das Blut wie ein Springbrunnen zu spritzen. Er betrachtete die Wunde und verzog das Gesicht.

„Hm … es blutet stark …“

Er rief einen seiner Untergebenen, einen bärtigen Offizier, der herbeieilte.

„Schauen Sie … wir sollten den Daumen am besten gleich abschneiden, oder?“

„Das sollte ich meinen! …“, sagte der andere.

„Gut. Das schneiden wir Ihnen sofort ab“, sagte der Beamte mit der Goldbrille.

Ich protestierte:

"Schneide mir den Daumen ab!"

„Ja, es sei denn, du willst es so anbehalten. Hier, warte einen Moment …“

Gerade war ein Infanterist aus der Kolonie hereingebracht worden. Aus einer großen Wunde an seiner Schulter strömte das Blut. Der Sanitätsoffizier kniete neben ihm nieder und tastete fieberhaft mit seinen Fingern die zerfetzten Fleischfetzen ab, um die Arterie zu klemmen.

„Schneide mir den Daumen ab! …“, hallte es in meinen Ohren.

Ich fasste rasch einen Entschluss. Ich nahm eine Kompresse und einen Streifen gerollten Flusens vom Tisch, schaffte es mit Hilfe meiner linken Hand und meiner Zähne, meine Wunde notdürftig zu verbinden, und ohne von den Beamten bemerkt zu werden, die es auf die durchtrennte Arterie abgesehen hatten, schlich ich mich aus dem Krankenhaus.

Ich wusste, dass ich die anderen Abteilungskrankenhäuser in Canny-sur-Matz finden würde, etwa zweieinhalb Kilometer von Fresnières entfernt.

Ich stieß auf ein Café, das trotz der Granaten noch geöffnet war, und kaufte eine Flasche Brandy. Ich legte mein Revolverholster an meine linke Seite, in Reichweite meiner gesunden Hand, denn die Nacht brach herein, und oft gelang es deutschen Kavalleriepatrouillen im Schutz der Dunkelheit, zwischen das Netzwerk der französischen Außenposten und Stützpunkte zu schlüpfen.

Die Straße nach Canny machte einen großen Umweg, also beschloss ich, querfeldein zu gehen. Der Kirchturm der Dorfkirche, der sich scharf vom purpurnen Himmel abhob, sollte mir als Orientierung dienen.

Meine Hand blutete weiter. Ich hielt mich mit häufigen Zügen aus meiner Brandyflasche bei Kräften und war zuversichtlich, dass ich es bis zum nächsten Krankenhaus schaffen würde.

Auf einem abschüssigen Feld, in der Nähe eines quadratischen Heuschobers, lagen Infanteristen ausgestreckt, ihre roten Hosen bildeten helle Flecken im schattigen Gras. Ein vorbeiziehender Windhauch trug einen beunruhigenden Geruch mit sich. Der Arm eines der liegenden Soldaten auf der Spitze des Hügels war gerade in die Luft gestreckt und hob sich bewegungslos vor der Klarheit des westlichen Horizonts ab.

Tote Männer!

Ich wollte gerade weitergehen, als ich im Schatten des Heuhaufens eine menschliche Gestalt sah, die über einer der Leichen kauernd lag. Der Mann hatte mich nicht gesehen... Er drehte die Leiche um und begann sie zu durchsuchen. Ich spannte sofort meinen Revolver und zielte vorsichtig und ohne zu zittern auf den Plünderer. Ich wollte gerade abdrücken, als mich plötzliche Angst davon abhielt. Ich konnte seine Bewegungen ganz deutlich sehen, aber sein Gesicht, das sich zur Seite drehte, war vor dem dunklen Hintergrund des Heuhaufens nicht zu erkennen. Der Gedanke, dass er ein Gendarm sein könnte, der die Toten identifizierte, ließ mich meine Waffe senken.

„Was machst du da?", rief ich.

Der Mann zuckte zusammen, als hätte ihn eine Peitsche getroffen, und stand auf. Seine Gesichtszüge hoben sich scharf vom klaren Himmel ab. Ich sah, dass er eine Schiebermütze mit breitem Schirm trug.

„Kümmern Sie sich um Ihre eigenen Angelegenheiten, und ich kümmere mich um meine!", erwiderte er. Dann machte er sich aus dem Staub, im Zickzack laufend, unter der Bedrohung meines Revolvers, wie ein Tier, das seine Spuren verwischen will.

Ich feuerte ... er hielt einen Moment inne. Hatte ich ihn getroffen? Ein Lichtstrahl blitzte aus seinem Schatten hervor, und eine Kugel surrte an meinem Ohr vorbei. Er rannte wieder los, aber gerade als er hinter einem Busch verschwinden wollte, feuerte ich ein zweites Mal. Ich glaubte, ihn ins Dornengestrüpp fallen zu sehen.

<hr>

Ich kam in Canny an, wo eine rote Laterne, die durch die Dunkelheit leuchtete, den Eingang zum Krankenhaus markierte. Verwundete lagen ausgestreckt auf der Veranda, und der Hof war voll von ihnen. Die Sanitäter waren auf einer Veranda neben dem Hauptgebäude schwer bei der Arbeit. Durch die bunten Glasfenster fiel langsam diffuses Licht und beleuchtete die auf dem Stroh ausgestreckten Männer vage. Wenn sich ab und zu die Tür der Veranda öffnete, breitete sich ein Rechteck aus grobem Licht über den Boden aus und zeigte eine Reihe von Tragen und die leidenden Gesichter der Schwerverletzten, die auf Erste Hilfe warteten. Zwei Sanitäter trugen die erste Trage der Reihe hinaus. Die Tür schwang hinter ihnen zu, und der Hof war wieder in flackerndes Halbdunkel getaucht.

Ich stand da, war sehr müde und starrte stumpf auf die Szene. Meine Hand blutete immer noch, aber nur noch tröpfchenweise.

Ich fragte einen vorbeikommenden Pfleger:

„Wissen Sie, wann meine Wunde verbunden werden kann?"

„Heute Nacht. Leg dich ins Stroh."

Ich legte mich hin, wo ich war. Plötzlich hörte ich eine Stimme in meinem Ohr, kindlich und doch ernst zugleich:

„Sind Sie verwundet?", sagte es mit seltsamem Akzent.

Ich drehte mich um und sah einen großen Neger neben mir liegen. Ich konnte nichts von ihm sehen außer zwei leuchtenden Augen.

„Ja, ich bin verwundet, Sidi. Du auch?"

„Ja, ich bin verwundet."

Er schien einen Moment nachzudenken:

„Schwarze … verwundet, verwundet, verwundet … und dann getötet … getötet … getötet … Boches … oh! Viele, viele Boches … William!“

„Ah! Sie haben also von William gehört?“

„William … schlechter Häuptling … viele Frauen … viele Frauen! … ah! …“

Er hielt einen Augenblick inne und fuhr dann fort:

„Er hat viele Frauen … großer, böser Häuptling … so weit hinten … dort hinten … hat die Frauen getötet … geschnitten … geschnitten … Wisch! … so! …“

"Warum?"

„Schlecht … ah! … er hat ein großes Haus … hat Frauenköpfe oben drauf … aufs Dach … Ah, schlecht …“

Er suchte nach Worten:

„Ja, die Köpfe von Frauen – von vielen Frauen – auf das Hausdach legen … schlimm, sehr schlimm …“

Ich hatte zu starke Schmerzen, um zu schlafen, und war gezwungen, mir sein kindisches Geplapper anzuhören.

„Also... da unten... böser Häuptling, steckt Frauenköpfe aufs Dach... nicht gut, nein!... da unten!...“

Und dann begann der Senegalese in seiner eigenen Sprache zu sprechen, einer lispelnden, süß klingenden Sprache. Vielleicht war er im Delirium.

Mir war kalt, aber trotzdem wurden mir nach einer Weile die Augenlider schwer. Ich bedeckte meine Beine, so gut es ging, mit Stroh, streckte mich aus und schlief ein.

Es war noch Nacht, als ich erwachte, und ein leichter Regen, oder besser Nieselregen, fiel. Mir war kälter als je zuvor, und meine Wunde schmerzte heftig. Die Veranda war noch beleuchtet. Ich konnte die Schattengestalt des Negers neben mir liegen sehen, konnte aber seinen Atem nicht mehr hören. Ich streckte meine Hand aus und fühlte seine. Es war eiskalt. Das Stroh unter mir schien nass. Ich schaute hin und entdeckte, dass meine Füße in einer Blutlache lagen.

Ich stand auf. Die Schwerverletzten waren inzwischen verbunden. In der Küche des Bauernhauses war ein Feuer angezündet worden, und davor döste ein bleichgesichtiger Algerier. Auf dem Kaminsims stand zwischen zwei Messingleuchtern ein Wecker, der auf zwei Uhr zeigte.

Ich ließ meine Wunde verbinden. Es schien, als wäre es doch nicht nötig, meinen Daumen zu amputieren. Ein Unteroffizier notierte meinen Namen und heftete an das Stoffband, das meinen Arm in der Schlinge hielt, eine Krankenkarte: „Schwere Granatsplitterwunde an der linken Hand. Zurück in den Krankenstand, sitzend."

FUßNOTEN:

[1] Wörtlich: „Pass auf die Kinder auf." – „Danke."

[2] Poilu (wörtlich „haarig"): eine populäre Bezeichnung für den französischen Soldaten, gleichbedeutend mit unserem „Tommy".

[3] Schreihälse.

Mittwoch, 23. September

Ich musste fünf Meilen die Hauptstraße entlanglaufen, auf der die Menge der an Kopf, Armen und Schultern Verwundeten allmählich dünner wurde. Schließlich erreichte ich Ressons ... den Bahnhof, den Zug ... Dann das endlose Rütteln des Viehtransporters, der halb voll mit schimmeligen Brotlaiben war ... Fieber, Durst. Endlich das Krankenhaus ... Bett ... Frauenhände, der Verband, der steif vom schwarzen Blut war, wurde abgenommen ... Stille ... ach, Stille! ...

Am 30. September brachte mir die Morgenpost im Krankenhaus einen Brief meines Freundes Hutin, den ich hier in seiner ganzen Einfachheit kopiere:

„25. September 1914

„MEIN LIEBER LINTIER , schreiben Sie uns so bald wie möglich und lassen Sie uns wissen, wie es Ihnen geht. Ich hoffe, dass es Ihnen bald wieder gut geht, und alle anderen Kameraden in der Abteilung schließen sich mir an und wünschen Ihnen eine schnelle und vollständige Genesung.

"Sie wissen wahrscheinlich nichts von dem Unglück, das die Batterie nur wenige Minuten nach Ihrem Aufbruch ereilte. Der Hauptmann wurde getötet – ein Granatsplitter direkt unter dem linken Auge. Sie erinnern sich, wie wir alle sagten: ,Wenn ihm etwas passiert, kann er auf uns alle zählen?' Als wir ihn fallen sahen, rannten wir alle los, um ihm zu helfen. Aber es war sinnlos. Es war alles vorbei. Wir trugen den Körper zurück zur Batterie.

Leutnant Hély d'Oissel übernahm das Kommando und wir feuerten weiter. Er weinte, als er die Entfernungen durchgab. Als wir gegen acht Uhr den Befehl bekamen, die Stellung zu verlassen, und Hauptmann de Brisoult auf einen der Protze des ersten Geschützes gestützt hatten, hatte die Hälfte der Batterie Tränen in den Augen. Zwei Kanonenschützen saßen auf jeder Seite von ihm. Sie hatten sein Gesicht mit einem weißen Taschentuch bedeckt. In Fresnières bewachten wir ihn die ganze Nacht. Er wurde dort begraben.

„Seitdem haben wir nicht viel getan. Außerdem hat uns dieser Verlust ein wenig verunsichert. Ich kann Ihnen nicht sagen, wo wir sind, aber wenn ich Ihnen sage, dass die Batterie seit Ihrer Abreise kaum ihren Platz gewechselt hat, wissen Sie ungefähr, wo wir im Einsatz sind.

„Immer Dein

" , GEORGES HUTIN .

Auch meine Augen wurden feucht, als ich diese Zeilen las.

DAS ENDE